4 groupes sanguins
4 personnalités

Docteur Jacques Laurent

4 groupes sanguins
4 personnalités

Le code secret décrypté

TESTEZ éditions

marco pietteur, éditeur
ISBN 2-87461-039-9
Dépôt légal avril 2007/5053/XXVIII

39, avenue du Centenaire — B-4053 Embourg (Belgique)
Tél. : + 32 (0) 4 365 27 29 – Fax : + 32 (0) 4 341 29 21 • Courriel : infos@mpeditions.com

■

Ces nouvelles éditions, une première en langue française, car pratiques tout autant que techniques, proposent les thérapies holistiques de manière professionnelle, didactique et concrète aux particuliers désireux d'une information de qualité. Les professionnels de santé intéressés de compléter leurs connaissances y trouveront également des informations pointues et novatrices.

Ces ouvrages de référence vous serviront de guide au quotidien et vous permettront de constater par vous-même combien les pratiques holistiques, plus que jamais, sont des médecines d'avenir.

M. Pietteur

TESTEZ éditions

TESTEZ ... LES REMÈDES D'AMAZONIE

Dr J. SIMON – **Guérir grâce aux plantes de Poconé**

Dr J. SIMON – **Réflexion sur la cause des maladies et leur traitement**

Dr J. BORSARELLO – **Acupuncture et plantes de Poconé**

Dr B. VIAL – **Affectif des plantes de Poconé**

HoméoDoc une collection de Testez éditions (marco pietteur)

SOUS LA DIRECTION SCIENTIFIQUE DU DR A. HORVILLEUR

Dr A. HORVILLEUR – **Testez l'homéopathie d'action immédiate**

Dr N. ENDERS – **Homéopathie de l'enfant**

Dr N. ENDERS – **Pharmacie homéopathique familiale**

Dr J.-P. COPPIN & Dr D. DESWARTE – **Confiez votre thyroïde à l'homéopathie**

Dr C. GAUCHER – **L'homéopathie, médecine du monde**

Dr C. VULLIEZ – **L'homéopathie pratique pour le soin de la dent**

Dr O. DUFLO-BOUJARD – **L'homéopathie pratique pour les soins de l'œil**

Dr A. HORVILLEUR – **Parle-moi de tes symptômes, je te guérirai !**

Dr R. BOYER – Dr A. HORVILLEUR – **Rhumatismes et homéopathie**

M. THÉNARD – **La santé à tout prix !**

NutriDoc une collection de Testez éditions (marco pietteur)

J.-P. CURTAY – **Nutrithérapie**

R. MASSON – **Robert Masson – Conseils nutri (DVD)**

Dr Chr. Tal SCHALLER – **Diététique du 21e siècle**

Outils du bien-être une collection de Testez éditions (marco pietteur)

Dr Chr. Tal SCHALLER – **L'univers des chamanes**

Dr Chr. Tal SCHALLER – **Vivez votre colère sans violence**

TESTEZ ... SE SOIGNER AUTREMENT

Dr H. NIEPER – **Révolution en médecine et santé**

Dr Chr. Tal SCHALLER – **Testez l'urinothérapie**

Dr Th. QUILLÉ – **Ortho-Bionomy®**

Dr F. BERTHOUD – **Hyperactivité et déficit d'attention de l'enfant**

M.-Ch. DÉPRÉAUX – **Autisme : une fatalité génétique ?**

TESTEZ ... LA MÉTHODE NAET

(Techniques d'Elimination des Allergies du Dr D. S. Nambudripad)

Dr D. S. Nambudripad – **Vaincre les allergies et les maladies dérivées**

Dr D. S. NAMBUDRIPAD – **Vaincre les allergies de l'enfant**

OUVRAGES EN TRADUCTION

Dr D. S. NAMBUDRIPAD – **Autisme et allergies, un lien direct : une solution naturelle !**

Dr D. S. NAMBUDRIPAD – **Déficits d'attention et hyperactivité de l'enfant : une solution naturelle**

Dr D. S. NAMBUDRIPAD – **Vaincre enfin son asthme**

Dr D. S. NAMBUDRIPAD – **Vaincre les allergies aux pollutions environnementales**

Dr R. SANANÈS – **Guide de l'arthrose par l'homéopathie et les médecines alternatives**

J. M. MONCORGER – **Testez votre créativité**

Dr J. LAURENT – **4 groupes sanguins, 4 personnalités**

Pour être tenus informés de nos nouvelles publications, envoyez vos coordonnées à :

marco pietteur éditeur,

39, avenue du Centenaire,
B-4053 Embourg,
Belgique

Tél. : + 32 (0) 4 365 27 29 – Fax : + 32 (0) 4 341 29 21

Courriel : infos@mpeditions.com

testezeditions.be – homeodoc.be

Le message Biblique décodé.

Le Primordial,
Le Sédentaire et le Nomade,
Le Prophétique.

La compréhension du profil mental par le biais du groupe sanguin des hommes célèbres qui nous ont parfois gouvernés :

John Fitzgerald Kennedy, Jackie Kennedy, Adolf Hitler, Mussolini, Franco, Pétain, Charles de Gaulle, Douglas MacArthur, Hiro-Hito, François Mitterrand, Mao Tse Toung, Charles, Camilla et Diana, et les autres…

Au seul grand-père que j'aie connu,
à mes parents,
à Henri Salaûn,
ils m'ont indiqué le chemin.

À ma chère épouse, sans qui rien n'aurait été possible.

À mes enfants, Marie-Cécile, Jean-Olivier et Anne-Sophie.

À mon complice, Michel Camicas-Van Gut.

Au docteur Delons.

À ma chère École de Santé navale.

À mes patients

Ce livre est une parabole, une allégorie,
Il est le fil d'Ariane,
Il nous donne la clef,
Un jeu à quatre personnages,
Qui conduit à l'Initiation,

À lire au second degré.

l'auteur

PRÉSENTATION DE L'AUTEUR

Le docteur Laurent étudie la médecine à Bordeaux dans les années 1960 et devient médecin généraliste, une spécialisation lui paraissant à l'époque comme une amputation à sa passion de guérir.

D'abord installé en Alsace, tout près de la frontière allemande, il est confronté aux pathologies liées au mode de vie germanique. Ensuite, il va vivre dans l'océan Indien, au contact de populations pluriethniques, qui ont toutes des manières distinctes de réagir face à la maladie, en raison d'un mode de vie et d'alimentation différents.

Pendant plusieurs années, il suit en Chine des stages de formation à la médecine chinoise et à l'acupuncture, organisés par l'OMS pour les médecins occidentaux. Sur place, il découvre le raisonnement analogique qui caractérise toutes les philosophies et médecines traditionnelles de l'Orient.

Enfin, il retourne vivre à Bordeaux, où pendant quinze ans, il analyse les réactions des Français vis-à-vis de la maladie.

Depuis 1997, il pratique sur une petite île française des Amériques, constamment au contact avec le mode de vie nord-américain.

C'est à partir des tests d'excitabilité neuro-musculaire qu'il entrevoit la possibilité de classer les sujets en quatre profils d'équilibre différents, sur les plans biologique, métabolique et mental. Les quatre types de courbes, résultant de ces tests, furent le point de départ de ses hypothèses sur les quatre profils humains, alimentaires et comportementaux.

Il retire comme philosophie de sa connaissance de l'Homme, que la différence existant entre les hommes ne vient pas de leur couleur de peau, ni de leur culture ou de leur niveau social, mais, au plus profond d'eux-mêmes, de leur différence de groupe sanguin.

Préambule

« Que puis-je connaître ? Que dois-je faire, que m'est-il permis d'espérer ? »

Kant

Voilà des questions philosophiques et pratiques que tout homme se pose, qu'il soit philosophe ou penseur à ses heures, et auxquelles certains essayent de répondre sous forme de système philosophique, de pensée élaborée ou de traité humoristique. Pour notre part, nous avons tenté d'y faire face en optant pour une façon non-conformiste et en nous basant sur l'analyse des groupes sanguins.

Existe-t-il un déterminisme lié à notre groupe sanguin ? Nous le découvrirons en étudiant le destin de quelques personnages célèbres. Les exemples sont troublants de coïncidences et permettent des analogies pratiques applicables à la vie quotidienne, dans l'entourage immédiat ou dans celui plus éloigné de ceux qui nous gouvernent, qui déterminent notre avenir et dont le passé récent a démontré qu'ils n'étaient pas dans la vie privée les personnages qu'ils paraissaient être en public. En effet, le lecteur comprendra, après la lecture de cet ouvrage, pourquoi François Mitterrand s'est écrié : « *Il n'y a pas eu d'homme politique qui ne fut plus haï que moi* »[1] ; de même quand de Gaulle, s'adressant à lui, lui a fait remarquer : « *Vous êtes un homme politique, c'est bien, il en faut. Mais en certaines circonstances, les hommes politiques doivent savoir se hausser au niveau des hommes d'État.* »[2] Il percevra également dans quelle mesure, lorsque John Fitzgerald Kennedy, incarnant l'aisance, la séduction, la jeunesse et le renouveau, s'est démarqué de son époque et a trahi son profil psychologique en prononçant sa célèbre phrase : « *Ne demandez pas à votre pays ce qu'il peut faire pour vous, mais plutôt ce que vous pouvez faire pour votre pays* »[3] ; ou quand son malheureux rival malheureux d'un anti-communisme viscéral, Richard Nixon,

1. Confidence à Georges-Marc BENHAMOU.
2. 31 mai 1958.
3. 20 janvier 1961.

a trahi son groupe sanguin en se voulant le représentant de la « majorité silencieuse » et en se disant le porte-drapeau des valeurs les plus traditionnelles de l'Amérique profonde. Tous ces hommes donc, qui ont marqué leur temps, traduisaient involontairement leur mental lié à leur propre groupe sanguin.

Quelle est l'application de cette dialectique dans la vie courante ? Mais aussi, à plus longue échéance et à méditation plus profonde, quelle est la signification de ce que nous réserve le Destin par le biais de la génétique liée aux groupes sanguins ?

Avant-propos

Un Sage a dit un jour que l'on devait s'abstenir d'écrire avant d'avoir atteint cinquante ans. Ayant dépassé la soixantaine, j'adhère volontiers à son propos. Ce livre, que je n'aurais pu rédiger plus tôt, résume plus de trente-cinq ans d'expérience personnelle, fruit d'un tête-à-tête avec plus de deux cents mille personnes différentes au cours de consultations médicales.

Cet ouvrage est d'abord destiné aux patients et à toutes les personnes qui, en quête d'une nouvelle approche, ont besoin de repères face à la vie et face à la maladie psychosomatique. Si, pour la plupart d'entre eux, le recours au psychiatre et au psychanalyste demeure l'exception, la place du médecin de famille en matière d'échange et de dialogue paraît privilégiée. Au contact des réalités de la vie quotidienne, des joies et des peines, des conflits familiaux, etc., le médecin de famille se trouve le plus souvent désarmé avec ses médicaments et ses thérapeutiques chimiques. Il éprouve alors la nécessité d'outils supplémentaires soignant au-delà du symptôme et apportant des solutions à long terme aux problèmes que viennent lui soumettre ses patients déboussolés.

La solution de facilité est de recourir systématiquement à la somatisation des symptômes, à la recherche de maladies imaginaires, à des examens complémentaires souvent inutiles, à l'attribution à des origines pour le moins aléatoires (au foie, aux migraines et aux insomnies, par exemple) qui, en réalité, masquent une angoisse sous-jacente. La tentation est forte de masquer les signes de la souffrance par des drogues qui anesthésient, calment, stimulent ou euphorisent l'esprit, endorment le mental et permettent d'éviter au thérapeute d'avoir à prendre en charge la cause profonde de la souffrance. Cependant, le voudrait-il, qu'il se trouverait en définitive désappointé, à une époque de remise en question de ce que peut être l'Homme dans sa globalité corporelle et spirituelle, l'âme ayant été confiée au 20e siècle, par éviction du Spirituel de la vie quotidienne, aux psychiatres et aux analystes. C'est alors, pour ceux qui n'y adhèrent pas, la course aux mages et aux thérapies ésotériques, à la recherche de la connaissance de Soi. C'est aussi emprunter des voies abandonnées depuis longtemps par les médecins.

Il fut un temps très éloigné où le médecin était le médecin du corps et de l'âme, le thaumaturge capable, comme les chamans, de tout guérir, de faire des miracles et des prodiges par sa connaissance des secrets du Visible et de l'Invisible, du Sacré et du Profane, de la Quantité et de la Qualité. « Qu'importe la couleur du chat, pourvu qu'il attrape la souris », disait Deng Xio Ping aux communistes qui privilégiaient l'idéologie au bon sens. De même, peu importe la méthode thérapeutique, même si elle n'est pas encore scientifiquement prouvée, si elle soigne et guérit et que les patients y trouvent un bienfait.

Le manuel qui suit est une méthode s'appuyant sur les premiers chapitres de la *Genèse* qui, depuis des temps immémoriaux, résume l'Homme de façon symbolique et mythique. Il est bien sûr destiné à mes (anciens) patients, mais également à toute personne majeure, adulte et sensée qui se pose des questions et qui désire, pour elle-même et pour ses proches, mieux connaître la nature intangible et irréductible de l'Homme, c'est-à-dire ce qui est constant quand tout change et évolue.

On peut se demander s'il est important de connaître son groupe sanguin. Dans de nombreux pays, la plupart des habitants l'ignorent, une minorité possède une carte de groupe sanguin dans une poche ou au fond d'un sac à main, et quelques individus, en dehors du personnel soignant, le connaissent de mémoire. Toutefois, il y a près de cent ans au Japon, un médecin nommé Furukawa Takeiji (1891-1940) s'est intéressé à la relation entre personnalité et groupe sanguin. Il a pu, déjà à l'époque, faire un rapprochement entre les groupes sanguins A, O, B, AB et la mentalité et le comportement de ses compatriotes. Depuis, au Japon, en Corée et en Chine, il est fréquent de se voir demander son groupe sanguin à l'occasion d'un entretien professionnel, d'une promotion, et parfois même pour le choix d'un partenaire affectif.

Nous ne sommes bien entendu pas encore arrivés à ce stade en Europe, mais la présence grandissante des entreprises asiatiques dans notre environnement laisse présager que, d'ici quelques années, nous serons nous-mêmes confrontés à cette démarche. Dans cette hypothèse, les Orientaux ne raisonnant pas de la même manière que nous, il est évident que le profil psychologique d'un Européen ou d'un Américain du Nord diffère de celui d'un Asiatique, tout comme l'astrologie chinoise paraît s'adresser d'abord à des Chinois avant d'être destinée aux lectrices de *Marie Claire*.

Léone Bourdel, professeur de psychobiologie à Paris de 1935 à 1947, édite, dans les années soixante, le résultat de ses recherches dans deux ouvrages : *Groupes sanguins et tempéraments*[1] et *Les tempéraments psychobiologiques*[2]. Le premier ouvrage expose la corrélation existant entre

1. BOURDEL Léone, *Groupes sanguins et tempéraments*, Paris, Maloine, 1960.
2. BOURDEL Léone, *Les tempéraments psychobiologiques*, Paris, Maloine, 1961.

les groupes sanguins et le tempérament, fondement même, d'après la spécialiste, de la psychobiologie. Quant au second, il compare les quatre comportements de base : « harmonique », « mélodique », « rythmique » et « complexe », liés respectivement aux groupes A, O, B et AB.

Plus récemment, deux naturopathes américains, James et Peter D'Adamo ont publié le résultat de leurs recherches et de leurs expériences reliant groupes sanguins et alimentation. Aux lecteurs de se faire une idée de cette méthode diététique novatrice et originale.

Le sujet associant comportement et groupes sanguins A, B, O et AB est donc plus que jamais d'actualité. Il concerne un large public et son étude peut déboucher sur des conclusions pour le moins inattendues...

Introduction

Par la loi relative à la protection des personnes à l'égard du traitement des données à caractère personnel — la loi du 2 août 2002 article 14 —, les hommes politiques français ont décrété l'interdiction de divulguer au public le dossier médical d'un individu durant les cent cinquante premières années suivant son décès. Cela concerne particulièrement les personnages publics, historiques ou politiques. Cette interdiction inclut également les groupes sanguins, qui n'évoquent pourtant pas de maladie particulière : à part leur utilité transfusionnelle, ils ne revêtent pas plus de signification que la taille, le poids, la date de naissance ou la couleur des cheveux et des iris.

Cette décision paraît louable, mais permet en réalité de masquer pour de nombreuses années un des méfaits ayant déjà mis de nombreuses fois la démocratie en danger : celui de cacher aux électeurs la réelle nature psychologique et les maladies des dirigeants qui les ont gouvernés, à bon ou à mauvais escient. Avec une telle loi, il sera désormais impossible de prouver a posteriori que le système démocratique court immanquablement à sa perte lorsque les peuples élisent aveuglément un dictateur potentiel ou un fou qui, une fois au pouvoir, se prendra pour le Roi, Dieu ou le Messie.

Un jour prochain, la divulgation de son propre groupe sanguin pourra totalement relever du secret, car il se révèle au fil du temps comme un marqueur, un révélateur de l'un des quatre comportements de l'Humanité décrits dans la Bible et représentés dès les premiers chapitres de la *Genèse*, quand Dieu créa Adam, Caïn, Abel et Seth. Souvenons-nous : Adam vivait dans le Jardin d'Éden avec Ève ; après qu'ils en furent chassés, cette dernière enfanta, dans la douleur, Caïn (le premier des agriculteurs), Abel (le premier des pasteurs) et Seth (le premier des religieux).

La Bible et les textes sacrés nous indiquent ainsi de façon codée, avant l'ethnologie, qu'il existe quatre types d'Humanité : le comportement Primordial du paléolithique représenté par Adam (et ayant cours avant l'apparition de l'agriculture et de l'écriture) ; celui du Sédentaire incarné par Caïn ; celui du Nomade endossé par Abel ; et enfin celui de Seth-Hénoch, le Prophétique, « *à partir de qui* », selon la *Genèse*, « *on commença à invoquer le nom de l'Éternel.* » Nous verrons dans cet ouvrage qu'à chacune de ces quatre humanités correspond un groupe sanguin.

L'auteur, dans sa pratique quotidienne de la médecine, a eu à maintes reprises l'occasion de constater des faits troublants reliant entre eux les quatre comportements mentaux et les quatre groupes sanguins O, A, B et AB, grâce aux bons rapports qu'il entretient avec ses patients et à la relation de franchise qu'il put établir d'emblée avec eux. En effet, la compréhension des troubles fonctionnels que présentent les patients passe, entre autres, par celle des conflits existant dans le couple, dans la famille, dans les relations parents-enfants, etc., ainsi que ceux sur les lieux de vie et de travail. La manière de réagir à ces situations conflictuelles diffère en fonction du mental de chacun et, très vite, les profils psychologiques se précisent.

Ainsi, le groupe O présente des individus perfectionnistes, minutieux, soignés, ouverts, francs, communicatifs, chaleureux, simples dans leurs réactions et leurs relations, mais grégaires et dont la vulnérabilité entraîne un repli sur eux s'ils ne s'entourent pas de protection et s'ils restent sans défense face à la vie. À l'opposé, une personne du groupe A se révèle plus approximative dans ses actes, plus réservée, protectrice (voire paternaliste), cherchant à dominer le groupe par son autorité plus ou moins justifiée ou méritée, maîtresse de son destin et ne comptant pas sur l'Autre pour mener à bien ses projets. Quant à lui, B est un être subtil, tout en nuances, difficile à cerner, insaisissable, caméléon et supérieurement intelligent.

La difficulté de notre démarche réside dans la généralisation de cette théorie à des personnages célèbres d'un passé récent. Non pas parce que ces derniers intéressent le médecin dans sa pratique quotidienne, mais parce que le lecteur désireux de se comprendre va se référer à eux.

Les exemples historiques sont nombreux. Ils permettent d'expliquer, entre autres, le cynisme d'un Mao Tsé Toung ou la révolte d'un de Gaulle face à l'effondrement de son pays en 1940. Ces attitudes se comprennent plus aisément lorsque l'on connaît le groupe sanguin des intéressés. Bien entendu, celui-ci, qui découle de la génétique, n'explique pas toutes les manifestations de la Vie : cela ne concerne que les plus primitives, les plus instinctuelles, celles liées à la survie. Les autres paramètres sont imputables aux influences extérieures et en lien direct avec l'environnement de l'individu, son éducation, ses astres, le pays et l'époque dans lesquels il a grandi. Le groupe sanguin peut donc éclairer en partie le comportement des hommes qui ont marqué l'Histoire, comme celui d'Hitler avec ses théories raciales, ses erreurs de jugement, son manque de réalisme, son aveuglement face aux réalités de la défaite et son sentiment d'avoir été trahi par ses collaborateurs, ou encore celui de Mussolini faisant preuve de fragilité aux moments décisifs de sa propre défaite, car tous ces symptômes sont répertoriés dans les points faibles de leur groupe. Néanmoins, gardons toujours à l'esprit que ce dernier n'explique pas tout !

Les comportements du clan Kennedy, de celui de John (le jeune président assassiné) à celui de sa femme (la Fée Jackie), en passant par ceux de sa mère (l'ambitieuse Rose) et de son père (Joseph, corrompu et mafieux), trouvent également dans les groupes sanguins une troublante explication. Quant aux réactions des différents membres de la famille royale britannique face aux tragédies qui ont émaillé leur histoire (le drame de Charles avec Diana et son attachement pour Camilla, l'attitude de la Reine), il n'est pas hasardeux d'affirmer qu'elles se verront un jour éclairées à la lumière de l'analyse des groupes sanguins.

Dans une autre sphère, l'extrême intelligence d'un Einstein se trouve-t-elle confirmée par son appartenance au groupe le plus subtil ? Et le groupe sanguin de Sigmund Freud est-il celui à qui s'adresse le mieux la psychanalyse ? Dans le domaine de la peinture, le groupe de Picasso, de Nicolas de Stahl ou du Douanier Rousseau a-t-il un lien avec la manière dont ces peintres célèbres ont exprimé leur art ?

Rappelons ici que les groupes sanguins et leurs possibilités transfusionnelles furent découverts par le médecin autrichien Karl Landsteiner en 1903. Il est donc possible de connaître le groupe sanguin des hommes célèbres qui ont vécu ou qui sont morts depuis les années 20. Il sera alors passionnant de révéler ceux de Lénine, de Staline, de Churchill ou de Bismarck, pour comprendre leur comportement caricatural, comme si leurs cas devaient représenter un (contre-)exemple de leur groupe.

En dehors du cabinet médical, l'enquête se révèle ingrate pour obtenir le groupe sanguin des individus. Pour les chefs d'États contemporains, le secret est finalement un secret de polichinelle, car pour le moindre de leurs déplacements, des précautions médicales sont toujours prises. Il est alors possible, par recoupements de définir leur groupe. Il en va autrement avec les célébrités moins médiatiques. Alors, pour pallier cette carence, des centaines de lettres et de mails ont été envoyés aux personnes interrogées, à leurs descendants, à leurs héritiers, à leurs proches. Quelques-uns ont répondu avec sourire et intérêt ; beaucoup ne se sont pas manifestés, par méconnaissance de leur groupe ou par simple désintérêt ; certains ont refusé de participer à l'enquête, poussés par l'appréhension d'être démasqués par rapport à leur image publique ; très peu ont répondu de façon positive.

Il peut donc être d'un très grand intérêt de connaître le groupe de toute personne qui a pour vocation de guider les foules ou de marquer son époque. Les groupes sanguins des poètes, des artistes, des musiciens, des peintres, des politiciens et candidats à une fonction élective du Pouvoir, des polémistes, des vrais et faux philosophes qui ont marqué notre époque peuvent nous en apprendre beaucoup sur eux et leur nature profonde...

Il y a quelques années, une série de trois livres de vulgarisation sur les maladies des politiciens qui ont gouverné notre monde contemporain ont connu un immense succès[1]. Ils ont ouvert les yeux du grand public sur les faiblesses et la fragilité de notre système politique face à des dirigeants malades et incapables, aux moments et lieux décisifs, de prendre les bonnes décisions. En guise de conclusion, les auteurs posaient la question de savoir comment il était possible de prévenir ce genre de situations susceptibles de mettre en péril la démocratie.

Aucune solution n'a été apportée depuis pour résoudre ce problème et le monde continue, en certains lieux de la planète, à être dirigé par des fous dangereux. Généralement, ces derniers ont été élus de façon démocratique, car le peuple n'a pas eu connaissance de leur tendance à la folie ou à la cruauté. Dans de nombreux cas par le passé, des pays ont cruellement souffert dans leur chair et dans leur esprit, dirigés qu'ils étaient par des menteurs, des fous ou des égoïstes uniquement soucieux de leurs propres ambitions. À partir de maintenant, grâce à l'étude de leur groupe sanguin, il sera en partie possible d'entrevoir leurs prédispositions mentales et la manière dont ils risquent de se comporter une fois élus. Adopteront-ils le comportement d'un Primordial, d'un Sédentaire, d'un Nomade ou d'un (Faux)-Prophète ? La connaissance des groupes sanguins nous permettra certainement d'élire des dirigeants moins aveuglément.

Le passé nous a appris que les grandes démocraties plaçaient parfois à leur tête des incapables ou des anormaux, mais qu'elles possédaient en elles suffisamment de contre-pouvoirs intellectuels et moraux pour minimiser leurs excès ou remédier à leurs déficiences. Cependant, n'oublions pas qu'il en va autrement dans les pays « neufs » issus de la décolonisation ou des révolutions qui secouent périodiquement le monde. Ces peuples se révèlent vulnérables, victimes de tous les mirages et de tous les réveils douloureux.

Un examen médical est nécessaire avant l'obtention du permis de conduire. Il l'est également avant toute admission dans une administration publique ou semi-publique, pour s'engager dans l'armée où il est tenu compte du profil mental du candidat, etc. Pourquoi ne le serait-il pas pour tout candidat à une fonction publique élective, et en particulier à tout prétendant à la magistrature suprême ? La vie privée des individus doit être certes respectée, mais doit-il en être de même pour les personnages publics

1. ACCOCE Pierre et Dr RENTCHNICK Pierre, *Ces malades qui nous gouvernent*, Stock, 1976.

qui sont susceptibles de laisser leurs marques dans l'Histoire ? Un examen médical impartial de Lénine lui aurait-il permis de rester crédible auprès des Russes de 1917 ? L'insuffisance surrénale de John Fitzgerald Kennedy et les fortes doses de corticoïdes nécessaires à sa survie — et perturbant son mental comme son comportement — ont-elles eu une influence sur le destin des USA ? Et, si François Mitterrand avait annoncé son cancer lors de son dépistage, aurait-il été réélu en 1988 ?

Ainsi, dans l'intérêt de l'Histoire Universelle, pour connaître le groupe sanguin des personnages historiques du 20e siècle, il faudra tôt ou tard permettre la réouverture au public de leur dossier médical. Il sera ainsi possible de comprendre l'alchimie des sympathies et des antipathies, de la haine et du mépris qui exista (et existe) entre certains hommes célèbres.

Dans cet ouvrage donc, l'auteur met en évidence un nouveau concept, révolutionnaire. Il y fait la description de quatre humanités : la Primordiale, la Sédentaire, la Nomade et la Prophétique. Jusqu'à présent, l'Humanité n'avait jamais été divisée en quatre sous-groupes, différents, voire complémentaires ou opposés. Cette répartition concerne à la fois le comportement, la manière de vivre et de faire la guerre, le mode d'alimentation, la manifestation de la souffrance, la contraction de maladies, etc. Toutefois, les anciens Chinois, plusieurs siècles av. J.-C. — et, plus précisément, au moment de l'édification de la Grande Muraille —, ont défini leur société comme la synthèse entre le monde Sédentaire et le monde Nomade. L'auteur s'inscrit dans cette tradition ancestrale pour la compléter par l'ajout du Primordial et du Prophétique.

À notre époque, en raison d'une pensée unique dictatoriale, il est impossible d'affirmer la différence des individus. Cette « Pensée Unique » appauvrit, selon l'auteur, toute discussion et empêche les nouvelles recherches. La théorie reposant sur cette subdivision de l'Humanité permet pourtant d'envisager, en médecine comme ailleurs, la possibilité de comprendre les intolérances à des traitements médicaux et d'ajuster les démarches psychologique, diététique, pathologique et thérapeutique en fonction des quatre profils mentaux et métaboliques différents. Cette hypothèse des quatre humanités réagissant différemment les unes des autres s'est progressivement imposée à l'auteur. Médecin nutritionniste, il s'est intéressé à la physiologie cellulaire et, grâce à une longue pratique des tests d'excitabilité neuro-musculaire, il a pu individualiser les quatre profils métaboliques. Ces tests de physiologie mis au point dans les hôpitaux parisiens, dans les années cinquante, restent trop méconnus, voire oubliés, par la médecine mondiale actuelle, dominée par la recherche américaine[2].

2. Se rapporter en fin d'ouvrage aux informations concernant les tests d'excitabilité neuro-musculaire.

Cette répartition de l'Humanité concerne toutes les civilisations, dans le temps et dans l'espace. Et la *Genèse* est là pour nous le rappeler puisque, dans son langage codé, elle nous indique la signification symbolique d'Adam, de Caïn, d'Abel, de Seth-Hénoch et… d'Ève. Les différentes pyramides qui, tout au long du livre, évoquent, entre autres, les divinités grecques et égyptiennes, offrent à comprendre et à mettre en concordance un mode de pensée identique (et non pas unique !), quelles que soient les périodes et les civilisations. Par extension, il est également possible que les Asiatiques, les Indous, les Amérindiens, les Mexicains ou les Africains retrouvent dans leurs traditions propres la même symbolique et que ce livre ait un intérêt pour eux, bien qu'ils ne soient pas culturellement issus de notre civilisation judéo-chrétienne et directement interpellés par le mythe d'Adam et Ève.

Chapitre ... 1

PENSÉE MODERNE ET PENSÉE TRADITIONNELLE

La science du 20e siècle a rejoint les textes sacrés hindous et les premiers chapitres de la *Genèse*

Le 28 février 1953, deux jeunes scientifiques ont fait irruption dans le pub des étudiants de la ville de Cambridge et ont annoncé avec enthousiasme à leurs collègues : « Nous avons trouvé le secret de la Vie ! »

Il s'agissait du chercheur britannique Francis Crick et de l'Américain James Watson qui venaient de découvrir la structure de la molécule de l'ADN (Acide Désoxyribonucléique), support de l'hérédité.

James Watson n'a que vingt-sept ans en cette fin d'hiver 1953. Au sein du laboratoire Cavendish de Cambridge, le complice de ses recherches est l'Anglais Francis Crick alors âgé de trente-sept ans. Tous deux sont inconnus du public et, grâce à leur court article scientifique tenant en une seule page et publié le 25 avril 1953 dans la revue « Nature », ils vont connaître la célébrité et recevoir le prix Nobel pour avoir percé le secret à l'origine de la Vie.

Grâce à eux, il est établi qu'une molécule d'ADN est une longue chaîne de quatre petites molécules appelées « bases » (A, T, C, G) fonctionnant par paires : l'Adénine (A) avec la Thymine (T), la Cytosine (C) avec la Guanine (G). Ces quatre bases sont toujours associées à un couple fonctionnel constitué par un ribose et du phosphore.

Plus tard sera précisée la constitution de l'ARN (Acide Ribonucléique), autre structure fondamentale de la Vie : les bases sont constituées d'Adénine, de Cytosine, de Guanine, et l'Uracile remplace la Thymine.

Ces deux molécules fondamentales à l'origine de la genèse de tous les êtres vivants sont doubles (dextrogyre et lévogyre), vont toujours par paires et se reflètent en miroir. Elles sont composées des quatre bases, vecteurs de l'information et de trois éléments fonctionnels distincts : un sucre ribose, une molécule de phosphore et les bases vecteurs ACGT et ACGU.

Une autre caractéristique de ces molécules est que, vues de face, elles ont une forme hélicoïdale, tandis que vue de plan cette double hélice prend l'apparence d'un tanka tibétain. Aussi, dès l'origine de l'incarnation de la Vie sur la terre, trouve-t-on la dualité de la double hélice, ainsi qu'une structure fondamentale de quatre éléments et une structure fonctionnelle de trois composants.

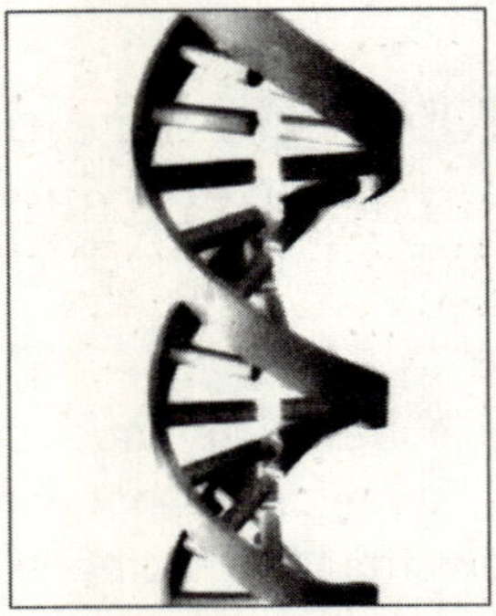

La double hélice de l'ADN.

Au plus profond des cellules d'un homme, d'un animal, d'une plante et du plus petit et plus primitif des microbes se nichent des gènes qui vont personnaliser un individu, le différencier des autres êtres vivants. Ces gènes se caractérisent donc tous par la dualité de la double hélice, par les quatre bases constitutionnelles ATCG de l'information génétique et par leurs trois niveaux fonctionnels.

Cette molécule qui sert de support à la vie est la même chez tous les êtres vivants. Seul l'ordre d'alignement des gènes sur la chaîne d'ADN diffère d'une espèce à l'autre, et d'une personne à l'autre. Chacune des millions de milliards de cellules qui constituent un individu contient dans son noyau une copie de l'ADN qui lui est propre et qui fait d'un individu un être unique. C'est ce que l'on appelle le code génétique. Cet arrangement particulier des bases de l'ADN et du code génétique d'une personne permet notamment d'expliquer la couleur de ses yeux, de sa peau et de ses cheveux, la ressemblance avec ses parents, ses prédispositions et son caractère.

Il est important de souligner que cette image de la double hélice était déjà connue des Livres Sacrés, puisqu'elle est décrite sous la forme du Serpent de la Connaissance.

Le Serpent de la Connaissance.
« Quête du Saint Graal » Adam et Ève. Ahun, France, 15e siècle.

« L'homme et la femme étaient tous deux nus et ils n'en avaient point honte.

Le serpent était le plus rusé de tous les animaux des champs que l'Éternel Dieu avait faits. Il dit à la femme : "Dieu a-t-il réellement dit : vous ne mangerez pas de tous les arbres du jardin ?"

La femme répondit au serpent : "Nous mangerons des fruits des arbres du jardin."

Mais quant au fruit de l'arbre qui est au milieu du jardin, Dieu a dit : "Vous n'en mangerez point, de peur que vous ne mouriez."

Alors le serpent dit : "Femme, vous ne mourrez point. Mais Dieu sait que le jour où vous en mangerez, vos yeux s'ouvriront, et que vous serez comme des dieux, connaissant le bien et le mal."

La femme vit que l'arbre était bon à manger et agréable à la vue, et qu'il était précieux pour ouvrir l'intelligence ; elle prit de son fruit et en mangea ; elle en donna aussi à son mari qui était auprès d'elle, et il en mangea. »

(Genèse, 2.3)

De tout temps, l'Homme a voulu savoir et comprendre les raisons de son existence. Le propos ici n'est pas de dresser l'inventaire de ses tentatives. Toutefois, des analogies existent entre les quatre groupes sanguins, les quatre comportements de l'Humanité (c'est-à-dire les comportements Primordial, Sédentaire, Nomade et Prophétique), les livres sacrés de l'Inde, de l'Égypte du Tibet, et les premiers chapitres de la *Genèse*. La compréhension de ces messages symboliques intangibles peut contribuer à une meilleure approche et une meilleure compréhension de nous-mêmes et de nos contemporains, dans ce 21e siècle débutant, difficile période de mutation. Le lecteur va dès lors pouvoir se situer et situer les autres et leur personnalité en fonction de la génétique liée à leur groupe sanguin.

En effet, en interprétant les premiers chapitres de la *Genèse*, nous verrons au cours de cet écrit que l'humanité se subdivise en quatre groupes[1]. Il existe :

- quatre types de personnalités et de pensées ;
- quatre sortes de besoins alimentaires ;
- quatre comportements différents face à l'adversité ;
- quatre groupes sanguins (O, A, B et AB).

La connaissance de notre groupe sanguin va nous permettre de savoir ce qu'a décidé la génétique pour chacun d'entre nous : quelle personnalité, quelle attitude adopter face à la vie, pour la réussir et éviter d'en payer le prix fort, celui de la maladie.

La nature la plus profonde d'une personne du groupe sanguin O la porte à la génération, à la subordination, au don désintéressé de soi et au devoir de disponibilité envers les autres. S'il s'agit d'une personne du groupe A, elle est programmée génétiquement pour l'aptitude au commandement, au pouvoir, au devoir et à la dominance sur les êtres et sur les choses, dans le temps et dans l'espace. Si elle est groupe sanguin B, elle est prédisposée aux jeux de l'intelligence et de la subtilité, aux échanges, au plaisir, au commerce, à la diplomatie, aux activités de l'ombre et de la nuit. Enfin, les personnes AB trouveront leur voie dans le renoncement, et leur épanouissement dans les grandes entreprises humaines, dans l'abstraction, dans l'exceptionnel, dans le témoignage et dans l'Art.

Un individu du groupe sanguin O, pour s'épanouir, devra donc toujours se référer à son archétype, l'archétype O (celui du Primordial). Il en est de même pour ceux des groupes A, B, et AB qui prendront soin de se référer à

1. On retrouve cette partition de l'humanité en quatre personnages distincts dans la plupart des religions anciennes du Proche et Moyen-Orient, du Caucase et de l'Inde.

leur archétype respectif, à savoir l'archétype de A (celui du Sédentaire), l'archétype de B (celui du Nomade) et l'archétype de AB (celui du Prophétique).

Cependant, toute prédisposition ne résume pas la vie: rappelons à nouveau qu'à l'origine de toute maladie et de toute manifestation en général, la part de la génétique n'explique pas tout: l'environnement social, psychologique et environnemental — en somme ce que la science, depuis Darwin, appelle « adaptation » — est également à prendre en compte. Ainsi, la vie nous oblige à porter très souvent un masque: les circonstances ou les aléas peuvent amener O le Vulnérable à porter le masque de A le Dominant, de B le Séducteur ou de AB le Cassandre. C'est la raison pour laquelle certains lecteurs pourront ne pas se reconnaître dans la description de leur personnalité: il y a dissociation entre l'archétype du groupe sanguin et le masque que la vie nous oblige à mettre.

Par exemple, O peut être Primordial O (disponibilité) avec ses proches, mais être obligé d'être Sédentaire A (dominant) avec ses subordonnés, Nomade B (séducteur) avec ses clients et Prophète AB (artiste) pendant ses vacances! Ce masque de l'adaptation peut finir par étouffer notre vraie nature. C'est alors la maladie, dans l'âme, puis dans le corps. La crise morale est, au contraire, la vraie nature qui se révolte contre le masque. C'est l'archétype du groupe sanguin qui veut enfin pouvoir s'incarner, ne plus être étouffé.

Au fil des pages, le lecteur sera amené à découvrir que toute manifestation, toute incarnation des lois de la Vie se fait également selon les quatre principes universels des archétypes O, A, B et AB.

Comme dans la *Genèse* avec les mythes d'Adam et Ève, de Caïn et d'Abel, les groupes sanguins O, A, B et AB ne sont que la manifestation dans l'Humain des quatre grandes lois de la Création: depuis l'infiniment petit jusqu'à l'infiniment grand, tout s'incarne et s'inscrit selon les quatre Archétypes de l'Univers:

- le principe universel de Génération, à l'origine de toute chose, dans l'archétype Primordial O;
- son principe complémentaire, celui de la Néguentropie, de l'Anabolisme, qui lutte contre le désordre, construit, croît et développe la vie, se manifeste dans l'archétype Sédentaire A;
- le principe universel de l'Entropie, qui amène au désordre, au Catabolisme, s'illustre dans l'archétype Nomade B;
- le dernier principe, celui qui vient toujours en fin de cycle, celui de la Régénération, de l'attente du renouveau, se reflète dans l'archétype Prophétique AB.

Ainsi, reprenant les principes du calendrier de la grande tradition chinoise qui place le nouvel an à la nouvelle lune qui suit le solstice d'hiver, la fin de l'hiver et le début du printemps procèdent du début d'un nouveau cycle annuel et évoquent la naissance et la génération (O); la fin du printemps et le début de l'été, l'anabolisme et la croissance (A); la fin de l'été et le début de l'automne, le catabolisme et la maturation (B); la fin de l'automne et le début de l'hiver (dont Noël), la fin d'un ancien cycle, la préparation d'une nouvelle ère et la régénération (AB). Ensuite, un nouveau cycle recommence. Selon un raisonnement analogue appliqué aux lois du règne végétal, la racine, la feuille, la fleur et le fruit de l'arbre procèdent successivement de la génération (O), de l'anabolisme (A), du catabolisme (B) et du renouveau (AB). Tout comme Adam qui, dans le Jardin d'Éden, le « Paradis Terrestre », vivait, en fait, selon le mode de vie paléolithique (O); Caïn, le premier des agriculteurs, évoque le mode de vie des sédentaires (A); Abel, le premier des pasteurs, symbolise celui des nomades (B); et Seth, le premier des prophètes, représente celui de l'homme « moderne » (AB).

Une telle explication des lois de la Vie et de la Nature, par un raisonnement analogique, permet de remonter aux quatre archétypes de l'Humanité, dans leur nature la plus profonde et la plus permanente, quelles que soient les époques. Et ces caractères essentiels se retrouvent dans les quatre groupes sanguins O, A, B et AB.

Décrypter le message qui se rattache à chacun des groupes est une clef pour une meilleure connaissance de soi.

Ce livre n'invente rien, il ne fait que redire,

Le mythe d'Adam et Ève,

De Caïn et d'Abel,

Et de l'Apocalypse, que nous avons tous en nous.

•

Les grandes civilisations pyramidales du passé

Tout au long de l'ouvrage, le lecteur sera confronté au décryptage de différentes pyramides. Il nous semble important ici d'expliquer de quelle façon l'auteur les a conçues.

La première humanité fut celle du Paléolithique. Hiérarchisée comme toute humanité animale évoluée et humaine, elle est composée d'individus vivant selon le mode de vie paléolithique, se nourrissant avec une alimentation de chasseurs-cueilleurs et habitant sous un climat favorable à son épanouissement. À cette époque, il n'y avait pas encore de Sédentaires, ni de Nomades. À eux seuls, les Primordiaux formaient donc une société équilibrée qu'il est possible de représenter par une pyramide isolée.

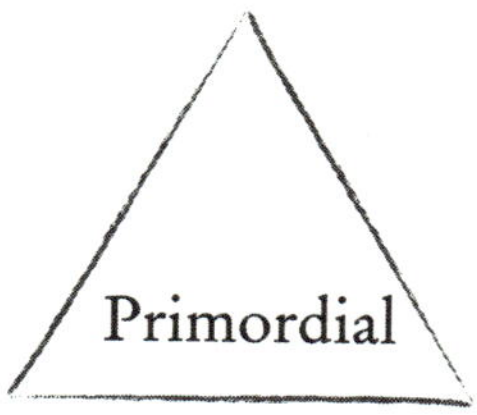

Ils étaient (et demeurent) animistes. Comme tels, ils affectaient une âme à tout être, tout phénomène et toute chose matérielle. Leurs dieux tutélaires faisaient référence à la forêt, à l'arbre, au totem et au menhir.

Vint alors une période où certains groupes humains se tournèrent vers la culture des céréales primitives. Ils furent les premiers agriculteurs. Et ce sont ces derniers, sédentaires, pacifiques et monogames, qui furent à l'origine des grandes civilisations théocratiques solaires. En effet, au cours des siècles, leurs villages sont devenus des villes et des cités-états dirigées par un roi s'identifiant au pouvoir religieux lié au soleil, source de fécondité et de vie. La Chine des Proto-Chinois, l'Inde pré-brahamique et l'Égypte mythique en sont des exemples parlant.

À l'opposé, et pour les mêmes raisons de survie, certains Primitifs habitant dans d'autres régions du monde se tournèrent vers l'élevage des animaux. Leur mode de vie était aux antipodes de celui des Sédentaires : mobiles, guerriers, polygames, ils n'étaient pas attachés à la terre et étaient guidés dans leurs déplacements par l'étoile polaire ou la Croix du sud.

C'est pourquoi, nous symbolisons les Sédentaires et les Nomades par des triangles opposés, la vérité de l'un étant l'erreur de l'autre…

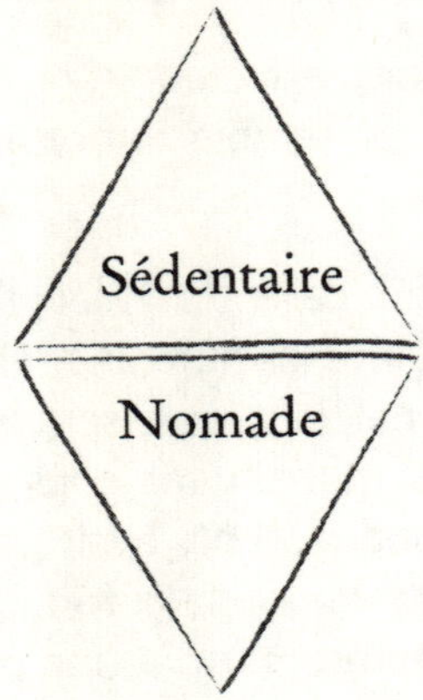

Quelles que soient les époques, il s'en suit toujours une guerre civile permanente entre : le vulnérable, le dominant et le séducteur-négociateur ; l'esclave, l'esclavagiste et le marchand d'esclaves ; le Primordial, le Sédentaire et le Nomade.

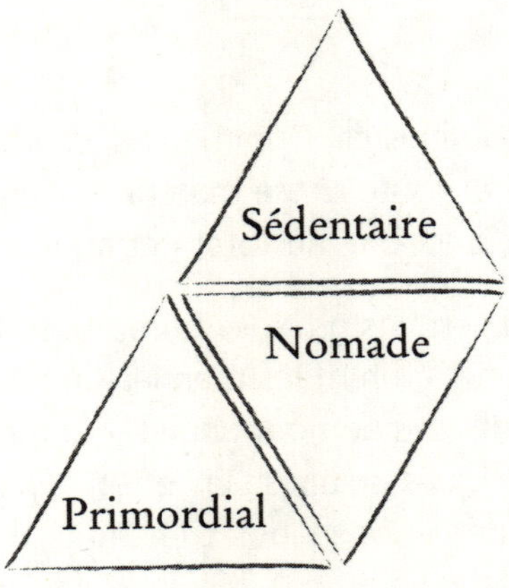

Pour réconcilier les trois partenaires, il a fallu trouver un réconciliateur. Ce fut le fils du Sédentaire et du Nomade, issu des deux mondes ; celui qui a souffert de la haine entre les communautés ; le métis non-désiré ; l'enfant naturel ; l'orphelin : le Prophétique. En proposant une solution nouvelle, il a permis à la pyramide d'être stable, de ne pas s'écrouler.

Les symboles du Prophétique sont les instruments qui lui permettent sa transmutation en un être messianique, en l'occurrence : la croix pour Jésus ; le Graal et l'épée Excalibur pour le Roi Arthur.

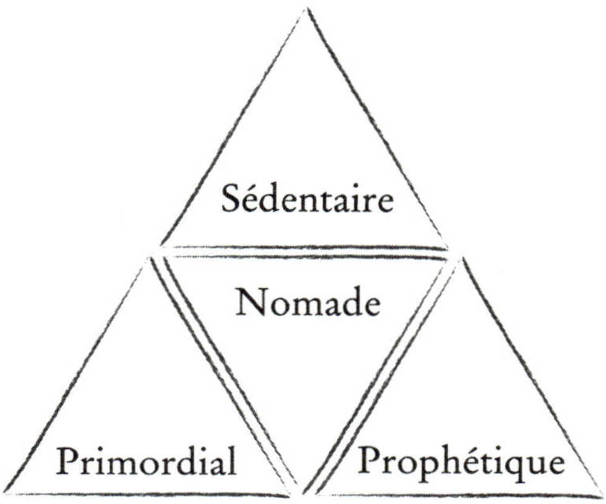

Lorsque l'on fait allusion à la Tradition (et non pas aux traditions), c'est-à-dire à la Science Sacrée du Passé, la réaction habituelle est une sceptique incrédulité chez la plupart des interlocuteurs. De même obtenons-nous un sourire ironique des scientifiques (dé)formés par l'enseignement moderne de nos écoles et facultés. Là domine le raisonnement positif selon lequel nos ancêtres n'auraient pas pu avoir par le passé les vastes connaissances uniquement amenées par le progrès scientifique actuel. Que l'on se détrompe, car le propos de cette présente étude est de montrer qu'il est possible d'aborder la connaissance de l'Homme par un chemin initiatique qualitatif issu des grandes philosophies sacrées du passé, alors que la science actuelle se limite à la stricte appréciation quantitative de l'Homme et de son environnement.

« La doctrine hindoue enseigne que la durée d'un cycle humain, auquel elle donne le nom de Manvantara, se divise en quatre âges, qui marquent autant de phases d'un obscurcissement graduel de la spiritualité primordiale. Ce sont ces mêmes périodes que les traditions de l'antiquité occidentale, de leur côté, désignaient comme les âges d'or, d'argent, d'airain et de fer. Nous sommes actuellement dans le quatrième âge, le Kali-Yuga, ou âge sombre, et nous y sommes depuis plus de six mille ans... Depuis lors, les vérités qui étaient autrefois accessibles à tous les hommes sont devenues de plus en plus cachées et difficiles à atteindre... »[2]

2. GUÉNON René, *La crise du monde moderne*, Gallimard, « Folio », 1994.

Si l'on se réfère à René Guénon, chaque pyramide érigée dans le passé est une reconstruction symbolique dans la pierre des lois universelles de la Vie. La base inférieure, à quatre cotés, posée sur le sol, évoque les fondements matériels de toute manifestation vivante et humaine. À l'opposé, tourné vers le ciel, le sommet en symbolise l'immatérialité. La pyramide, la cathédrale, le baptistère, le stupa, le minaret comme le menhir, dirigés vers la lumière solaire et l'immatériel céleste, indiquent aux humains la hiérarchie de toute manifestation. Ce qui se trouve en haut procède de la qualité, de l'unité, du spirituel et du sacré; tandis que ce qui est en bas, et donc inférieur, relève de la quantité, du grand nombre, de la matière et du vulgaire.

En outre, toute manifestation de la matière et de la multitude commence par le chiffre 4:

- au 1 correspond l'Unique, l'unité, le Tao;
- l'union du positif et du négatif, du masculin et du féminin, de la matière et de l'énergie, procèdent tous du 2;
- à la trinité commence le subtil de la vie, c'est le 3;
- au chiffre 4 correspond toute manifestation, toute incarnation de la vie dans la matière.

C'est ainsi que, pour refléter l'ordre de l'Univers, et pour s'approcher au plus près de son équilibre, la société traditionnelle hindoue, comme la société de la Grèce antique, se divise en quatre castes. Les Brahmanes, caste (varna) des religieux et des prêtres qui détiennent la science sacrée, le pouvoir spirituel et les terres sont placés au plus haut de l'échelle sociale. Ils détiennent de ce fait la vérité spirituelle, la puissance morale et la richesse terrienne. Complémentaires des Brahmanes, soumis à leur pouvoir spirituel, mais nécessaires à leur défense et leur survie, les Ksatriyas occupent le pouvoir temporel et regroupent les soldats, les défenseurs, les fonctionnaires et administrateurs de l'ordre établi. Ces deux castes bien distinctes, complémentaires l'une de l'autre, sont soutenues économiquement par la classe des Vaisya, marchands, commerçants, artisans et hommes d'affaires: tous ceux qui ont la puissance par l'argent, la spéculation et les échanges. Les Sûdras correspondent à la caste de ces journaliers travaillant une terre qu'ils ne possèdent pas, les serviteurs et les ouvriers libres travaillant pour un maître. Situés en dehors de l'ordre établi, en dehors des quatre varnas, vivent des non-êtres qui n'occupent aucune situation sociale ni aucun statut protecteur, « qui ne proviennent de nulle part », qui sont des non-incarnés rejetés par les quatre autres varnas: les intouchables, les Dalits ou Harijans.

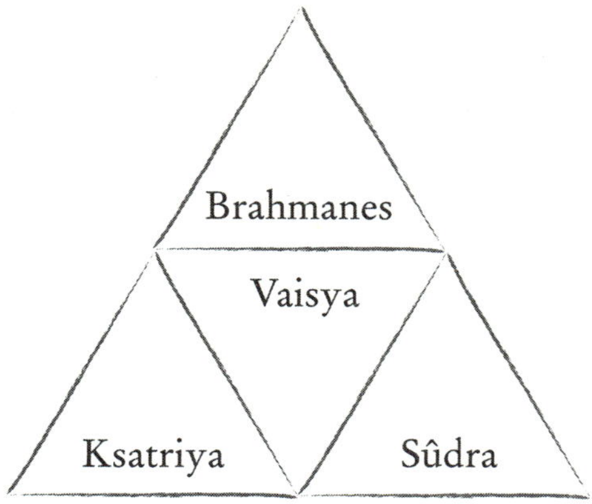

Le fait de retrouver chez les Grecs Primitifs cette même répartition en quatre classes distinctes laisse à penser que cette vision de la société était commune à tout le monde antique, et en particulier au monde sumérien où sont nés les premiers chapitres de la *Genèse*. En effet, la société archaïque grecque reproduit le même schéma : les Eupatrides, dirigés par le Basileus, correspondent à la noblesse religieuse qui détient la puissance spirituelle et la possession des terres ; les Hoplites ou Hippeis sont les chevaliers qui défendent par les armes l'ordre établi ; les Démiurges sont la classe des artisans et des commerçants ; et les Thètes sont les journaliers libres et les serfs. En dehors de cet ordre social établi, les métèques (les étrangers à la cité), bien que libres, n'ont aucun droit politique.

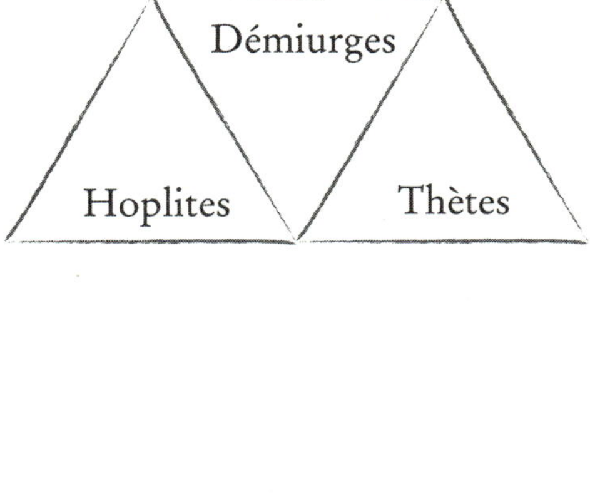

Dans chacune de ces pyramides, le sommet est toujours occupé par ceux qui possèdent la terre, les Sédentaires. En effet, dans toutes les civilisations théocratiques anciennes, la possession de la terre leur permet de s'approprier le pouvoir du ciel, du soleil source de richesse agricole et d'immatérialité. Les Sédentaires s'emparent de la puissance liée au sacré et aux dieux et s'identifient au sacré ! L'exemple le plus simple se trouve dans les monarchies où le roi est le représentant de(s) dieu(x) sur terre. Or il ne peut pas y avoir plus propriétaire terrien qu'un roi ! Il devient ainsi logique de placer les Sédentaires en haut de la pyramide qu'ils ont eux-mêmes créée.

Les Primordiaux sont les premiers apparus et forment à eux seuls une petite pyramide. Ils se retrouvent en bas de la grande pyramide car, de tous temps, ils font partie de la classe des vulnérables et des exploités, de ceux qui finissent toujours par être réduits en esclavage à partir du moment où ils ont perdu leur indépendance de primitifs.

Les Nomades, venant après les Sédentaires (puisque dans la Bible, Abel naît après Caïn) et opposés à ces derniers, il a paru logique de les intégrer dans la pyramide par le biais d'un triangle inverse.

Enfin, il y a les derniers venus, ceux qui ne sont attendus par personne, qui ne sont pas désirés ; les métis des mondes sédentaire et nomade : les Prophétiques. Contrairement à ce que leur nom pourrait induire dans les esprits, ils ne sont ni plus spirituels, ni plus immatériels que les autres. Ils viennent juste après les autres pour compléter et consolider la quatrième partie de la grande pyramide.

Par analogie, il est donc possible de généraliser cette vision sociale du monde traditionnel et théocratique antique et d'établir ainsi un schéma universel résumant toujours l'humanité en quatre sous-groupes :

- les **Sédentaires** sont les propriétaires du sol et du pouvoir religieux ;
- les **Primordiaux**, habitués à la chasse et aux armes, assurent la défense du territoire, mais ne connaissent ni l'art de l'agriculture ni celui de l'élevage ;
- les commerçants et marchands descendent des **Nomades** pasteurs ;
- les serfs et paysans sans terre connaissent l'art de la terre, mais, ne possédant rien car venus après les autres, sont obligés de marchander leurs services ; ce sont les **Prophétiques**, ceux qui ne sont attendus par personne, qui sont non désirés et qui arrivent trop tard dans leur époque.

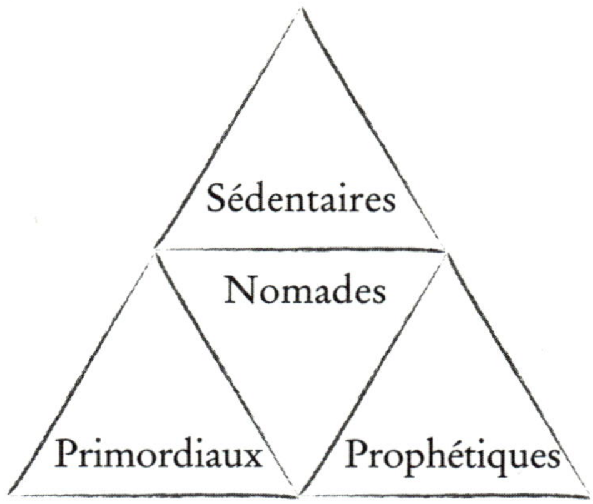

Les Primordiaux apparaissent en premier lieu, comme les hommes du Paléolithique qui précèdent leurs successeurs néolithiques, comme la fin de l'hiver annonce et inaugure le cycle annuel, comme la racine du végétal et de toute manifestation, et comme tout principe de génération. Les Sédentaires arrivent ensuite, dominant le sol, le temps et le règne végétal, comme les agriculteurs, à la manière du printemps, des feuilles de l'arbre, et de tout principe vivant de croissance, d'anabolisme, de construction et de néguentropie. Les Nomades succèdent aux Sédentaires (n'oublions pas que Caïn naît avant Abel), dominant l'espace et le règne animal, comme les pasteurs, à la manière des fleurs de l'arbre, du milieu de l'été et de tout principe qui inaugure toute décroissance, tout catabolisme, tout processus de mûrissement, de transformation, de dégradation et de fermentation, mais aussi de toute destruction et toute entropie. Survient enfin le fruit de l'arbre, l'humanité à la fois du temps et de l'espace, celle qui récolte ce qui a été préparé par les prédécesseurs, celle de la fin de l'automne et de tout nouveau cycle en devenir.

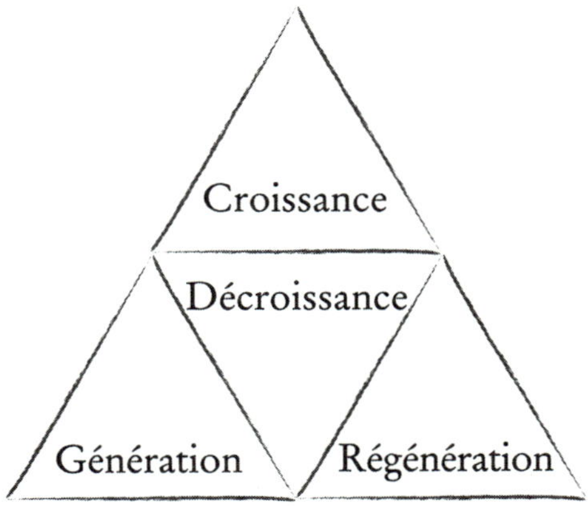

Mode de vie, migrations humaines et groupes sanguins

La paléoanthropologie nous apprend que le peuplement de la terre a eu lieu en plusieurs vagues successives à partir d'un foyer humain d'origine africaine. Il y a 1,8 millions d'années, une première vague de peuples archaïques, des hominidés originaires de la vallée du Rift, en Afrique de l'Est, progresse vers le Nord pour peupler l'Europe et l'Asie : Homo Sapiens colonise la Terre.

Cette première vague de peuplement est suivie longtemps après d'une seconde vague humaine qui reprend l'itinéraire de la première, mais qui va diffuser au-delà de l'Europe et de l'Asie pour se répandre au monde entier. Son histoire, plus récente, est celle de l'homme moderne, Homo Sapiens Sapiens étant une sous-espèce de l'Homo Sapiens, et remonte à cent mille ans.

Ces hommes « modernes » se sont répandus dans le monde il y a près de cinquante mille ans, également à partir de l'Afrique. Il s'agissait de chasseurs-cueilleurs vivant dans un climat tropical, chaud et sec, ce qui signifie qu'ils ne maîtrisaient ni l'agriculture (la domestication des plantes sauvages), ni l'élevage (la domestication des animaux). Leur mode de vie végéto-carnivore les amenait à suivre et chasser des troupeaux de gros gibier en migration. Ils envahirent ainsi toute l'Afrique, se répandirent vers l'Europe, vers l'Asie centrale et la Chine, traversèrent le Détroit de Behring pour coloniser l'actuelle Amérique du Nord, puis du Centre et du Sud. Par la Péninsule Malaise et l'Indonésie, ils auraient colonisé l'Australie. L'Europe aurait été envahie par Homo Sapiens Sapiens il y a quarante mille ans environ, par des peuples venant du Sud depuis le Moyen-Orient et du Nord depuis le Centre de l'Asie. Remarquons que, dans ces migrations, c'est l'Amérique du Centre et du Sud qui ont été les dernières colonisées, à l'instar de l'Australie.

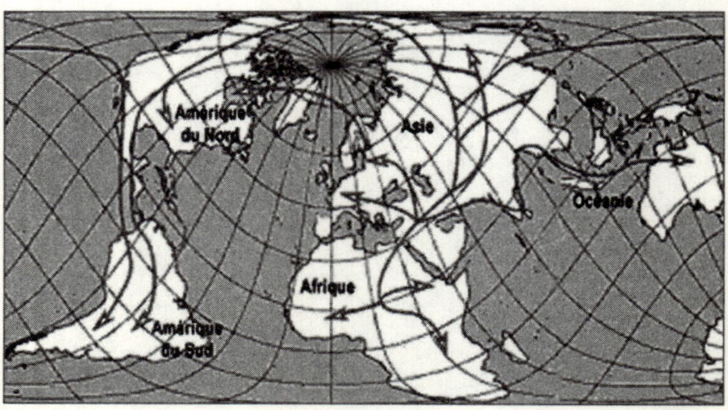

C'est probablement à l'occasion de changements climatiques défavorables, du refroidissement des climats, des glaciations, de l'abaissement du niveau des mers et d'une « relative » surpopulation par rapport au mode de vie des chasseurs cueilleurs, que certains Sapiens Sapiens se sont tournés vers une agriculture primitive dans des zones bien spécifiques : au Moyen-Orient, dans les vallées des Grands Fleuves du Nil, de l'Indus, du Brahmapoutre et du Fleuve Jaune en Chine, ainsi qu'en Europe du Sud.

À partir de ces régions chaudes et humides, et dès lors propices à l'agriculture, le mode de vie sédentaire agricole s'est propagé, favorisé par la domestication progressive des céréales primitives (le blé et l'orge au Moyen-Orient, le mil en Chine du Nord, le riz en Chine du Sud et en Inde, le maïs en Amérique du Centre et du Sud). Cette diffusion de l'agriculture hors de ses aires d'origine a été très lente, depuis le Moyen-Orient vers l'Europe de l'Ouest et du Nord au fur et à mesure de la modification des conditions climatiques. À d'autres périodes, dans les steppes de l'Asie centrale, des individus se seraient mis à la domestication et à l'élevage d'animaux de bétail pour les mêmes raisons. Leur mode de vie était le nomadisme, à l'opposé de la sédentarisation.

Le mode de vie des éleveurs nomades est différent de celui des sédentaires : il est mieux adapté à des conditions climatiques plus rudes et froides, moins ensoleillées, le monde végétal et céréalier, contrairement au monde animal, résistant mal au froid et au gel. À l'opposé des sédentaires, les pasteurs nomades peuvent s'adapter à la neige et survivre avec leurs animaux domestiqués, dans des conditions défavorables aux premiers agriculteurs. Le premier foyer de l'agriculture se trouvait probablement dans le « croissant fertile du Moyen-Orient », entre le Tigre et l'Euphrate. Les premiers éleveurs nomades sont probablement apparus aux confins de la Chine et de la Russie actuelle, dans ce que l'on appelle « le Turkestan russe et le Turkestan chinois », la région du lac Baïkal, l'Asie centrale et la Mongolie.

La distribution des groupes O, A, B et AB sur la terre se répartit de façon très inégale. Ce manque d'homogénéité peut justement s'expliquer en référence au mode de vie. Les cartes ci-dessous décrivent les différentes répartitions des allèles O, A, B, et AB.

Il existe en effet une prédominance de **l'allèle O** à l'extrême Ouest et l'extrême Sud de la marche des migrations humaines. Le groupe sanguin O est majoritaire chez les Mayas, en Amérique du Centre et du Sud, au Pérou (près de 100% de la population est du groupe sanguin O) ; reste très élevé chez les Navajos en Amérique du Nord, chez les Esquimaux au Groenland, ainsi que parmi les peuplades Aborigènes australiennes ; prédomine également dans toute l'Afrique, chez les Bushmen et les Zoulous en Afrique du Sud. En

Micronésie, à Yap et à Palau, en Mélanésie et chez tous ces peuples du Pacifique Sud qui ont vécu selon le mode primitif du chasseur-cueilleur jusqu'à la colonisation européenne du 19e siècle, on le constate majoritaire.

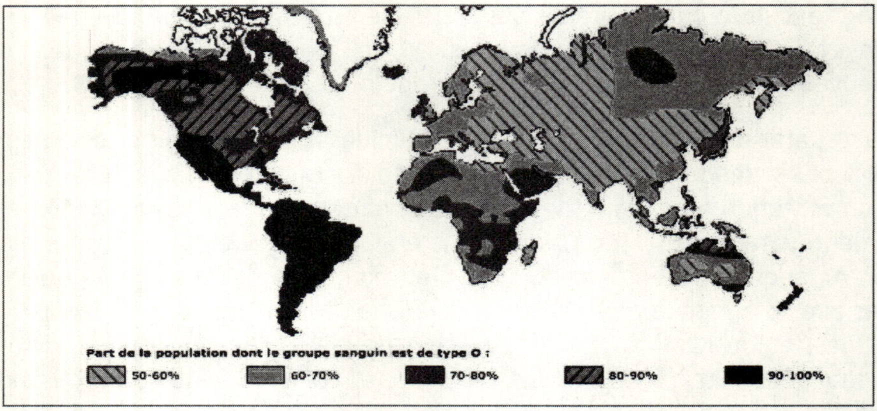

Distribution de l'allèle O dans la population mondiale.

En Europe, c'est le groupe le plus commun, et essentiellement dans le Nord du Royaume-Uni. Il y devance de peu le groupe A. En France, c'est dans le quart Sud-Ouest qu'il est le plus répandu, en particulier au Pays Basque où l'on rencontre la fréquence la plus élevée en Europe de O Rhésus négatif et l'absence quasi absolue du groupe B. C'est dans les steppes de l'Asie centrale qu'il est le moins présent. Notons qu'il est possible que le groupe sanguin O soit une adaptation de type darwinien au mode de vie des chasseurs-cueilleurs primitifs car cet allèle était pour eux le mieux adapté des quatre groupes sanguins.

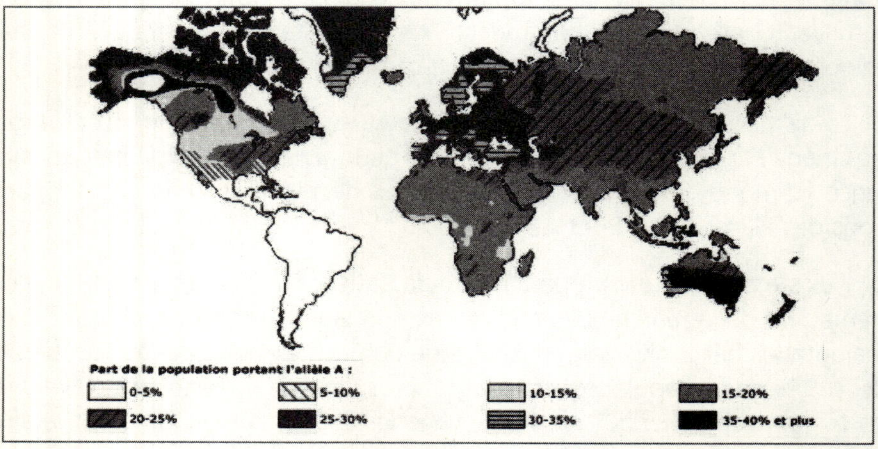

Distribution de l'allèle A dans la population mondiale.

L'allèle A est majoritaire en Europe du Nord, au Danemark, en Norvège, en Autriche où il devance l'allèle O. Partout ailleurs en Europe, et surtout en France, il rivalise avec l'allèle O. En Asie, il est majoritaire au Japon et nettement minoritaire ailleurs. Complètement absent de l'Amérique du Sud et du Centre, il reste minoritaire dans le reste des Amériques.

Remarquons qu'il est probable que le groupe sanguin A est à nouveau la conséquence d'une adaptation de type darwinien au mode de vie des sédentaires-agriculteurs car cet allèle était pour eux le mieux adapté des quatre groupes sanguins.

Les plus forts pourcentages d'**allèle B** se trouvent en Asie, en Chine du Nord, en Mongolie, dans la Région d'Irkoutsk, à Sakhaline au Japon et en Inde et au Pakistan. Plus on s'éloigne de sa région d'origine, plus les pourcentages diminuent comme les vagues de la mer venant mourir sur la plage. Ainsi, en Europe centrale, en Bohème-Moravie et en Hongrie, il reste encore élevé en raison des invasions mongoles du Moyen Âge, alors qu'il diminue en Allemagne et en France. Les pourcentages baissent au fur et à mesure que l'on s'éloigne de l'Est, pour devenir inexistants dans le Sud-Ouest. Il réapparaît en Espagne, essentiellement en Andalousie.

Par le passé, ce groupe sanguin a essaimé dans les mêmes directions que les invasions mongoles au cours des millénaires. Vers l'Asie et le Japon, la Mongolie et le sous-continent indien, dans les plaines d'Europe centrale et au-delà de l'Elbe, vers le bassin méditerranéen et le Proche et le Moyen-Orient. Le niveau élevé des mers a empêché la migration de ces peuplades vers l'Amérique, ce qui explique le petit nombre de groupes sanguins B chez les Amérindiens.

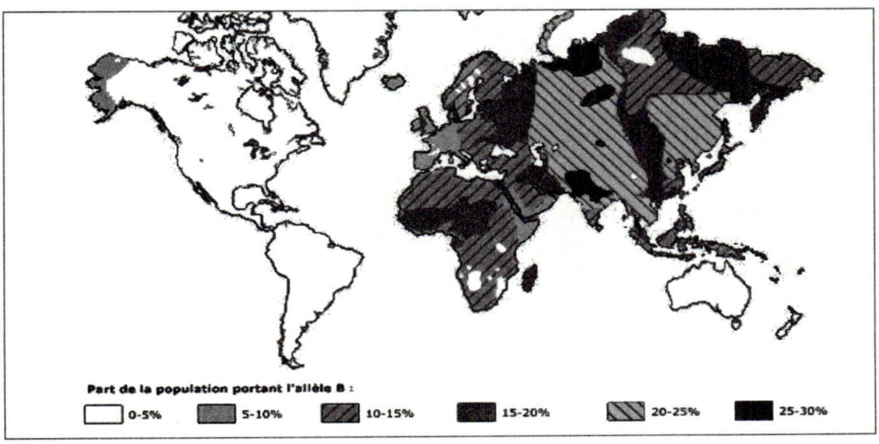

Distribution de l'allèle B dans la population mondiale.

Le groupe sanguin AB, quant à lui, serait de développement récent dans l'histoire de l'humanité. Son apparition daterait du premier ou du deuxième millénaire précédant l'ère chrétienne. Il est le fruit du mixage des populations A et B. En effet, sur le plan génétique, un sujet AB est issu de parents dont l'un possède l'allèle A et l'autre l'allèle B. AB sous-entend donc l'union de deux types d'humanités d'origine et de nature extrêmement différentes, voire opposées. AB est en quelque sorte le résultat d'un « métissage » de populations nomades assimilées et mélangées à des populations sédentaires.

Notons qu'il est probable que le groupe sanguin O soit une adaptation de type darwinien au mode de vie des chasseurs-cueilleurs primitifs car cet allèle était pour eux le mieux adapté des quatre groupes sanguins à cette survie de type « paléolithique ». Cette explication est transposable aux groupes sanguins A, B et AB.

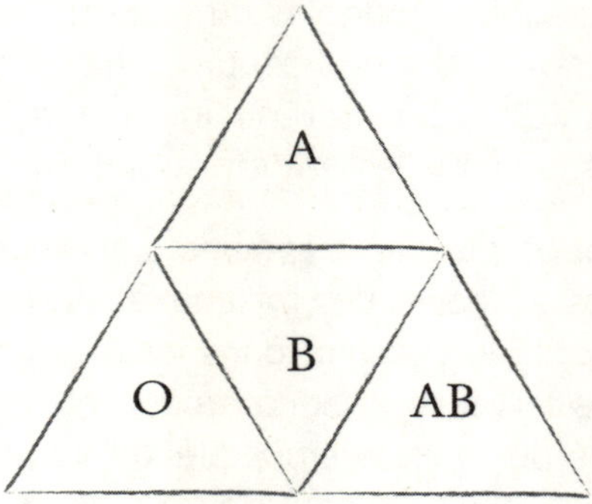

A est en haut, car il règne et veut sans cesse dominer les autres : il est le roi de la pyramide, de la société qu'il dirige. Cette domination est d'ailleurs sans cesse contestée par B le nomade, qui s'oppose à lui. AB est le dernier venu et préfigure l'avènement d'un nouveau cycle, il ne peut être en haut. Quant à O, comme il est le premier à être apparu, il formait déjà un ensemble fermé, une pyramide à lui seul. C'est à partir du moment où les Primordiaux commencent à être instrumentalisés par leurs successeurs — les Sédentaires et les Nomades — qu'il a fallu construire cette pyramide intégrant les quatre humanités.

•

Groupes sanguins et alimentation

Les patients du groupe sanguin O ont un patrimoine génétique hérité des premiers hommes de la Préhistoire, à une époque où ceux-ci étaient des fructo-carnivores, mangeurs de gibier sauvage et de plantes non cultivées. Ces aliments se caractérisent par le fait qu'ils sont peu sucrés pour les végétaux et peu gras pour les animaux. Ces individus du groupe O, lointains héritiers de ces hommes des premiers âges, sont donc naturellement des fructo-carnivores, au tube digestif robuste et à forte acidité gastrique permettant une bonne digestion de la viande et des aliments crus, au système immunitaire hyperactif requerrant une activité physique importante, au mental vif et pratique, d'un naturel mince et d'un aspect général plutôt jeune. Le régime alimentaire qui leur paraît le mieux adapté est celui dont parlent actuellement les diététiciens sous la désignation de « régime paléolithique ».

Les hommes actuels appartenant au groupe sanguin A, quelle que soit la couleur de leur peau, ont gardé les caractéristiques génétiques de leurs ancêtres agriculteurs, sédentarisés, consommateurs de végétaux et de céréales, domestiquant les animaux pour les travaux des champs. Leurs besoins nutritionnels correspondent à une alimentation essentiellement céréalo-végétarienne. Ils se présentent, d'une manière générale, comme des sujets moins robustes que les porteurs du groupe sanguin O, moins dynamiques, plus statiques, contemplatifs et à l'esprit analogique.

Alors que la caractéristique principale du groupe sanguin A est la sédentarité de l'agriculteur, celle du groupe B est le nomadisme, ainsi que le mode de vie et d'alimentation des pasteurs. Cela entraîne une intolérance aux céréales — qui sont les aliments des agriculteurs —, une tolérance aux produits laitiers et à la viande des animaux d'élevage, mais également des effets énergétiques néfastes des produits trop sucrés sur ces organismes endurants, très résistants, « rustiques », capables de s'adapter physiquement et moralement à des conditions de vie et de survie difficiles. La viande, les abats, le foie, les œufs, les laitages maigres et les légumes verts sont particulièrement recommandés à ces organismes pouvant résister longtemps aux privations. Remarquons au passage que les aliments déconseillés ci-dessus sont des denrées interdites par les préceptes religieux musulmans et juifs, où le groupe sanguin B est fortement représenté.

Le groupe AB est donc le résultat de l'adaptation de l'humanité aux temps modernes. Il correspond à la perte de l'ancienne mentalité collective du clan et de la tribu et, en parallèle, à l'apparition de l'individualisme. Ce groupe AB représente la forme de l'évolution humaine la plus récente. Il est rare (seulement 2 à 5% de la population) en Europe, voire complètement absent dans certaines régions du monde. Les besoins nutritionnels propres aux individus AB sont une synthèse de ceux de A et de B.

•

Symbolique de la transfusion sanguine

La transfusion sanguine[3] a déjà démontré que l'on ne peut pas transfuser du sang à n'importe qui, car les groupes sanguins sont une barrière infranchissable entre des individus de profil aussi différents que les groupes O, A, B, et AB d'une part, et les groupes Rhésus d'autre part.

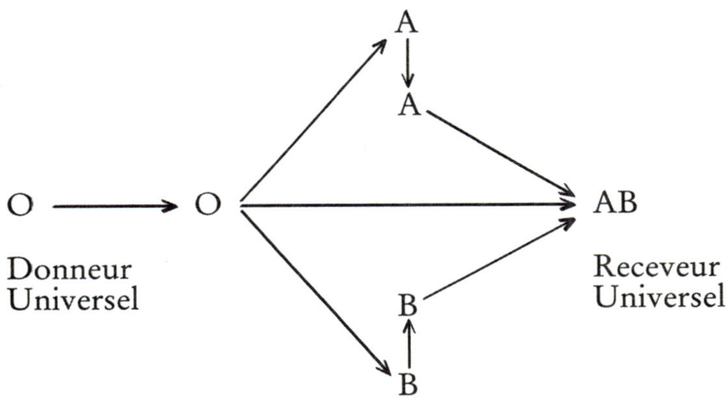

Sur le plan symbolique, le groupe O, qui n'a ni antigène ni agglutinogène, est celui qui est accepté par tous : il se transfuse et se donne à tout le monde sans rejet. C'est pourquoi il est appelé « donneur universel ». Par contre, il ne supporte que lui-même et ne se mélange pas aux autres, car, à son contact, les autres groupes le tuent vu qu'il possède des agglutinines anti-A et anti-B. Le groupe A rejette le groupe B, et vice-versa, mais tous deux acceptent le groupe O. Le groupe AB, enfin, accepte le sang de tous les groupes et est connu sous la dénomination de « receveur universel ». Cependant, aucun des autres groupes ne le supporte : il les empoisonne tous à cause de ses agglutinogènes A et B.

Précisons d'emblée que nous verrons plus loin qu'il existe une certaine analogie dans ce comportement avec le psychisme. Ainsi, devant une même situation de danger, il existe quatre comportements différents : certains prendront la fuite, d'autres préfèreront l'affrontement. De même, dans un groupe, certains s'intègrent ou se soumettent, d'autres finissent par dominer ; les uns intriguent, les autres séduisent, d'autres enfin rejettent le groupe

3. Lire, dans les annexes scientifiques, les explications concernant la transfusion sanguine.

ou se révoltent. Tous ont un comportement qui traduit la spécificité de leur génétique.

Dans le quotidien, O fuit la confrontation, B parlemente, A affronte et montre les dents, AB défie. En société, O se soumet, A domine, B sourit et intrigue et AB rejette. Mais face au danger, O peut se révolter ou fuir l'inacceptable, A céder à la lâcheté, B changer de camp, AB trouver la solution.

Laissez-vous entraîner en suivant ce fil d'Ariane.

Il vous mène à la compréhension de l'Homme.

Chapitre 2

PENSÉE UNIQUE OU PENSÉE QUADRUPLE ?

Les quatre types d'humanité et de mode de vie

Le mode de pensée analogique, qui préside aux mythes fondateurs des grandes religions, aux paraboles, aux contes et aux dictons populaires, permet une explication symbolique du Monde des Humains.

Dans la tradition biblique, on nous apprend qu'Adam, l'Homme Primordial, eut deux fils : Caïn et Abel. Ève conçut d'abord Caïn et dit : « *J'ai formé un homme avec l'aide de l'Éternel* » (*Genèse*, 4.1). Puis elle enfanta son frère Abel. Le premier fut laboureur et le second pasteur (*Genèse*, 4.2). Un jour, dans les champs, Caïn se jeta sur Abel et le tua (*Genèse*, 4.8). Peu après, Eve accoucha d'un troisième fils qu'elle appela Seth — ce qui en Hébreu signifierait à la fois « tourments » et « réconciliation » — car, dit-elle, « *Dieu m'a donné un autre fils à la place d'Abel, que Caïn a tué* » (*Genèse*, 4.25). Enfin, Seth eut lui-même un fils qu'il baptisa « Hénoch », et c'est alors que l'on commença à invoquer le nom de l'Éternel (*Genèse*, 4.26).

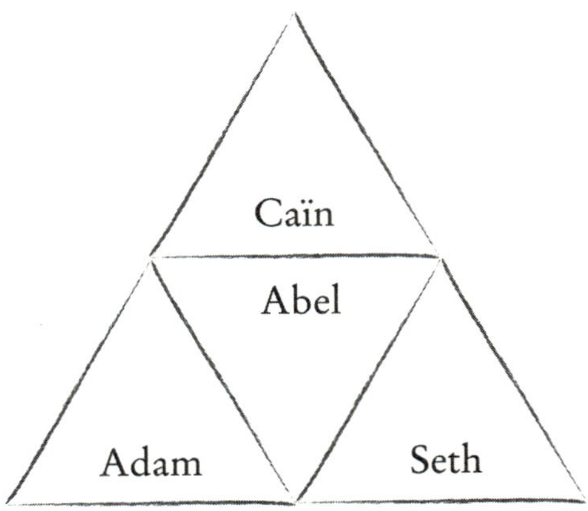

En d'autres termes, la tradition biblique, comme toutes les traditions écrites par ailleurs, répartit, dès l'origine de l'écriture, les hommes en deux modes de vie opposés : les sédentaires cultivateurs d'un côté, et les pasteurs nomades de l'autre.

Adam, qui fut le jardinier du Jardin d'Éden avant sa déchéance, était un chasseur cueilleur des temps préhistoriques, de l'ère pré-scripturale : il récoltait sans effort les fruits sauvages et le gibier que l'Éternel lui avait spontanément mis à sa disposition dans le paradis terrestre.

Hénoch, fils de Seth, pour sa part, fut l'ancêtre de Mathusalem. Il devint une grande figure de l'Apocalypse juive. Le livre d'Hénoch forme un ensemble d'exhortations et de prophéties concernant la fin des temps. À ce titre, il symbolise la quatrième humanité et préfigure le premier des prophètes.

Il existe ainsi quatre archétypes humains, quatre humanités différentes :

- Adam, le premier Homme, le Primordial issu du jardin d'Éden, dont les besoins nutritionnels et le comportement mental correspondent au groupe sanguin O ;
- Caïn, le premier Agriculteur, dont les besoins nutritionnels et le comportement mental correspondent au groupe sanguin A ;
- Abel, le premier Pasteur, dont les besoins nutritionnels et le comportement mental correspondent au groupe sanguin B ;
- Seth, père d'Hénoch, le premier Inspiré du Sacré[1], dont les besoins nutritionnels et le comportement mental correspondent au groupe sanguin AB.

•

1. *Genèse*, 4.26 : « Seth eut aussi un fils, et il l'appela du nom d'Hénoch. C'est alors que l'on commença à invoquer le nom de l'Éternel. »

ADAM LE PRIMORDIAL

Les images du laboureur (Caïn) et du pasteur (Abel) sont les deux faces opposées d'une même réalité. Quant à elle, la représentation d'Adam, l'homme primordial à l'époque où l'agriculture et l'élevage n'existaient pas, est celle du chasseur-cueilleur des temps pré-bibliques. Il est l'homme d'avant les écritures, les civilisations, les alphabets et les idéogrammes primitifs, d'avant le Néolithique en somme. Adam le Primordial est l'archétype du mode de vie préhistorique.

Le mode de vie paléolithique, dans un monde hostile et angoissant, est un mode de survie au quotidien, sans possibilité de prévoir le lendemain. L'instant présent est donc au centre des préoccupations. Dans un tel système, l'individu n'existe pas et ne peut survivre en dehors du groupe qui le transcende.

En permanence occupé sur son territoire à cueillir les plantes sauvages comestibles et à traquer le gibier avec beaucoup d'ingéniosité, de ténacité, de patience et de courage, le Primordial a un sens aigu du réel immédiat et un pragmatisme qui ne permet aucune erreur. N'existant et ne survivant que grâce au groupe, au clan et à la famille, il n'a aucun bien propre et, du coup, n'a aucun sens de la propriété. Son pragmatisme le détache des biens matériels inutiles et superflus. Tout individualisme lui étant interdit, sa soumission, son abnégation et son sacrifice dans l'intérêt du groupe lui paraissent naturels. La mort ne le préoccupe pas car elle fait partie de sa vie où le passé, le présent et l'avenir se confondent.

Cherchant une explication logique à tous les phénomènes surnaturels, il est animiste et polythéiste. Il se sent égal et non supérieur à tous les êtres vivants de son environnement. Il ne domine pas le Monde : il le comprend, communique et négocie avec lui, sans chercher à le changer. Il se soumet aux tabous du groupe, de la famille et des Anciens, ainsi qu'à ceux du Sorcier qui punit de mort tout individu transgressant les interdits.

La prédilection du Primordial pour la chasse et l'alimentation carnée le porte aux guerres claniques, où le prisonnier humain est également considéré comme gibier et traité comme tel. Dans le combat, il fuit la confrontation directe. Pour défendre son territoire, il s'évanouit dans la forêt et détruit l'adversaire au moment de son repli, sans se montrer.

Sa survie au quotidien amenuise en lui tout comportement émotionnel individuel. Ainsi, il ne peut pas se permettre de perdre son temps en spéculations méditatives. Ses arts sont donc pratiques, gravés sur le Totem, figuratifs et utilitaires. Son domaine n'est pas le temps et il se soumet dans un espace animiste magique où tout est tabou et sacré. Dans la société primordiale, le collectif l'emporte toujours sur l'individu.

« Sur l'île d'Épi, au Vanuatu, je rencontre l'inexplicable. Pour le moins l'inexpliqué.

À mon arrivée, on m'apprend que M. Lala, un indigène travaillant à la plantation, après avoir transgressé un interdit, a été condamné par Ugutu. Ugutu est un poison-man du village de Fishin et il l'a condamné à mourir lorsque sortiront de terre les premières pousses vertes des ignames de son champ. Depuis ce jour, M. Lala est en train de se laisser périr lentement.

Pour un indigène, il est impossible de résister, d'échapper ou de désobéir au poison-man et à son pouvoir de Nakahimasse. (…)

Quelques temps après, j'apprends que M. Lala, l'indigène envoûté par Ugutu, est mort. Le jour même où sortaient de terre les premières pousses vertes des ignames de son champ. Exactement comme l'avait prédit et ordonné le poison-man.

Il est indéniable que cet homme est mort par autosuggestion… »[2]

Cependant, parfois, dans l'obscurité du fond d'une caverne, loin des regards du groupe, il transgresse le tabou : il fait exception, s'isole et dessine des peintures pariétales colorées. Il représente des animaux mythiques, qui ne sont pas ceux de son quotidien (à savoir ceux de la chasse aux rennes), mais plutôt des bisons, des rhinocéros, des mammouths, des oiseaux, des humains blessés, qui souffrent et saignent. En cela, il annonce la vache sacrée des civilisations pyramidales et solaires de l'Inde brahmanique et de

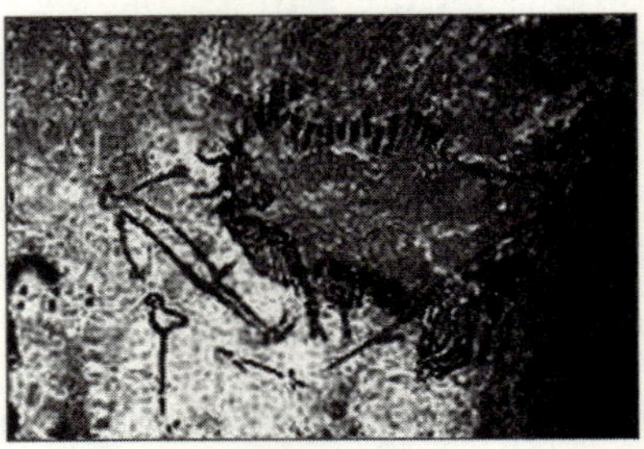

2. YVA Yvon, *L'homme en cage*, Julliard, 1976.

l'Égypte pharaonique, ainsi que l'aigle des peuples nomades. Il préfigure la venue de l'Homme. En effet, par cet acte, lui qui n'est rien en dehors du groupe s'évade de sa condition et s'individualise. Alors il échappe à la soumission, se singularise, existe enfin pour lui-même. Par l'Art, l'imaginaire et l'abstraction, il se rehausse à la condition d'Homme, maître de son destin personnel.

Dans l'obscurité de Lascaux et d'Altamira, il préfigure déjà ses successeurs, le Sédentaire et le Nomade. Dans la caverne, il annonce l'avènement d'une nouvelle humanité.

•

CAÏN LE SÉDENTAIRE

Fixé sur sa terre, courbé vers le sol pour le cultiver, l'agriculteur sédentaire délimite des champs, bâtit des maisons rectangulaires en dur, puis des villages qui, avec le temps, deviennent des villes entourées de murailles et des cités-états[3]. Travaillant le jour et dormant la nuit, il organise le temps selon le soleil et les cycles solaires. De même, il s'oriente dans l'espace par rapport au zénith (c'est-à-dire par rapport au Sud). À l'instar des premiers Égyptiens, des Chinois protohistoriques et des premiers Mayas, il vénère un Dieu qui s'apparente au Soleil. Il utilise les idéogrammes, éléments éminemment matériels, pour s'exprimer et communiquer.

Son alimentation est fonction du produit de la culture des végétaux. Les céréales (riz, blé primitif, maïs, mil), seuls aliments conservés dans des jarres en terre cuite, lui permettent de survivre, même après les récoltes, durant les mauvaises périodes. La domestication progressive des graminées primitives en des céréales de plus en plus nutritives va amener et favoriser le développement des échanges et du commerce, indéniable facteur de prospérité. Cette dernière viendra de la taille des champs et de la paix civile.

L'agriculteur cherche sans cesse à augmenter ses terres. Pour ne pas être obligé de les partager entre ses héritiers, il doit donc avoir peu de fils, tout en ayant suffisamment de bras pour les travailler. C'est pourquoi, se référant au soleil, source de vie, il est monothéiste, monogame, atavique et esclavagiste. Ses dieux sont le temps et le soleil qui rythment sa vie, tandis que les fêtes religieuses lui assurent la fécondité du sol. Ses arts sont ceux des sédentaires, positifs et matérialistes, destinés à célébrer sa puissance : l'architecture, la sculpture, la peinture. Le bœuf, le Veau d'Or ou la Vache Sacrée, qui tirent la charrue, et les cornes du bœuf surmontées du disque solaire sont ses symboles.

3. Notons ici que, dans la Bible, il est écrit que les descendants de Caïen créèrent la première ville.

D'un naturel pacifique, il tient à conserver ce qui a fait ses preuves par le passé et accueille avec suspicion toute nouveauté. Craignant les effets de la guerre sur ses récoltes, il n'est pas d'un naturel belliqueux. Seuls les hommes libres ont le droit de porter les armes. Ils combattent à pied, hoplites en phalanges ou en légion, l'épée droite à double tranchant, le grand bouclier rond en cuir de bœuf et la longue lance. En temps de guerre, sa stratégie privilégiée est l'attaque frontale, le « rouleau compresseur », qui, par un effet de masse, massacre tout sur son passage, sans respect pour les hommes, la force et le courage qui offrent la victoire dans le combat rapproché ou en duel. Son imaginaire se cristallise autour de la domination du sol, de l'agrandissement de ses terres par le biais de subtiles tractations et de mariages arrangés, plutôt que par un recours à la guerre qui n'a lieu qu'en dernier ressort. Pour protéger son espace vital (« *lebensraum* »), il dresse des murailles, construit des places fortes et se dote de garnisons d'hommes en armes. Il enterre ses morts sur ses terres, afin d'y célébrer le culte des ancêtres.

•

ABEL LE NOMADE

À l'opposé du sédentaire, en perpétuel mouvement et à la recherche permanente de nouveaux pâturages, le pasteur nomade ne se fixe jamais, ne bâtit rien dans la durée et vit sous des tentes ou des yourtes circulaires qu'il monte et démonte sans cesse. Veillant la nuit sur les troupeaux, il observe le ciel et les étoiles, ce qui lui permet d'organiser le temps selon des rythmes mensuels et annuels de type lunaire. De même, au cours de ses transhumances, il s'oriente par rapport à l'Étoile Polaire ou à la Croix du sud. Ses dieux s'apparentent à l'espace et à la Lune, et ses génies protecteurs aux multiples étoiles. Son alimentation est lacto-carnée et sa richesse lui vient du nombre de têtes du troupeau.

Le pasteur a besoin de nombreux fils pour garder ses troupeaux. Il est donc naturellement polygame. Ses fils et ses bêtes sont sa richesse. Frugal, endurant, sobre, il aime la guerre qui lui donne la possibilité d'occuper d'autres pâturages et de s'approprier de nouvelles bêtes. Son étendard représente l'étoile et le croissant de lune. Ses arts s'inscrivent dans l'espace par la danse, la poésie et la musique. Son écriture utilise les alphabets, éléments éminemment symboliques traduisant la supériorité de son mental. Son imaginaire se déploie dans le rêve de grands espaces, la lune, les paraboles et les légendes. Ses animaux fétiches sont : l'aigle et le faucon auxquels il s'identifie, le dragon. L'ibis Thot (le dieu lunaire), le chacal Anubis et le dieu ailé Hermès sont ses divinités.

Il est doté d'un esprit curieux, toujours ouvert à la nouveauté, ainsi que d'une mentalité belliqueuse et conquérante, sans cesse à la recherche de nouveaux espaces. Ses armes sont celles des cavaliers, individualistes et fiers : l'arc et la flèche, le sabre recourbé comme la lune, le cimeterre, la fronde et le casse-tête. En ce qui concerne sa stratégie, il opère comme suit : il choisit son terrain pour combattre, frappe quand il se sent fort, se replie en faisant croire à la fuite en cas de faiblesse. Il utilise la ruse, la razzia, le rapt par surprise dans la nuit. Ainsi, sur l'oasis ou dans les rizières, il détruit ou tue ce qu'il ne peut emporter et, tel un rapace, fonce sur la colonne de soldats ou sur la caravane, n'épargnant personne, puis prend la fuite, disparaissant à cheval, à dos de chameau ou en drakkar, comme dans un rêve.

Souverain, il craint en permanence la trahison de ses proches. Il est prêt à tout pour accéder au pouvoir et pour ensuite le conserver. À cet effet, il s'entoure d'eunuques et de serviteurs de basse extraction qui lui doivent tout.

Craignant le Tout Puissant, punissant tout blasphème, il enterre ses morts sans s'attacher, au gré de ses migrations. En temps de guerre, toujours mobile et insaisissable, c'est un pilleur, un destructeur de l'ordre sédentaire :

« rien ne repousse après son passage ». Pendant la paix, avec ses caravanes, il entre en contact, connaît le monde, rencontre. Il ne produit rien mais troque, échange et négocie les objets comme les idées.

Comme il l'est écrit dans la *Genèse*, la Terre a été donnée aux Hommes : agriculteurs et nomades possèdent la Création. Ils se sentent supérieurs à tous les autres êtres vivants et prêts à dominer le Monde.

•

SETH, PÈRE D'HÉNOCH, LE PROPHÈTE

Il est le premier des Inspirés du Divin, l'archétype du Prophète, du Surhomme, du Héros. Il est le premier Témoin de ce qu'il y a de Sacré en l'Homme. Par lui, en entretenant avec Dieu une libre relation de soumission et d'amour, le Prophète devient l'intermédiaire entre Dieu et les autres hommes (les Primordiaux, les Sédentaires et les Nomades). C'est donc à ce stade ultime que le Sacré entre dans le quotidien de l'Homme.

Le groupe AB contient en lui-même A et B. Ceci est essentiel pour comprendre ultérieurement la psychologie de AB. De plus, comme A et B, AB contient également O. Ainsi, il est possible d'en déduire que le groupe sanguin AB est l'aboutissement d'une longue adaptation de l'Homme depuis ses lointaines et obscures origines primitives jusqu'à la période « historique » située, d'après les historiens, au 6e siècle av. J.-C. L'apparition du groupe sanguin AB dans l'histoire de l'humanité est en effet un phénomène récent.

C'est à partir de l'analyse d'os et de tissus mous de momies que les archéologues ont pu en déterminer le groupe sanguin. Les momies les mieux conservées au monde ont été retrouvées en Chine dans les années 70. Leur incroyable état de conservation était tel que les archéologues chinois les ont appelées les « momies fraîches », car elles n'avaient pas l'aspect desséché des momies égyptiennes, mais bien une réelle souplesse du cerveau, des membres, de la peau et des viscères.

En 1972, près de la ville de Shangsha (dans la province du Hunan), une « momie fraîche » dans un état exceptionnel a permis de réaliser aisément des analyses. Il s'agissait d'une femme de l'aristocratie chinoise, épouse du Prince de Daï et morte vers 160 av. J.-C. Son groupe a pu être retrouvé : elle appartenait au groupe AB. Deux ans plus tard, à Mawangdui (à 300 km au nord de Jingzou), une momie similaire a été découverte dans les mêmes conditions de conservation. Le personnage embaumé se nommait Su-Hi, était magistrat et décédé en 167 av. J.-C. Son sang, qui a également pu être analysé, était du groupe AB. Le témoignage de ces deux momies tendrait donc à prouver que le groupe AB existait déjà à cette époque.

De même en ce qui concerne les traces de sang retrouvées sur le « Suaire » de Turin — dont l'authenticité, malgré les polémiques, n'est à présent plus à démontrer, ce tissu remontant bien à l'époque du Christ — : elles appartiendraient au groupe AB.

Le groupe AB se serait donc développé à un moment-charnière de l'histoire de l'humanité, aux alentours du 6e siècle av. J.-C., à une époque de grands bouleversements qui concernèrent toutes les civilisations. En effet, durant cette période, en Chine, les doctrines de la tradition primordiale de la période « légendaire » se sont divisées en deux orientations séparées : le

Taoïsme de Lao-Tseu (uniquement réservé à l'élite) et le Confucianisme (destiné à tous). Chez les Perses apparaît le Mazdéisme de Zoroastre et, en Inde, le Bouddhisme. Dans l'histoire d'Israël, cette ère correspond à la captivité du peuple juif à Babylone où, en l'espace de septante ans seulement, il sera contraint de tout oublier (de ses traditions à son écriture) et où va commencer la Diaspora. C'est également à cette date que débute la période historique de la fondation de Rome. Parallèlement, en Grèce, on assiste à l'apogée de la civilisation hellénique, alors que l'Égypte et Babylone tombent dans la décadence.

Ce moment-clef du 6e siècle av. J.-C. voit surgir une grande vague d'idées nouvelles, ainsi qu'un mode de vie et de pensée, qui emportent le passé. Un nouveau cycle va donc entraîner, jusqu'à la fin du Moyen Âge, une dynamique incluant le Christianisme et l'Islam.

À ce changement de cycle correspond donc un homme nouveau, prophétique, symbolisé par le groupe est AB. Dans la société « prophétique », l'individu prime sur le collectif. Du grec «*prophétès*», le Prophète interprète la volonté des dieux. Il est l'archétype des Inspirés du Divin, l'intermédiaire entre l'Homme et les Dieux. Il préfigure toute la lignée des guides spirituels de l'Humanité: Prométhée, Isaïe, Élie, Moïse, Manès, Zoroastre, Orphée, Bouddha, Pythagore, Jésus et Mahomet. Il est le Siegfried des Nibelungen; le roi Arthur des légendes celtiques. Il porte un message d'universalité et, par son exemple, montre la voie de l'Humain. À partir de lui, l'Homme, par son âme, se différencie de la Création. Il est l'inspiré du Ciel et, détaché des biens matériels, n'est pas de ce monde. Il est le référentiel, la boussole qui permet aux hommes de s'orienter.

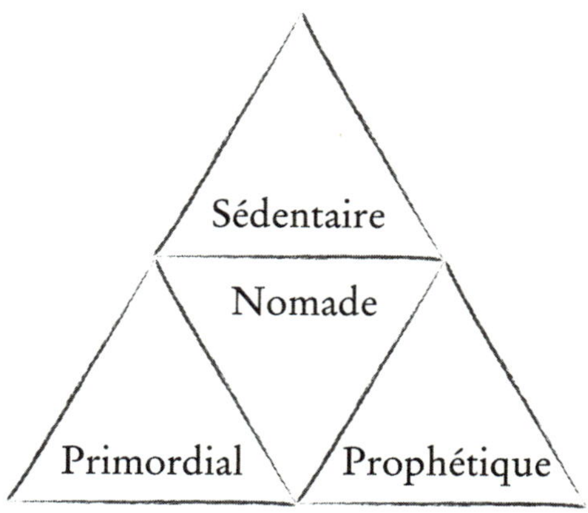

En résumé, il est donc possible de définir les quatre formes d'humanité :

- 1. **Le Primordial Adam** : le jardin d'Éden ; mode de vie et de pensée paléolithique ; le collectif prime sur l'individu ; alimentation végéto-carnivore ; groupe O.
- 2. **Le Sédentaire Caïn** : 1er fils d'Adam et Ève ; mode de vie et de pensée sédentaire ; la terre prime sur tout ; symbolise les agriculteurs ; tue Abel ; alimentation fructo-végétarienne ; Énoc, fils de Caïn, crée la première ville ; groupe sanguin A.
- 3. **Le Nomade Abel** : 2e fils d'Adam et Ève ; mode de vie et de pensée nomade ; la mobilité et les échanges priment sur tout ; symbolise les pasteurs qui finissent tous par se fixer et s'intégrer dans le monde des sédentaires ; tué par Caïn ; alimentation lacto-carnivore ; groupe sanguin B (A et B sont toujours en perpétuelle opposition).
- 4. Le **Prophétique Seth-Henoch** : 3e fils d'Adam et Ève, père de Hénoch ; mode de vie et de pensée contemporain ; l'individu prime sur le collectif ; symbolise la sacralisation de l'Humain, l'homme du Décalogue et traduit sa nature sacrée et divine (« Tu ne procèderas plus à des Sacrifices Humains ») ; alimentation moderne des citadins ; groupe sanguin AB.

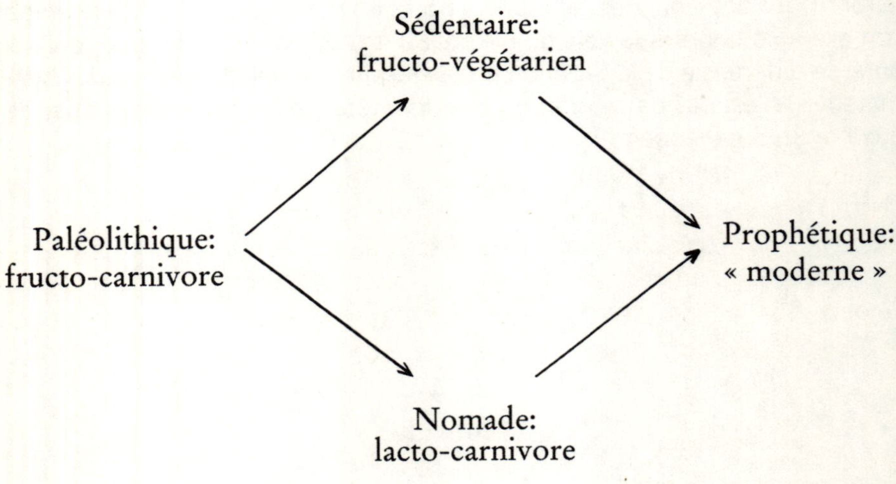

•

Les quatre profils mentaux et archétypes de comportement

C'est dans le groupe sanguin O que s'incarne en l'Homme l'archétype O du Primordial. Dans la même logique, ce sont dans les groupes sanguins A, B et AB que s'incarnent en l'Homme les archétypes A du Sédentaire, B du Nomade et AB du Prophétique. Cela signifie que les personnes porteuses du groupe sanguin O trouvent leur épanouissement en se conformant à leur archétype O, celui dans lequel la Transcendance les a prédestinées. Il en va de même pour A, B et AB.

> *« La Maladie est une rupture d'harmonie avec les lois du Ciel et de la Terre. »*
>
> *Médecine traditionnelle chinoise*

LE PROFIL MENTAL DE O

•• Le Chasseur-cueilleur • Le Primordial fructo-carnivore • Adam le bon sauvage au contact du monde moderne

Comme la racine dans le règne végétal, le Primordial est à la racine de la société. Il en est le générateur : le premier, à l'origine d'une lignée, d'un mouvement ou d'un groupe. « Générer », « génération », « généreux », « géniteur », autant de termes qui résument le Primordial. Doué de nobles sentiments, d'indulgence et de compassion, il est prêt à faire le Bien et à bien faire, à donner et à se dévouer pour son entourage immédiat. En lui, on retrouve l'innocence du Primitif dans le jardin d'Éden, son caractère attachant et ingénu, mais également la culpabilité de la transgression du Péché Originel, l'obsession d'être toujours à la hauteur, ainsi que celle de ne pas décevoir le groupe.

Le caractère de O

Réservé, voire rétif, difficile à apprivoiser (comme les membres des sociétés primitives), attaché à sa famille, à son clan, à son pays, il n'accorde son amitié qu'après un certain temps d'observation. D'aucuns pourront attribuer à tort cette attitude à de la méfiance et de la froideur alors qu'il ne s'agit là que de réserve. De toute façon, O est un solitaire, non pas par misanthropie, mais parce que sa personnalité se suffit à elle-même et qu'il n'a besoin de personne pour se sentir bien. La solitude lui permet de vivre au calme, là où personne n'est susceptible de l'influencer. Il est alors libre de décider et d'organiser sa vie de façon pratique. Dégagé de toute contrainte, il peut entreprendre et mener à bien ses projets.

Physiquement, il fait plus jeune que son âge. Il est d'allure mince. Coquet, il veille à son aspect physique et ne supporte pas la moindre imperfection dans son habillement. Il est ordonné dans le travail et à la maison. Sensible aux bonnes manières et à une bonne éducation, il est rarement vulgaire ou grossier et cherche à être parfait vis-à-vis de son entourage.

Son goût pour la solitude le porte à aimer la nature et la campagne plutôt que la ville où il vit par nécessité. Les arbres et les fleurs n'ont pas de secret pour lui ; le jardinage, le bricolage et les activités manuelles lui plaisent, même s'ils sont pénibles. Car sa force, c'est sa ténacité à réussir ce qui a été entrepris, même si cela doit se faire au prix d'efforts physiques qui épuisent son énergie.

Sa santé est excellente et il est d'une résistance à toute épreuve. Il est animé par une énergie folle qui le porte à être dynamique et enthousiaste. Son tempérament gai et facile l'aide à vivre en collectivité, en acceptant les autres, les contraintes et les obligations du groupe. Il se lève tôt et est sans cesse en mouvement ; son énergie est indéniablement « du matin » et s'épuise au cours de la journée. C'est pour cela qu'il aime les sports d'endurance, les compétitions individuelles et collectives où il veut arriver le premier. Dans les épreuves de fond, c'est souvent un O qui remportera la victoire (et sans dopage !).

Son admiration pour la hiérarchie le pousse à en atteindre le sommet. Par contre, dans l'adversité, O recherche la protection. Il est alors prêt à abandonner son indépendance et à accepter la soumission pour le prix de sa protection. O est le fonctionnaire idéal, l'énarque, l'apparatchik.

L'enfant O

Enfant sage, obéissant, subordonné aux adultes, sachant s'amuser seul, il supporte la solitude, mais s'intègre facilement dans un groupe et à l'école, sans chercher à dominer. Bon élève, studieux, intelligent sans génie, travailleur, respectueux de ses maîtres, à qui il peut pourtant tenir tête, il est doté d'une intelligence pratique, peu portée sur l'abstraction. Au cours de ses études, comme plus tard dans la vie, son sentiment inconscient de culpabilité le porte à apprendre et approfondir ses cours et ses leçons. Il mémorise vite et connaît tout par cœur. Par crainte des contrôles et des examinateurs, il ne prend pas le risque de faire d'« impasses », au point de devenir incollable, quitte, lors des examens, à donner aux copains les réponses aux questions. Plus tard, il s'engagera dans des mouvements associatifs, caritatifs ou politiques, où sa générosité pourra s'épanouir au service d'autrui.

Il aura besoin d'être canalisé et guidé dans le choix de son futur métier. Sa profession sera plutôt manuelle, pratique ou pragmatique : la part de l'action primera sur les éléments abstraits, spéculatifs ou contemplatifs.

La femme O : la Fée à la baguette magique

Toujours impeccable, coquette et bien habillée, elle respecte les convenances et se soucie du qu'en-dira-t-on. Plus à l'aise chez elle qu'à l'extérieur, elle est le modèle de la femme d'intérieur préoccupée par l'entretien de sa maison. Concrète et pragmatique, toujours en train de briquer sa cuisine, laver, repeindre, astiquer, bricoler et réaliser des travaux domestiques qui allient précision et perfection, elle ne supporte pas le travail à moitié fait et les imperfections, tant dans sa tenue vestimentaire que dans celle de sa maison. Obligée de travailler, elle s'adapte vite partout et entrevoit de suite la meilleure solution. Son bureau est toujours en ordre et elle organise son travail avec un sens pratique qui la fait apprécier de son entourage. De plus, elle est facile à vivre et toujours gaie. Son optimisme rend heureux son entourage, qu'il soit familial ou professionnel. Très sportive, elle gère son stress par la pratique d'activités physiques intenses et prolongées, sa résistance lui permettant d'ailleurs d'arriver souvent dans les premières.

Elle vieillira de façon harmonieuse : elle reste parfaite et impeccable, ce qui l'aide à ne pas paraître son âge. Elle est entourée de ses proches à qui elle a consacré et donné toute sa vie. Sa tendance à se sacrifier pour les autres l'amènera à s'engager dans des œuvres caritatives et à continuer à donner, discrètement et de façon désintéressée. Par contre, trahie par la vie ou ses proches, elle se trouve alors sans défense, elle qui donne et ne sait pas suffisamment réclamer.

La mère O est celle des quatre groupes qui a l'instinct maternel le plus marqué. C'est une mère-poule qui veille intensément sur ses enfants, leur santé, leurs devoirs scolaires, leur épanouissement, etc. Elle console, mais a toutefois besoin d'être protégée.

Les atouts de O

O est prudent, ingénieux et perfectionniste. Il montre l'exemple. Il est porté par un caractère énergique, optimiste et actif. Il a un tempérament décidé, endurant, tenace et doublé d'une volonté de fer. Il possède un grand sens pratique et fait preuve d'une organisation irréprochable. C'est un être fidèle et dévoué qui respecte scrupuleusement les principes moraux de sa famille, de son milieu, de son clan et du territoire ou du pays. Il met un point d'honneur à défendre farouchement les siens en cas de besoin. Son sens de la parole donnée l'empêche de (bien) mentir et l'amène à toujours tout exécuter parfaitement, réaliser en profondeur, aller au fond des choses : O n'aime pas mentir : quand il y est forcé, il ment mal et se fait facilement prendre. Mais il sait prendre ses responsabilités aux moments décisifs. Il est toujours prêt à se rebeller ou à se révolter contre l'inacceptable, à défendre les principes et le milieu dans lesquels il a été élevé.

Détaché de l'argent, sans pour autant le dédaigner, il est d'une honnêteté scrupuleuse. Il est difficilement corruptible car il n'a que peu de besoins personnels. Répugnant à tricher (ou le faisant maladroitement à cause de sa grande naïveté), il dépense sans avarice, sans thésauriser, et aime offrir et faire plaisir, même à ses dépens. En effet, il préfère donner à un être cher et être privé que faire preuve d'égoïsme et garder pour lui. Indulgent, il sait pardonner et on peut toujours compter sur lui. Ses plus grandes qualités sont sa compassion envers les autres et sa disponibilité.

Il sait être discret et garder les secrets qu'on lui confie. O refuse toute compromission et est très fidèle en amitié. Diplomate, il sait se maîtriser dans les moments critiques au lieu d'exploser. Nuancé, il trouve les mots justes pour éviter les confrontations qu'il redoute car elles pourraient lui faire perdre sa parfaite maîtrise de soi en le déstabilisant. Dans l'adversité, il fuit donc la confrontation et ne combat, comme le lion, que lorsqu'il est dos au mur. Compétent, et conscient de sa propre compétence, il supporte mal d'être surveillé et contrôlé.

Les points faibles de O

Sa tendance à la solitude, à ne compter que sur lui, à préférer réaliser seul plutôt que de faire exécuter par d'autres peut rendre O trop solitaire, replié sur lui-même, boudeur et têtu.

Dans l'adversité, dès qu'il s'éloigne du territoire sur lequel il se trouve en sécurité, il perd ses moyens, garde tout en lui, ne manifeste pas sa souffrance et se réfugie dans sa caverne morale. En amitié et en amour, il manifeste peu ses sentiments et ses émotions. Son pragmatisme l'éloigne de l'abstraction et des projets à long terme. Sa vie peut manquer de fantaisie, de charme et de romantisme.

O est un esprit provincial et conformiste. Face à la nouveauté et au groupe, il manque de confiance. Ce travers le rend, entre autres, également influençable et manipulable par des personnes dominantes ou séductrices. Dans le quotidien, il a trop les pieds sur terre et la tête tournée vers le sol, préoccupé par les problèmes matériels immédiats. Il est mu par un besoin permanent de perfection, une obsession de la propreté physique et morale, qui débouchent sur une peur de mal faire. De plus, il est tiraillé par une sensation permanente et inconsciente de culpabilité.

Face aux aléas de la vie, on l'observe vulnérable et sans défenses, au risque de perdre la maîtrise de son destin personnel, ou, à l'opposé, crispé sur ses positions sans pouvoir en négocier la sortie, prisonnier de ses jugements définitifs, ce qui l'empêche de faire marche arrière et de changer d'avis. Au quotidien, O est à l'opposé du tyran domestique : il peut manquer d'autorité vis-à-vis de ses proches. Par contre, dans les situations difficiles et les époques exceptionnelles, il révèle ses vraies capacités d'autorité.

Son extrême résistance l'amène à se surmener, à épuiser un corps qui ne prend ni assez de repos et ni de détente. Toujours occupé par des activités pratiques, il manque parfois d'abstraction et de vision à long terme. En conséquence, il a souvent besoin d'être guidé, voire d'être commandé, et risque de devenir l'esclave de ses obligations et de son entourage qui profite de sa profonde bonté pour abuser de lui. Il fait preuve d'une trop grande mansuétude vis-à-vis des autres. Il en fait trop et ne sait pas s'arrêter. Il manque cruellement de recul.

O ne compte que sur lui-même : il surveille tout, délègue difficilement les responsabilités et ne supporte pas l'indépendance de ses subordonnés. Il accorde difficilement sa confiance et, dans cette même logique, ne confie que des tâches minimes à ses collaborateurs qu'il ne juge pas à leur juste valeur. Sa prédisposition à approfondir un domaine donné, qu'il soit scientifique, informatique, pratique ou technique, et à aller au fond des choses, risque de lui en faire perdre toute vision globale et élargie.

Par manque de séduction et de charisme, et nonobstant son charme, il va vers les autres et se confond dans le groupe sans se faire remarquer ni se distinguer. Prêt à se sacrifier pour autrui dans l'anonymat le plus complet, certains sauront le manipuler, le subjuguer et s'attribuer les mérites de ses engagements. Son mental soumis peut lui faire perdre tout discernement, ce qui le pousse parfois à obéir aveuglément, sans se poser de questions, à des ordres injustifiés, inhumains ou contre-nature. S'il n'y prend pas garde, la médiocrité le guète.

La santé de O

Dans les points forts, on peut souligner une extrême résistance physique grâce à un excellent métabolisme cellulaire. Il est celui qui résiste le mieux à la faim, au froid, aux marches prolongées, aux efforts physiques de fond et au manque de sommeil. Son vieillissement est retardé. O a besoin de sport, de mouvement, mais aussi d'une alimentation riche en protéines et en sel. C'est celui qui a le plus de chances d'arriver premier dans la course aux centenaires.

Cependant, le Primordial perd tous ses moyens quand il est chassé de son territoire. Au niveau neurologique, il a une prédisposition aux dégénérescences qu'il doit combattre par les acides gras oméga3. L'alcool, qu'il supporte mal, provoque chez lui la polynévrite des membres inférieurs, des atteintes cérébrales et, plus tard, de la démence, alors que ce même alcool attaquera plutôt le foie et provoquera des œdèmes chez les patients du groupe A. En ce qui concerne le psychique, son imaginaire est pauvre et O est très influençable. Il est agité et a besoin d'être dirigé. Son respect de la hiérarchie peut le faire obéir aveuglément aux ordres reçus. Il éprouve le besoin de se conformer à des idéologies pré-pensées.

O est sujet à l'hypothyroïdie, ainsi qu'aux hyperacidités gastriques et aux ulcères à l'estomac. Il peut souffrir du diabète sucré (Type II) qui diminue ses performances physiques et le rend plus contemplatif… à moins que ce ne soit la contemplation qui induise le diabète ! Ainsi, le sucre — qui lui coupe toute énergie — et l'alcool fort — qui déconnecte son cerveau — sont pour lui de véritables drogues. Toute prise de poids est très mal supportée, même lorsqu'elle est minime, car elle affecte aussitôt son dynamisme et son moral, atténuant son charme, diminuant ses atouts et aggravant ses points faibles. Cet état pousse aussitôt les femmes O à aller passer des consultations médicales pour des demandes d'amaigrissement souvent mal comprises par les médecins qui les trouvent injustifiées. O éprouve des difficultés à gérer son stress : il souffre d'insomnie et a le plexus noué, douloureux. Le yoga et le calme lui sont bénéfiques car il a besoin d'être apaisé et caressé. Il doit apprendre à se maîtriser.

La sexualité et la sentimentalité de O

Leur sentimentalité est contenue : les jeunes filles rêvent de contes de fées et de princes charmants et les femmes sont fidèles, pragmatiques, souvent résignées. Les hommes, quant à eux, le sont beaucoup moins. Ces derniers ont besoin d'une sexualité active, physique et cherchent la performance, ce qui ôte parfois tout romantisme. Quand il est dans son poids-forme, O passe d'un extrême à l'autre : fidèle et très attaché à la femme qui le « fixe » définitivement, ou chasseur volage à la recherche du gibier féminin (à la manière des chasseurs cueilleurs).

Le peintre O

O est plutôt figuratif, net, précis et minutieux dans ses dessins et sa peinture. Il peint et dessine ce qu'il voit; il décrit le réel et la vie en optimisant le choix des couleurs, en restant proche de l'académisme.

Quelques personnages célèbres qui seraient du groupe O[4]

Charles de Gaulle (O Rhésus négatif), le Général Douglas Mc Arthur, le Général Marcel Bigeard, la Reine Elisabeth II et son fils le Prince Charles, Jacqueline Kennedy, Dwight Eisenhower, Gerald Ford, Ronald Reagan, Michael Gorbatchev, Jacques Chirac, John Lennon, Elvis Presley, Paul Newman, Charlie Chaplin, Karl Landsteiner, Benito Mussolini, Al Capone, George W. Bush, etc.

Pour résumer, O n'est pas, comme peut l'être B, un être à part, mais sa simplicité, son pragmatisme, son sens du devoir, son esprit analytique et pratique, voire sa vulnérabilité peuvent lui permettre de saisir l'opportunité de périodes ou de lieux exceptionnels favorables à forcer son destin.

•

4. Ces informations ont été trouvées dans la presse, mais ont été impossibles à confirmer auprès des intéressés.

LE PROFIL MENTAL DE A

•• Le Roi, la Reine • Le Protecteur dominant fructo-végétarien • Caïn le Propriétaire terrien au contact du monde moderne

Décrire A le Sédentaire, après avoir fait le portrait de O le Primordial, revient à décrire les faces opposées d'un même miroir. Bien qu'ils ne soient pas opposés dans le schéma de la pyramide, ils le sont dans leur caractère. En effet, ils s'opposent et se complètent comme les deux faces d'une pièce de monnaie, ou celle d'un même miroir, c'est la raison pour laquelle l'association des deux peut donner une union parfaite, tant ils semblent complémentaires. Alors que O, le Primordial, est à la Racine de toute manifestation, A le Sédentaire Fructo-végétarien en est la Feuille, l'élément végétal, chlorophyllien qui, avec l'Eau, l'Air, la Terre et le Feu du Soleil, génère toute source de nourriture et de vie. Cet élément nourricier induit une mentalité typiquement terrienne, où le modèle rural est prépondérant. La réalité quotidienne est influencée par les enseignements qui découlent de l'observation patiente des lois de la terre nourricière et de la nature, et non par les modes, les spéculations et les idéologies éloignées des réalités rassurantes de la vie à la campagne.

Le caractère de A

Comme O, A est ancré dans le réel. Il domine et possède sa terre, avec la prudence du sédentaire qui s'applique à suivre et comprendre l'harmonie des rythmes saisonniers et des cycles annuels. Le Sédentaire vit dans un monde hiérarchisé, immobile et achevé. Il se méfie de tout changement susceptible de lui faire perdre ses repères traditionnels. Tout mouvement lui paraît d'emblée suspect, lui qui est sécurisé par l'héritage des ancêtres, par leurs traditions et par la mémoire du passé. D'ailleurs, seuls les peuples sédentaires ont une histoire gravée dans la pierre ou relatée dans des livres. Vivant dans le présent, le Primordial n'a pas d'histoire, pas plus que le Nomade qui se meut dans l'espace et rêve de légendes. Le Sédentaire, lui, a la terre chevillée au corps. Il possède le Temps et l'Histoire, il en tire sa subsistance et sa raison de vivre…

Maître de son sol, élément éminemment matériel, et construisant sa maison, sa bastide et ses murailles selon le plan du carré ou du rectangle, il n'éprouve pas la nécessité de se rassurer par des éléments immatériels. Sa relation avec l'argent est donc inexistante, car il vit en autosuffisance, n'en ayant pas besoin pour dominer les animaux domestiques et les serviteurs qu'il a à son service pour travailler sa terre. C'est ce qui explique son caractère de monarque protecteur, paisible et serein, ouvert, extraverti, accueillant, disponible, sûr de lui, à la recherche d'amitiés durables qui par la suite le déçoivent parfois en ne répondant pas à ses attentes. De toute façon, il supporte mal la solitude et a toujours besoin d'être entouré, d'avoir des amis. Il lui est impossible de rester en place. Plus agité que dynamique et plutôt désordonné dans ses idées, il est toujours à la recherche d'activités souvent brouillonnes qu'il a des difficultés à achever. S'il s'agit d'un homme, il peut manquer de rigueur d'ordre et de netteté dans sa mise, ses manières et ses affaires, car son imaginaire débordant et abstrait le pousse à entreprendre sans cesse.

Souverain attaché à sa terre, il s'y épanouit, mais souffre dès qu'il doit quitter son clocher, son pays et ses attaches charnelles. Il cherchera toujours à y retourner, et, si le destin l'amène à se déraciner, il fera tout pour retrouver son équilibre et se fixer dans un nouveau havre protecteur.

Sa santé est moins bonne que celle de O le Primordial : sédentaire, il est moins physique, moins actif et moins dynamique. Ne possédant pas l'énergie physique d'un O, il délègue souvent et aime commander, diriger la communauté des fidèles qu'il s'est choisis. Il ne va pas vers les autres pour se fondre dans un groupe ou une équipe, mais bien pour y dominer et protéger les plus faibles que lui, tout en imposant ses idées et ses projets.

L'enfant A

Enfant, il obéit à contrecœur à l'autorité : il se soumet à la hiérarchie, non par crainte et par besoin de protection, comme le ferait O, mais par complicité, se sachant de même nature qu'elle. Très sûr de lui, il se permet de ne pas tout apprendre, s'appuyant sur sa confiance en soi et sa personnalité affirmée pour pallier ses insuffisances. Aux examens, il compte alors sur son fidèle et dévoué copain O, qui sait tout et qui a tout appris, pour remplir sur la copie le blanc de ses « impasses ». Il respecte toutefois les lois qui ont été depuis longtemps conçues par sa caste.

Sédentaire, il n'est pas porté sur le sport d'endurance et les efforts prolongés : il a plus un tempérament de contemplatif que d'actif. Cette tendance s'accentue surtout en vieillissant et en prenant du poids dont, à l'inverse de O, il supporte assez bien et longtemps l'excès.

Petite fille, elle cherchera toujours à être la Reine entourée de sa cour, celle de sa famille, de ses amies admiratives et soumises. Fille ou garçon, son obsession pour le pouvoir et l'argent sera motivée par la possession ou l'agrandissement de sa Terre, de son sol ou de sa demeure noble.

La femme A : la Reine

Maîtresse de son destin et ne comptant pas sur son conjoint pour se réaliser, elle ne respecte que ses convenances et se soucie peu du qu'en-dira-t-on. Elle se sent mieux en dehors de chez elle, au travail ou dans les boutiques, qu'à la maison. Elle n'est pas femme d'intérieur et les tâches ménagères l'ennuient. Elle préfère diriger son énergie dans des travaux moins pratiques et relevant davantage de l'abstraction. Exigeante, elle dirige sa vie et les siens au gré de ses propres ambitions, ne se laissant pas influencer par autrui.

Elle est tellement occupée dans sa vie quotidienne qu'elle n'a pas le temps de se soucier d'elle comme elle le voudrait, ce qui la rend quelque peu négligente dans sa tenue et dans le soin qu'elle apporte à sa santé. En prenant de l'âge, ces tendances s'accentuent. La prise de poids la guette, d'autant que son corps supporte (malheureusement) trop bien ces kilos superflus.

Les atouts de A

A est facile à vivre, généreux, protecteur et magnanime. Grâce à sa grande capacité de pardon et d'oubli, il n'est ni têtu, ni boudeur, ni rancunier. Il sait prendre des initiatives, mais également obéir avec discernement, tout en gardant son indéfectible libre arbitre. Il aime discourir, prendre la parole en société, capter l'attention par ses connaissances, sa truculence, ses plaisanteries ou ses tartarinades qui peuvent parfois manquer de finesse. Il est né pour dominer, protéger et guider le groupe dont, d'ailleurs, il se sent le chef inné.

Les défauts de A

À vouloir commander le groupe, A peut entrer en conflit d'autorité avec des O Primordiaux désireux de conserver leur liberté et avec des profils psychologiques B plus subtils et moins directs que lui. Il manque souvent de diplomatie et peut blesser, être cassant avec ses insolences et ses réflexions peu amènes. En outre, il souffre d'un cruel manque d'écoute envers les autres et prend souvent la posture du « je ne veux rien savoir ». Ainsi, il s'écoute trop et n'écoute pas assez les autres, alors que O ne s'écoute pas assez et que B écoute, n'oublie rien et sait se taire.

A se tient à l'écart des foules, par peur d'être détrôné ou par méfiance vis-à-vis des masses auxquelles il ne s'identifie pas. Il est sujet à une grande fragilité émotionnelle, ce qui l'oppose à O qui retient ses émotions et à B qui les masque. A, quant à lui, craque, s'effondre vite, avoue, pleure, se décourage, lâche prise et peut vite abandonner. Il est aussi capable de lâcheté et de colères violentes qu'il regrette aussitôt.

Son conformisme entraîne chez lui une absence flagrante d'originalité. Il manque d'énergie et de ténacité, ce qui l'amène à abandonner plus facilement que O un projet de longue haleine et nécessitant une volonté farouche d'aboutir. Son besoin de domination le pousse parfois à mentir pour garder le pouvoir et à se laisser entraîner dans des stratagèmes qui finissent par dépasser ses capacités de dissimulation. À l'inverse de O, il ment, et ment avec aplomb, mais avec mauvaise conscience et le besoin, tôt ou tard, de se repentir.

La santé de A

Contrairement à O, ses paramètres neurologique, neurosensoriel et psychique ne posent aucun problème. A, peu influençable et maître de ses réactions, encaisse bien le stress. Par contre, au point de vue métabolique, il a une certaine tendance au ralentissement des activités intracellulaires, et, en conséquence, à l'embonpoint (qu'il supporte d'ailleurs assez bien), à l'artériosclérose, aux maladies cardiovasculaires et hypertensives, longtemps invisibles, indolores et négligées.

Il est donc en proie à un vieillissement précoce et paraît physiquement très vite plus vieux que son âge. Il peut souffrir de la goutte, d'hypo-acidité gastrique et de gastrites, d'uricémie, d'affections et de lithiases rénales, d'hypertension artérielle, de maladies de la peau de type psorique (comme l'eczéma), d'infections suintantes et du diabète (plus tardif que chez O).

La sexualité et la sentimentalité de A

Généralement timide et effacé, A n'ose pas faire le premier pas : peu dragueur et peu chasseur comme O, car de puberté plus tardive, il attend d'être sollicité. Il est néanmoins d'une grande sentimentalité et, fleur bleue, a tendance à sublimer ses sentiments. Il rêve du prince charmant et de la femme idéale, qu'il met sur un piédestal, préférant se perdre dans ses songes et parler d'Amour que de passer à l'acte. La femme A, quant à elle, est plus pragmatique : elle est prête, aussi bien dans le couple que dans la famille, à en prendre la direction.

Le peintre A

Il peint non pas ce qu'il voit, mais ce qu'il aimerait voir. Il va vers l'abstraction et les interrogations ; simplifie et schématise. Il peut alors s'éloigner du réel pour traduire ses interrogations ou ses angoisses et utilise des couleurs reflétant un certain pessimisme. Il a tendance à remettre en question l'académisme.

Quelques personnages célèbres qui seraient du groupe A[5]

Le pape Jean Paul II (A Rhésus négatif), Lyndon Baines Johnson, Richard Nixon, George Bush Senior, Jimmy Carter, l'empereur du Japon HiroHito, Adolf Hitler, la mère (Rose Kennedy) et le frère (Bob Kennedy) de John Fitzgerald Kennedy, etc.

Notons enfin que le A Rhésus négatif ne se présente pas de la même manière que A Rhésus positif : il est plus mince, de caractère moins affirmé et plus subtil. Le mental d'un A dans le physique d'un O !

•

5. Ces informations ont été trouvées dans la presse, mais ont été impossibles à confirmer auprès des intéressés.

LE PROFIL MENTAL DE B

•• Le Dieu, la Déesse • Abel l'Envahisseur nomade lacto-carnassier

Après avoir envisagé O le Bon Sauvage Primordial et A le Sédentaire Protecteur — les deux faces d'une même réalité —, décrire B le Nomade, B la Fleur, B le Papillon, nous entraîne dans les méandres de plus subtiles considérations.

B le Nomade succède au Primordial et au Sédentaire, comme la fleur succède à la racine et à la feuille du règne végétal. B en est la fleur, avec toute la subtilité de la couleur de ses pétales, de son parfum, de sa fragilité et de son existence éphémère, porteuse de sexualité et de vie. B est le stade évolutif transitoire et obligé qui débouche sur le fruit de l'arbre et sur l'enfant de l'Homme. Par son mental et son comportement, B l'Envahisseur prépare la venue de AB le Prophétique.

Le caractère de B

Pour comprendre toute la finesse du mental des porteurs du groupe sanguin B, il faut toujours se rapporter aux références de ce groupe : la fleur, l'insecte qui la butine et le Nomade. En effet, B est la fleur de la société et de tout groupe humain, c'est-à-dire l'être charismatique vers lequel se tournent les regards attirés par sa séduction, son magnétisme, la distinction du parfum que sa présence exhale. B apparaît faussement fragile, subtil, éphémère. Il attire le regard des foules qu'il peut envoûter étant donné que c'est un être mystérieux difficile à cerner, complexe, terriblement indépendant et ne supportant pas être dominé ou dirigé.

Son intelligence extrêmement vive, originale, inventive peut le porter vers d'exceptionnels destins, politiques ou artistiques, hors du commun, hors des normes et des conventions. B se différencie des autres groupes par son anticonformisme, son refus de toute médiocrité dans le quotidien, cet horrible quotidien qui est le lot du Primordial et du Sédentaire.

Il ne se lie à personne ; il ne se fie et ne se réfère qu'à lui-même : il est indépendant. B refuse l'Autorité, les règles qui ne sont pas les siennes et les hiérarchies qu'il n'a pas créées. Être solitaire et œdipien, il a peur des foules qu'il cherche à entraîner sans s'y mêler. B est tout entier dans l'Espace, défiant le Temps qu'il mesure et la Mort qu'il redoute.

Fleur ou papillon éphémère, il a la conscience aiguë que rien n'est durable. Il redoute donc l'usure de l'âge et des années, la vieillesse, la disparition des signes de sa jeunesse et de sa beauté. Il redoute surtout la mort qui l'obsède, lui qui ne sait, au cours de ses migrations, où enterrer les siens. Obnubilé par son propre reflet dans miroir de sa vie et conscient du temps qui passe inéluctablement, B le Nomade veut marquer son passage de son sceau.

B souffre. Il est lunatique, sensible et, à cause de son tempérament cyclothymique, oscille entre l'euphorie et la tristesse. Il est méfiant vis-à-vis de son entourage. Jaloux, il craint la trahison. Alors, il affirme sans affirmer, chuchote à demi-mots des vérités énigmatiques qui ne l'engagent jamais. Car B n'obéit qu'à ses propres lois, rejetant celles des autres et haïssant l'autoritarisme de A et la vulnérabilité soumise de O.

Sa stratégie est celle du Nomade : il attaque quand il se sent fort, au moment favorable, là où son adversaire s'y attend le moins, toujours à l'improviste. Insaisissable en cas de faiblesse, mystérieux et énigmatique, il n'est redevable de rien à personne et ne se fie qu'à lui-même. Rêveur et idéaliste, une fois confronté aux réalités du pouvoir, il peut se transformer en un redoutable chef de guerre. Il passe alors à l'action sans hésiter, sans pitié et avec cruauté : il pratique le mensonge comme une arme offensive et exploite avec mauvaise foi la candeur de O le Primordial et la naïveté de A le Sédentaire. Il mène sa guérilla et se hisse à des sommets qu'il ne quittera plus. Pragmatique, il sait saisir les opportunités, changeant d'alliance au gré des occasions. Il prêche le Faux pour connaître le Vrai. Il suscite l'agression, se fait ensuite passer pour la victime, frappe l'adversaire au moment décisif, au défaut de sa cuirasse, pour définitivement le désarçonner, le terrasser et le « neutraliser ». Obnubilé par la peur de sa propre déchéance, au sommet de la hiérarchie, il freine toute évolution, se référant sans cesse aux enseignements des forces occultes et des astres.

L'enfant B

Généralement sage, c'est un enfant toujours à l'écoute et à part. Réservé et parlant peu, il est différent des autres. Doté d'une sensibilité à fleur de peau, il masque pourtant ses émotions. Comprenant plus vite que ses camarades et souvent surdoué, il peut paradoxalement obtenir de mauvais résultats scolaires. Il traverse une adolescence conflictuelle et il lui arrive de transgresser les conventions familiales s'il se sent à l'étroit dans les conformismes de son entourage. Sa peur inconsciente de la mort et sa culpabilité vis-à-vis de toute transgression l'orienteront vers un avenir, des études et un métier de médiation, de justice sociale et de tolérance.

La femme B : la Divine

Alors que O et A ont le charme de leur groupe, B possède en plus cette fragilité apparente et cette séduction qui attirent comme un papillon vers sa propre lumière, et qui peut faire perdre la tête à un être possessif et protecteur comme A ou réduire en esclavage un amoureux O désespéré.

La Nomade est foncièrement indépendante. Elle sait créer et entretenir autour d'elle une atmosphère envoûtante de mystère et une impression de danger indéfini. Mise sur un piédestal, lumineuse et divine, elle apporte aux êtres qui l'entourent, et qu'elle subjugue, l'ivresse de l'exceptionnel. B la Nomade est compliquée, c'est ce qui la rend attirante. Elle ne peut vivre que dans un cadre raffiné, entourée d'objets précieux auxquels elle s'identifie.

Elle tient de ses lointains ancêtres orientaux le goût des palabres et de la rébellion, de l'intrigue et des complots de harem. Rêveuse et passionnée, elle oscille sans cesse entre frivolité et mélancolie. Elle possède le goût du danger et des mille et une nuits, c'est pourquoi elle garde ses mystères et ses secrets, sachant se taire tout en parlant, répondant à demi-mots, ne promettant ni ne s'engageant jamais totalement. Elle demeure insaisissable, désirable, approximative, inexacte, telle une véritable Geisha.

La femme B a le sens du merveilleux qu'elle sait recréer. Elle aime la fête et les jeux de la nuit. Elle vit dans un présent sensuel et fait rêver O et A, prisonniers de l'étroitesse, de la monotonie et de la médiocrité de leur vie de sédentaires. Héritière des peuplades sauvages d'un lointain Extrême-Orient, elle aime le danger, les activités et les sports à risques. Bien que sincèrement préoccupée par la Mort, elle la défie tout en la redoutant. Cependant, B est fragile, mais elle masque ses émotions et sa vulnérabilité par des effets d'autorité tranchante et une dureté apparente.

Du haut de son piédestal, B est seule : trop irréelle et féerique pour un O pudique, réservé, simple et bon ; trop magique et imprévisible pour un A conformiste, pragmatique et raisonneur ; vulnérable vis-à-vis d'un B séducteur ; et incomprise d'un AB. Vivre avec une B, avec une Nomade, est une période de la vie exceptionnelle, ou bien une souffrance intense. Dans les deux cas, il y a le risque de l'éphémère.

Les atouts de B

Sa subtilité qui lui vient de la finesse de ses raisonnements et de la compréhension du monde dans lequel il vit est un des points forts de B. Le Nomade a le sens du rêve, de ce qui fait exception. À la manière de Pierre Loti, Joseph Conrad, Gauguin et Victor Segalen, il charrie le goût de l'Orient, de ses rivages ensoleillés et de ses imaginaires exotiques et érotiques. Mais, obligé de vivre et de s'intégrer dans le monde des Sédentaires, il sera toujours en opposition avec leurs lois et leur mode de vie, s'indignant et s'opposant à eux sans cesse par des attitudes protestataires.

Son intelligence supérieure, sa vivacité d'esprit, sa créativité, son élitisme et son sens artistique le font sortir des chemins battus, prendre des voies d'avant-garde ou interdites, et adopter des solutions nouvelles, dans l'Art, la littérature, la politique, les lois sociales ou les méthodes éducatives de l'enseignement. Être séduisant, il a un profond sens de la fête et du rêve relayé par une attirance pour tous les plaisirs, surtout s'ils sont défendus. Comme tous les nocturnes que le manque de sommeil dynamise, il a l'esprit plus clair le soir et s'éveille la nuit.

Sa totale absence de scrupules lui permet d'entreprendre là où O et A s'y refusent. Par ses sourires, il sait tenter et manipuler son entourage. En amour, B peut être cruel, dur, physique. Étant donné qu'il considère les sentiments de l'Amour comme un jeu sans importance, il a des fidélités successives. Alors que A est un peu misanthrope — bien qu'entouré d'amis très proches et toujours à la recherche de nouvelles rencontres —, B sourit, attire et se fait sans cesse des amitiés transitoires qui lui ressemblent, superficielles et sans cesse renouvelées. Il tente O et A et les entraîne dans ses propres rêves et transgressions. Manipulateur, il sait tirer ses billes hors du jeu quand cela est nécessaire et fait alors porter la responsabilité sur d'autres plus vulnérables, moins intelligents et plus soumis.

Il a le sens du Secret, un goût pour les astres, l'occulte et le Mystérieux, un caractère hors du commun et un charisme vertigineux lui apportant la puissance et l'attachement de ses fidèles admirateurs qui le servent et le suivent aveuglément.

Les points faibles de B

Il craint ceux qui lui ressemblent, se connaissant trop bien. Comme tous les Nomades, il redoute la trahison. Dès lors, il ne fait confiance à personne, ce qui provoque en lui un état permanent de tension nerveuse et d'angoisse, aussitôt calmée par la moindre préoccupation intellectuelle nouvelle.

Son double visage et sa double attitude l'éloignent de ses proches qui ne parviennent pas à suivre et à comprendre son langage codé. Il n'arrive pas, par la complexité de ses propres contradictions, à se faire des amis sincères. Son absence de scrupules, son sens de la demi-vérité et ses ambiguïtés le rejettent du groupe. Il manque de fidélité envers ses amis et amies successifs, qui s'apaisera lorsqu'il trouvera enfin l'être qui le fixera.

La santé, la sexualité et la sentimentalité de B

Son endurance physique et son excellente santé lui permettent d'envisager des attitudes, des ambitions affectives et sociales prometteuses. Séducteur, sa libido risque d'avoir une place majeure dans sa vie quotidienne car il a la robustesse physique du Nomade, ainsi que la fragilité émotionnelle du papillon et de la fleur. Or la fleur, c'est le sexe du monde végétal... Le papillon et l'abeille, attirés par son nectar, en sont les intermédiaires indispensables. En effet, le Nomade B doit être capable de marcher le jour au rythme du pas rapide de ses chameaux (ou de courir après son bétail), et de ne dormir que d'un œil la nuit pour surveiller son troupeau. Il adopte ainsi le comportement des oiseaux de nuit, de la chouette et du hibou. B, avec sa flûte, est également un charmeur de serpent. Il est donc aisé de comprendre son mental subtil et envoûtant, et sa grande résistance aux maladies. Il a la capacité d'endurer longtemps les souffrances du corps et de surmonter des épreuves là où d'autres succomberaient plus vite.

Préoccupé par le sexe, la transmission de la vie et la mort, les gisants et les cimetières prennent une place majeure dans son mental. Le Nomade recherche la femme idéale, sa déesse mystérieuse, pythie de la musique, des contes des mille et une nuits, de la danse et du chant. Toute sa vie sera une quête poétique, mais souvent insatisfaite, de « La » femme, idéalisée, magique et divine, et, s'il s'agit d'une B, elle risque de se comporter comme une lampe magique où viendront se brûler les papillons de son entourage.

Le peintre B

Le peintre Nomade rejette l'ordre établi des Sédentaires et il en instaure un nouveau qui lui est propre. Il refuse obstinément le conventionnel et l'académisme. À la place, il s'oriente vers un nouveau style qui pourra, avec le temps, s'imposer comme une nouvelle référence. Sa peinture est souvent torturée ou iconoclaste.

Quelques personnages célèbres qui seraient du groupe B[6]

Mao Tse Toung, François Mitterrand, Joseph Kennedy, Greta Garbo, Paul Mc Cartney, Akira Kurosawa, Mia Farrow, Jack Nicholson, Lucciano Pavarotti, Léonardo Di Caprio, etc.

Quelques antipathies avérées

Mia Farrow (B) et Jacqueline Kennedy (O); Charles de Gaulle (O) et François Mitterrand (B); François Mitterrand (B) et Jacques Chirac (O); François Mitterrand (B) et Jean-Edern Hallier (A).

Une complémentarité manifeste

Charles (O) et Camilla.

•

6. Ces informations ont été trouvées dans la presse, mais ont été impossibles à confirmer auprès des intéressés.

LE PROFIL MENTAL DE AB

•• Le Prophète • Le Fruit défendu • La Pomme de la discorde et la pomme du jardin d'Éden • Le Héros • L'Arbitre • La Contradiction qui apporte la solution

AB est le fruit de l'union de A le Sédentaire et de B le Nomade. Il est l'enfant du désert et du terroir, du bon Sens Terrien et du regard de l'aigle et du chacal des steppes. AB est l'enfant de partout et de nulle part, le déraciné issu de deux mondes opposés, le fils des deux ennemis de toujours, le fruit de la guerre, de la souffrance et du viol.

En effet, il est le fruit symbolique de l'union forcée entre la princesse captive offerte en tribut et le roi victorieux. Il est le fruit du paiement en nature, les larmes et le sang du vaincu face au vainqueur, l'enfant du Harem à la mère anonyme, le mulâtre issu du viol de l'Esclave par le Maître, l'enfant illégitime, l'enfant sans père. AB naît au forceps, dans la douleur d'un monde qui ne l'attend pas, ne le désire pas et le rejette. Il n'est d'aucun monde, ni de celui du Nomade et ni de celui du Sédentaire. AB est le métis des deux dimensions opposées et irréductibles, du temps et de l'espace, du soleil et de la lune, du jour et de la nuit. Il est l'aube d'une ère naissante ou du crépuscule d'un monde finissant.

Conséquence de la transgression de l'Ordre de l'Univers, fruit du défendu, pomme de la discorde, il est celui qui vient pour comprendre, pardonner et réconcilier, qu'il soit fortifié ou détruit par l'expérience de sa souffrance.

Sans la connaissance de ce paradoxe à l'intérieur de Seth, le troisième fils d'Adam, il est impossible de pénétrer dans le mental de AB. Il est celui qui vient après et qui, par son exemple et souvent son sacrifice, est là pour sauver son époque, assurer son renouveau et délimiter de nouveaux temps.

AB est l'œuf, la graine, le fruit. Il est la braise qui couve dans la cheminée, l'enfant qui naît à la Saint-Jean d'Hiver, sans toit pour le protéger, sans père pour l'élever, de nulle part et destiné à l'Universel.

Le caractère de AB

Tant qu'il ne s'est pas épanoui, AB hésitera. Lunatique à double facette, il sera tiraillé entre les deux extrêmes... A et B ! Son caractère le fera passer d'un excès à l'autre, depuis A le dominant, le protecteur, l'autoritaire et le jaloux, jusqu'à B le séducteur, le cynique, l'arbitre, le tentateur.

D'un côté, comme B, AB aime la fête, les plaisirs, ce qui bouge, change, brille et scintille, les jeux de l'amour et de la nuit, les voyages du Nomade, l'Aventure et les aventures, les échanges, le sens du théâtre et du mystère. Il cache ses sentiments pour se protéger. De l'autre côté, à l'instar de A, AB se replie sur lui-même, attaché à sa terre, à ses racines, aux siens et au passé protecteur. Il domine par la gravité de son sérieux. Ainsi, tiraillé entre le devoir et le plaisir, culpabilisé par A le moraliste et entraîné par B le jouisseur qu'il porte tous deux en lui, il est malheureux. Se sentant coupable de ses contradictions, il peut alors perdre confiance en lui.

S'il veut s'accomplir, il lui faut trouver une autre voie, un ailleurs différent de A et de B. Alors, il pourra sortir du quotidien, être attiré par une lumière surnaturelle, entendre l'appel du désert pour un destin qui le transcende et le dépasse. Car AB est prédestiné aux grandes vocations humaines : dans l'Art, dans les inventions de génie, lui qui a dû se battre au quotidien ; dans la Justice, lui qui a connu l'injustice ; dans le dévouement envers les autres, lui qui a souffert et qui est celui qui connaît le mieux la souffrance. Lui qui est l'enfant de la guerre, qui est différent, qui est issu d'un viol symbolique, qui a connu la Haine, est pacifique, tolérant, indulgent et prône l'amour.

AB est prédisposé aux grandes missions humaines qui le grandissent et qui justifient ses souffrances passées ; il est destiné à l'Exceptionnel, à la Prophétie. Au risque et au prix de sa vie. Sinon, il ne se réalise pas vraiment et retombe dans le comportement routinier d'un A Sédentaire ou d'un Nomade B.

L'enfant AB

L'enfant AB ne se distingue guère de ceux des autres groupes. Tout au plus, ses parents remarquent-ils qu'il est un peu « à part ». Il ne montre pas cette joie de vivre caractérisant les O qui mordent la vie à pleine dent et qui aiment les jouissances charnelles ; ou les A qui, déjà avec leurs jeunes camarades, cherchent à diriger le groupe. En outre, il est possible que l'enfant AB présente ce retard pubertaire propre à A ou, au contraire, qu'il ait les prédispositions de B à comprendre très tôt la complexité des lois de la vie en société. Ce n'est en réalité que bien plus tard, si les conditions sont favorables, qu'il risque de se révéler.

La femme AB : l'Égérie

La femme AB est compliquée et complexe, pétrie de sous-entendus et de non-dits. Elle doit s'épanouir en allant jusqu'au bout de toutes ses potentialités, enrichissant sa vie de tout ce que le Destin a prévu pour elle.

Les atouts et les points faibles de AB

Le porteur du groupe sanguin ignore souvent qu'il possède en lui les potentialités humaines pouvant faire de lui un être exceptionnel. Dans la vie courante, AB semble malheureux, sous-employé par rapport à ses capacités hors du commun. Il souffrira souvent dans un métier d'autorité ou de fonctionnaire routinier et monotone. Dans le commerce et les échanges, aura-t-il la séduction du Nomade ? Dans les activités de pouvoir, il est essentiel qu'il n'oublie jamais qu'il descend pour moitié d'un Sédentaire dominant. Son entourage familial et professionnel doit savoir ce qu'il peut être réellement pour l'apprécier dans toute sa mesure.

La sexualité et la sentimentalité de AB

Toujours en équilibre entre tentation et transgression d'une part, et en équilibre entre interdit et permissivité d'autre part, la sentimentalité de AB est complexe, faite de sous-entendus, de rêves irréalisés, de velléités inachevées et de non-dits. Pour être heureux, il est impératif qu'il s'épanouisse en allant jusqu'au bout de ses potentialités et en choisissant un conjoint A qui le guidera sur le droit chemin, ou un B qui exacerbera ses rêves, ou enfin un O pragmatique qui décidera souvent pour lui au quotidien. Les AB étant très peu nombreux; les probabilités de trouver un couple de AB diminue les risques de rencontrer un couple d'êtres vraiment trop exceptionnels !

Le peintre AB

Les peintres AB sont extrêmement rares.

Quelques personnages célèbres du groupe AB[7]

John Fitzgerald Kennedy, Bill Clinton, Marilyn Monroe, Thomas Edison, Jésus (Suaire de Turin), etc.

•

7. Ces informations ont été trouvées dans la presse, mais ont été impossibles à confirmer auprès des intéressés.

Conclusion : le comportement fondamental des quatre types d'humanité face aux adaptations nécessaires à la survie

La survie

- L'humanité Primordiale est fructo-carnivore et vit au rythme des saisons.
- L'humanité Sédentaire est fructo-végétarienne et stocke les céréales.
- L'humanité Nomade est lacto-carnivore et, en vue de ses futures migrations, conserve en provision des laitages, des viandes, des végétaux et des fruits séchés.

Les variations climatiques (se protéger du froid et de la chaleur, de la sécheresse et de l'humidité)

- Le Primordial cherchera toujours à recréer l'ambiance de ses origines, la chaleur de la savane et des Tropiques.
- Le Sédentaire recherche les climats tempérés propices à l'agriculture.
- Par sa mobilité et son endurance, le Nomade s'adapte aux climats les plus extrêmes.

Les prédateurs

- L'humanité Primordiale délimite et défend âprement son territoire de chasse. Elle perd de suite son identité avec l'invasion sur son territoire des Sédentaires agriculteurs et des Nomades pasteurs. En cas de danger, le Primordial se replie dans sa caverne morale ou grimpe se réfugier en haut de la canopée.
- L'humanité Sédentaire, par ses mariages et ses alliances familiales successives, construit patiemment son territoire dans l'unité et l'uniformité, craint l'invasion et cherche à étendre son royaume sur des frontières naturelles et sur des murailles capables de résister aux invasions barbares. Il se réfugie dans sa forteresse en cas de danger.
- Par la guerre et la légende, le Nomade, belliqueux, conquiert de grands empires multiformes qui, par manque de cohésion intérieure, s'écroulent à la mort du souverain. Il fuit en cas de danger, utilise le repli stratégique et s'évanouit dans l'espace.

Le comportement sexuel (transmettre la vie et assurer inconsciemment la pérennité du règne vivant)

- Le Primordial, chasseur de gibier, interdit toute transgression et se soumet aux tabous du groupe.

- Le Sédentaire est monogame (éventuellement monogame successif !) et attache une très grande importance à sa succession pour la transmission de ses terres.

- Le Nomade est polygame et transgresse les interdits édictés par le Primitif et le Sédentaire. C'est lui qui est le plus concerné par le complexe d'Œdipe.

Le comportement émotionnel et mental

- Adam s'émeut peu et se replie sur lui-même. Vulnérable, il ne se sent bien que lorsqu'il est seul ou avec ceux qui lui ressemblent.

- Caïn a besoin des autres, parle avec les mains, ordonne, manifeste ses émotions, explose, passe à l'acte (il tue Abel), puis réfléchit (l'œil était dans la tombe et regardait Caïn).

- Abel dissimule ses émotions et cherche à séduire. Jaloux, il redoute la trahison et, se sentant sans cesse menacé, craint pour sa survie.

- Le Primordial O garde les pieds sur terre, le sens des réalités, mais il peut finir par perdre la tête. Le Sédentaire A, au contraire, n'est pas entièrement ancré dans le réel trivial, théorise et peut finir par perdre le contact avec les réalités pratiques et délirer. Le Nomade est le plus intelligent et le plus subtil de tous. Par peur de la trahison, il peut devenir jaloux et soupçonneux.

Le rythme de vie

- Le Primordial est un couche-tôt et un lève-tôt : il se sent mieux le matin qu'au crépuscule. D'ailleurs, il chasse aux aurores et cueille le jour.

- Le Sédentaire, au contraire, est un couche-tard et un lève-tard : il s'active plus facilement le soir que le matin.

- Le Nomade vit et agit la nuit.

Les relations des humanités entre elles

- Les Primordiaux se suffisent à eux-mêmes, mais leur vulnérabilité les prédispose à devenir esclaves.
- Les Sédentaires cherchent à dominer et à protéger. Leur dominance terrienne les prédispose à l'esclavagisme.
- Les Nomades sont prédisposés aux échanges, au commerce et à la traite des esclaves.

Soulignons ici que AB se retrouve dans A et B, dans le Sédentaire et dans le Nomade.

LE PROFIL DE O : LE PRIMORDIAL

•• Le meilleur, celui qui donne • L'esclave • La fée • Le vassal

O est le plus authentique, le plus fidèle, celui qui a le plus de compassion. Il est perfectionniste, précis, prudent. Il aime les besognes bien faites et a le souci du détail. Il est patient, crédible, ponctuel et tient toujours sa parole. Il a le sens de la façade, façade qui peut, à l'extrême, devenir de l'arrogance. Anti-iconoclaste, il est attaché à ses traditions. Il est réservé et très respectueux de lui-même, des autres et de ses valeurs morales. Il n'est ni vulgaire, ni grossier. Sa tenue vestimentaire est toujours impeccable. Il est bon et pudique. Accepté partout et par tous, il va vers les autres sans chercher à les dominer car il aime la communication et les conversations. Il a besoin d'être guidé, conseillé : il a peur de mal faire et d'être coupable. Soumis, il doit être entouré et de vivre dans une structure protectrice. Il s'épanouit d'autant plus qu'il se trouve intégré dans un système social fermé : administration, milieu familial soudé, groupe professionnel. Il cherche en priorité l'approbation de l'entourage, ainsi que sa reconnaissance. Sans hésitation, il sait saisir très vite les opportunités qui se présentent à lui, tout en se maîtrisant et en gardant son sang-froid dans les moments dramatiques. O souffre en silence. Pragmatique, ingénieux et peu intuitif, il manque de largeur d'esprit, mais va au fond des choses. Honnête par principe, il n'aime pas mentir ; s'il le fait, à contrecœur, il ment mal et se fait prendre. De bonne foi, il est d'une totale naïveté. Incorruptible, il refuse toute compromission. O n'avoue jamais un secret et ne trahit pas, même sous la torture. Il aime parler pour donner, mais, par pudeur, ne se confie pas aux autres. Soumis, respectueux et subordonné à sa hiérarchie, il est scrupuleux et obéit sans discuter. De même, il ne supporte pas l'indiscipline de ses subordonnés car il a un profond sens de l'Autorité. À la longue, il peut finir par se révolter ou se protéger derrière le masque de l'arrogance.

LE PROFIL DE A : LE SÉDENTAIRE

•• Le plus attachant, celui qui garde et protège • L'esclavagiste • Le suzerain, le roi, la reine

Actif et imaginatif, A possède une grande largeur de vue et sait prendre des initiatives. En lui bouillonne le sens du commandement et de l'autorité. Chaleureux, il demeure fidèle à ceux qu'il admire et possessif envers ceux qui l'admirent. Il a besoin d'admirer pour respecter et obéir. Ainsi, même subordonné, il garde son libre arbitre et son esprit critique. Doté d'un sens aigu de sa propre valeur et d'une ambition dévorante, il ne supporte pas la médiocrité. Comme O, il est attaché aux traditions ancestrales et familiales. A est honnête par raison, car il a un besoin viscéral de vivre en groupe et d'être entouré. En effet, cet égocentrique supporte mal la solitude et recherche les amitiés fidèles. Il procède beaucoup par intuition et analogie, ce qui le rend hésitant, précipité et un peu intolérant. A est dominant, mais manque quelque peu de rigueur. Impatient, il se révèle parfois coléreux et explose. À ce moment-là, il peut être insolent ou cassant. A conteste l'Autorité défaillante et recherche le Pouvoir. Alors, il ment par stratégie, même s'il se sent coupable. Bavard et bruyant, il parle trop. A, qui n'est jamais pressé et remet toujours tout à plus tard, néglige également sa santé. Hyperactif et brouillon, il est émotionnellement vulnérable et s'effondre moralement face à une difficulté affective. Il peut être grossier sans jamais être vulgaire.

LE PROFIL DE B : LE NOMADE

•• Le plus intelligent de tous : celui qui fait rêver • L'envahisseur • Le marchand d'esclaves • La déesse • Le troubadour • Dieu

Imprévisible, B manie l'ironie avec grand art car c'est le plus subtil et le plus spirituel de tous. Il est très indépendant. Ambivalent et ambigu, il ne s'affirme que par sous-entendus et n'ordonne jamais. Patient, il sait attendre et ne perd à aucun moment son calme, alors qu'il est de nature belliqueuse. Ce manipulateur iconoclaste parvient à masquer ses sentiments pour se rendre insaisissable et glisser des mains. Individualiste, il prône pourtant la tolérance, car il ne supporte pas les contraintes venant de son entourage. La médiation et la séduction sont les armes de cet habile négociateur qui vit essentiellement la nuit. C'est un parasite qui n'est fidèle qu'envers lui-même. Il craint la trahison et l'infidélité. B cherche à atteindre le pouvoir par son charisme et ses intrigues. En fait, sous le sous le masque d'une fragilité apparente, se cache une extrême résistance : B se protège dans l'ambivalence. Diplomate et fin stratège, il endosse souvent les rôles d'intermédiaire et de conciliateur. Cela lui convient à merveille car il ment sans mentir, sourit toujours, n'affirme rien et ne se fâche jamais. En outre, ce rancunier ne se fait jamais prendre et ne se sent pas redevable. Son esprit, comme celui de l'artiste, est souple et créatif. Rarement vulgaire et grossier, B est agréable à vivre, charmeur et assez préoccupé par le sexe. Optimiste, il paraît extérieurement bien dans sa peau, mais il est en réalité obsédé par la Tentation et la Mort.

LE PROFIL DE AB : LE PROPHÈTE

•• Le plus imprévisible • Celui qui annonce une nouvelle voie et la réconciliation • L'Arbitre

AB n'est bien dans sa peau que dans les espaces et les époques exceptionnelles. Dans la vie courante, il souffre et oscille entre les caractéristiques de A et de B : d'une part, difficile à commander et à comprendre, artiste, avide de beauté et inspiré, comme un B ; et d'autre part, rigide, émotif, dominant, impulsif, vulnérable, excessif, autoritaire, comme un A. Il se protège dans l'indifférence. Tiraillé en lui-même entre les deux comportements opposés et hostiles, il ne devient AB prophète, épanoui, que quand il a enfin trouvé sa voie en se sacrifiant dans des actions extraordinaires.

COMPLÉMENTARITÉS ET OPPOSITIONS : GROUPES SANGUINS ET PROFILS PSYCHOLOGIQUES

- Le Primordial O donne à tous : l'égalité.
- Le Primordial O complémentaire du Primordial O : l'entente désintéressée.
- Le Primordial O complémentaire du Sédentaire A : la symbiose, la fraternité.
- Le Primordial O complémentaire du Nomade B : la fidélité.
- Le Primordial O complémentaire du Prophète AB : les deux extrêmes qui se complètent.
- Le Sédentaire A dominant le primordial O : « la dialectique du Maître et de l'Esclave », le vassal et le suzerain.
- Le Nomade B dominant le Primordial O : le Primordial dépossédé et vendu comme esclave.

- Le Sédentaire A dominant le Nomade B : les deux ennemis mortels ; le Sédentaire tue le Nomade.
- Le Nomade B dominant le Sédentaire A : la subversion des valeurs ; le Nomade détruit l'ordre Sédentaire.
- Le Sédentaire A et le Nomade B réconciliés : la voie de AB le Prophète ; une ère nouvelle.
- Le Sédentaire A avec le Sédentaire A : la guerre des chefs.
- Le Nomade B avec le Nomade B : « Je t'aime, moi non plus. »
- Le Prophète AB a besoin des autres, mais il est rejeté par tous, mis en prison, décapité, crucifié.

•

TABLEAU RÉCAPITULATIF DES QUATRE GROUPES

ARCHÉTYPE D'HUMANITÉ GROUPE	PRIMORDIALE O (oo)	SÉDENTAIRE A (aa)	NOMADE B (bb)	PROPHÉTIQUE AB (ab)
Équivalence biblique	Adam l'homme du paléolithique (jardin d'Eden)	Caïn le premier agriculteur	Abel le premier pasteur	Seth-Énoch et Ève ceux qui annoncent l'Homo Religiosus[8]
Dynamique	Genèse	Croissance	Chute	Renouveau
Groupe sanguin	O (oo) Zéro	A (aa)	B (bb)	AB (ab)
Profil psychologique	Celui de O	Celui de A si (aa) Ceux de A et de O si (ao)	Celui de B si (bb) Ceux de B et de O si (bo)	Celui de AB
Naturel	Originel	Fixé	Migrateur	Dernier venu
Structure antigénique sur la membrane du globule rouge : les agglutinogènes[9]	Pas d'antigènes de surface	Antigènes de surface A	Antigènes de surface B	Antigènes de surface A et B
Anticorps plasmatiques circulants : les agglutinines	Anticorps anti-A et anti-B	Anticorps anti-B	Anticorps anti-A	Pas d'anticorps
	Rejette A, B et AB ; n'accepte que son propre groupe	Accepte A et O ; rejette B et AB	Accepte B et O ; rejette A et AB	Accepte O, A, B, et son propre groupe
Transfusion sanguine	Donneur universel ; se donne à tous	O et A compatibles	O et B compatibles	Receveur universel ; ne donne à personne d'autre que lui
Signification transfusionnelle	Donne car est toléré par tous ; les autres (A, B et AB) l'empoisonnent	Empoisonné par B et AB ; ne supporte que A et O	Empoisonné par A et AB ; ne supporte que B et O	Reçoit, mais empoisonne les autres (O, A et B) ; ne tolère que lui seul
Conséquence psychologique	Accepté par tous.	Incompatible avec B et AB	Incompatible avec B et AB	Rejeté par tous ; incompris
	S'entend avec tout le monde. Vulnérable, se protège par son environnement	Ne s'entend qu'avec A et O	Ne s'entend qu'avec B et O	N'est compris que par ceux qui lui ressemblent. Environnement non protecteur

8. « *Tu ne tueras point.* »

9. Consulter, en annexes, les explications sur la transfusion sanguine.

ARCHÉTYPE D'HUMANITÉ	PRIMORDIALE O (oo)	SÉDENTAIRE A (aa)	NOMADE B (bb)	PROPHÉTIQUE AB (ab)
Filiation	Soit deux parents O ; soit l'allèle O d'un parent A(ao) avec l'allèle O d'un B(bo) ; soit l'allèle O de deux parents A(ao) ou de deux B(bo)	Soit un parent O(oo) avec l'allèle A d'un A(ao) ou d'un AB ; soit deux parents A(aa) ; soit l'allèle A d'un parent A(ao) avec l'allèle O d'un A(ao) ou d'un B(bo) ou d'un AB	Soit un parent O(oo) avec l'allèle B d'un B(bo) ou d'un AB ; soit deux parents B(bb) ; soit l'allèle B d'un parent B(bo) avec l'allèle O d'un A(ao) ou d'un B(bo) ou d'un AB	Soit deux parents AB ; soit un parent A(aa) ou A(ao) avec un B(bb) ou un B(bo)
% approximatif en Europe du Sud	45%	45%	8%	2%
Chronologie possible d'apparition en Europe	Les premiers	Les deuxièmes	Les troisièmes	Les derniers venus
% approximatif en Extrême-Orient	35%	30%	25%[10]	10%
Chronologie possible d'apparition en Asie	Les premiers	Les troisièmes	Les deuxièmes[11]	Les derniers venus
Caractéristique fondamentale	Vulnérable : cherche la protection	Dominant : veut le Pouvoir	Indépendant : exige la tolérance	Réconciliateur : propose la solution
Mode alimentaire	Fructo-carnivore	Fructo-végétarien	Lacto-carnivore	Diversifié
Mode de vie	Chasseur-cueilleur	Agriculteur	Pasteur	Urbain
Besoins nutritionnels liés au mode de vie	Viandes maigres, végétaux peu sucrés	Légumes verts, racines, fruits, céréales, peu de viande	Produits laitiers, viandes séchées	De tout
Habitat	La caverne	La bastide	La tente	La ville
Mentalité	Paléolithique	Sédentaire	Nomade	Civilisée
Comportement	Grégaire	Statique	Migrateur et envahisseur	Dualiste

10. Dans certaines régions du Lac Baïkal, de Mongolie et d'Inde du Nord, la proportion peut atteindre 50%.

11. Cette différence d'apparition entre les Nomades et les Sédentaires en Extrême-Orient au-delà de l'Himalaya pourrait expliquer pourquoi les Asiatiques ont un comportement mental souvent opposé à celui des Occidentaux. Alors que dans la Bible Caïn naît avant Abel (les Sédentaires apparaissant avant les Nomades), il semble qu'en Mongolie, les Nomades, plus nombreux, soient apparus avant les Sédentaires. Dans ces conditions, pour les Asiatiques, le mythe de Caïn et Abel ne peut pas tout expliquer dans la dialectique des groupes sanguins.

ARCHÉTYPE D'HUMANITÉ	PRIMORDIALE O (oo)	SÉDENTAIRE A (aa)	NOMADE B (bb)	PROPHÉTIQUE AB (ab)
Dans la vie de tous les jours	Donne	Conserve	Échange	Synthétise
	Écoute	Affirme	Suggère	Réconcilie
	Généreux	Thésaurise	Dépense	Ne compte pas
	Esclave	Esclavagiste	Marchand d'esclaves	Émancipateur
	Craintif	Pacifique	Belliqueux	Arbitre
	Vassal	Suzerain	Conseiller	Guide
	Fée	Reine	Déesse	Égérie
	Chevalier	Roi	Troubadour	Maître
	Fait confiance	Rejette	Séduit ou abuse	Est incompris
	Inspire confiance	Fait peur	Fait rêver	Fait réfléchir
	S'intègre	Fait fuir	Attire	Se distingue
	Aime la solitude	Aime être entouré	Subjugue le groupe	Sert de repère
	Craint d'être exploité	Craint d'être humilié	Craint d'être haï	Craint d'être incompris
	Ordonné	Désordonné	Soigneux	Détaché
	Modeste	Se met en avant	Maître du jeu	Se situe au-dessus du lot
Naturel	Narcissique	Orgueilleux	Énigmatique	Tyran (au sens grec du terme)
Tendance à	La soumission	La domination	La transgression	La tentation
Vis-à-vis de l'Autre	Propose ; entraîne par son exemple	Impose ; mène par sa personnalité	Sous-entend ; subjugue par ses promesses	Indique la solution
Se défend par	L'arrogance	L'insolence	L'ambivalence	L'indifférence
Dans le quotidien	Se dévoue ; sert	Se fait servir	Exige la soumission	Se sacrifie
	Solitaire	Statique	Mobile	Universel
	Pragmatique	Idéaliste	Réaliste	Visionnaire
	Réclame la reconnaissance	Impose le devoir	Prône la liberté	Propose l'Humanité
	Toujours disponible	Intolérant	Exige toutes les tolérances	Clairvoyant
	Implore	Impose	Ne se sent pas redevable	Propose à tous

ARCHÉTYPE D'HUMANITÉ	PRIMORDIALE O (oo)	SÉDENTAIRE A (aa)	NOMADE B (bb)	PROPHÉTIQUE AB (ab)
En cas de souffrance	Rentre dans sa coquille	Se mure dans sa citadelle	Adopte un profil bas	Porte sa croix
	Se replie dans sa caverne ou à la cime des arbres	Se replie dans son bunker moral ou sa tour d'ivoire	Fuit dans son trou, l'espace, le vent et les étoiles	Renonce à son destin et se comporte comme un A ou un B
	Se satisfait de peu	A peur de manquer	Valorise	Rassemble
	Se tait	Dit et pérore	Contredit et argutie	Prédit
	Écoute	N'écoute pas assez	Enregistre tout et n'oublie jamais	Parle au nom de tous
	Sème	Engrange	Commerce	Récolte
Nature profonde	Patient	Impatient	Sait attendre	Attendu
Craint d'être	Instrumentalisé	Humilié	Haï	Martyrisé
Protection	Se révolte ou fuit	Fait front	Se dissimule	Se détache
Réaction	Ronge son frein	Explose	Sourit et glisse des mains	Ne cherche pas à plaire
Fragilisé par	La dépendance	La repentance	La stigmatisation	Le renoncement
Défaut	Conteste	Écrase	Envenime	Tyrannise (au sens contemporain du terme)
Nature profonde	A besoin de protection	Protège	Négocie	Arbitre
Façon de mener sa guerre	En faisant du harcèlement (guérilla)	En imitant le rouleau-compresseur	En suscitant l'agression, puis en se faisant passer pour la victime	En cherchant à faire la paix (quant il est AB)
En position de faiblesse	Disparaît	S'accroche à ses positions	Se replie	Se rend pour épargner les siens
Le dos au mur	Préfère mourir que de se rendre	Se rend	Pactise et change de camp	Accepte le Destin
Après le conflit	Oublie – O déteste les conflits, les cris et les heurts	Passe l'éponge	N'oublie jamais	Absout

ARCHÉTYPE D'HUMANITÉ	PRIMORDIALE O (oo)	SÉDENTAIRE A (aa)	NOMADE B (bb)	PROPHÉTIQUE AB (ab)
Les hommes mènent l'amour à la façon	Du chasseur de gibier	Du monogame (éventuellement monogame successif)	Du polygame	De l'homme renonçant au nom de ses idées
Jusqu'à ce qu'ils trouvent enfin	Leur fée	Leur reine	Leur déesse	Leur égérie
Leur manière d'aimer	Physique, cherchant la performance	Sublime, mettant la femme sur un piédestal	Cherche toujours la femme idéale et a donc une femme dans chaque port	Renonce au nom de ses idées, à moins qu'il préfère se comporter comme un A ou un B
La femme a	Du charme	De la personnalité	De la séduction	Du charisme
Mais elle peut subir son sort comme	Un gibier pudique rêvant au prince charmant	Une protectrice attendant son chevalier servant	Une femme inaccessible faisant perdre la tête en enjôlant	/[12]
Dans le couple, elle	Se tait et se dévoue jusqu'à une certaine limite	Peut vouloir porter la culotte	Séduit et enchante	Se sacrifie
À la maison, elle est	La fée du logis	La reine-mère	La Divine	/[13]
Symboles de son pouvoir	La baguette magique, le carrosse	La couronne, le soleil, le carré	L'étoile à cinq branches, le pentacle, la lune etle cercle	L'hexagramme, l'étoile à six branches, la croix orthodoxe
Lui (/elle)	Aime son intérieur; est ordonné(e) et perfectionniste; a le sens de l'organisation	Préfère se réaliser à l'extérieur; est approximatif(/ve).	Sa vie est un rêve!	Son royaume n'est pas de ce monde
	Ne compte que sur lui (/elle)	Se fait aider	Ne se sent pas redevable	N'existe que par ses disciples
	« Laisse-moi faire, je le ferai mieux que toi ! »	« Armons-nous et Partez ! »[14] et « Pourrais-tu m'aider ? »	« Pour les obsèques, une messe est possible »[15]	« Le Sage n'affirme rien ! »[16]

12 – 13. Devant le très petit nombre existant de AB, prière de contacter l'auteur par le biais de l'éditeur pour des témoignages personnels en vue d'améliorer les recherches sur les groupes sanguins.

14. Citations célèbres d'hommes politiques du passé.

15. Idem.

16. Carnéade de Cittium 2e siècle av JC.

ARCHÉTYPE D'HUMANITÉ	PRIMORDIALE O (oo)	SÉDENTAIRE A (aa)	NOMADE B (bb)	PROPHÉTIQUE AB (ab)
Points faibles	Ne parvient pas à déléguer; a peur de mal faire	Délègue trop et perd le contrôle; fait trop confiance aux autres	Ne fait confiance qu'à lui-même par crainte de la trahison	Tous doivent lui faire confiance
	Prévoyant, mais manque de recul	Imprévoyant, mais voit avec recul	Voit loin	Voit tout
Dans les conflits, lui (/elle)	Veut savoir; est à l'écoute	Ne veut pas savoir: « C'est ainsi, un point c'est tout! »	Est d'accord avec tout le monde	Résout le problème
	Fait la sourde oreille	Fonce aveuglément	Ne se mouille pas	Annonce
	« Gentil, on peut l'embêter longtemps, car il cesse d'écouter quand on l'embête »[17]	« Gentil, mais il ne faut pas l'embêter trop longtemps »[18]	« Diplomate, s'y frotter avec prudence! »[19]	À son contact, les disciples y voient plus clair (son élément est le feu)
Comportement	Sens pratique; précis; procédurier; tatillon	Bon sens; approximatif; superficiel	Propose à contresens du monde sédentaire	Éclaire en expliquant la contradiction
	Réfléchit avant d'agir	Agit avant de réfléchir	Soupèse et laisse mûrir	Sait d'avance
	Toujours débordé; souvent en avance; jamais en retard; patient	Lent; souvent en retard, n'aime pas attendre mais fait attendre; impatient	Sait attendre; attentiste	Attendu; désiré par ses disciples
Sa façon de s'habiller	Sens de la façade; netteté; conformiste	Se soucie moins de sa mise; un peu négligé(e)	Façon « artiste romantique »; faussement négligé(e); non-conformiste	Indifférent et détaché des considérations matérielles
Son rythme journalier	Plutôt du matin	Plutôt du soir	Plutôt de la nuit	Hors du temps
Son aspect physique	Fait plus jeune que son âge	Vieillissement plus précoce	Son âge	Sans âge
Ses points faibles	Le neurologique	Le métabolique	Le lymphatique	Le mental

17. Témoignage personnel d'une gentille A mariée avec un gentil O.

18 – 19. Idem.

ARCHÉTYPE D'HUMANITÉ	PRIMORDIALE O (oo)	SÉDENTAIRE A (aa)	NOMADE B (bb)	PROPHÉTIQUE AB (ab)
En vieillissant, attention à	Le diabète et la thyroïde	La tension et l'artériosclérose	Les maladies des plaisirs et de la nuit	La mélancolie
La santé	Résistant	Fragile	Endurant	Oscillant entre A et B, entre endurance et fragilité
Métabolisme cellulaire[20]	Fonctionne trop, « comme un poêle qui tire trop et surchauffe »	Fonctionne au ralenti : fait « des cendres et de la fumée »	En équilibre	Déséquilibré entre A et B
Tombe malade	Quand il en fait trop	Quand il n'en fait pas assez	Rarement malade	Santé à surveiller
Il faut alors	L'apaiser	Le stimuler	L'équilibrer	Lui ramener les pieds sur terre
Aliments à éviter	Les sucres rapides et lents	Le sel et les viandes	Les volailles, les fruits de mer, le soja et les légumineuses	Ceux de A et B
Type psychanalytique	Plutôt oral	Plutôt anal	Plutôt œdipien	Plutôt cérébral
Type homéopathique[21]	Plutôt sycotique	Plutôt psorique	Plutôt luétique	Plutôt tuberculinique
Les courbes d'excitabilité neuro-musculaire	Courbes basses	Courbes hautes	Courbes moyennes	Courbes métaboliques hautes comme A ; courbes neurologiques moyennes comme B
Se prend pour	Mère Térésa, l'abbé Pierre[22]	Le Roi	Dieu	Le Messie
Attitude	Garde les pieds sur terre	Cherche sa place au soleil	Scrute les astres	Annonce l'Homme
Les compatibilités	O avec O : l'entente parfaite ; mais tous les deux sont vulnérables et risquent de se replier dans leur caverne	A avec O : la dialectique du Maître et de l'Esclave	B avec O : mené par le bout du B !	AB avec O : Comme Adam et Ève, le grand dessein se réalise

20. Consulter, en annexes, les notes sur l'excitabilité neuro-musculaire.

21. Pour les non-homéopathes, consulter un ouvrage sur les constitutions homéopathiques.

22. Célèbre prêtre français qui s'engagea, à partir de l'hiver 1954, contre la misère en créant « les compagnons d'Emmaüs. »

ARCHÉTYPE D'HUMANITÉ	PRIMORDIALE O (oo)	SÉDENTAIRE A (aa)	NOMADE B (bb)	PROPHÉTIQUE AB (ab)
	O avec A : la bonne complémentarité	A avec A : la guerre des chefs	B avec A : ce sera bien s'ils ont un enfant O et un AB	AB avec A : ils risquent de concevoir un Roi, un Dieu ou un Prophète !
	O avec B : la bonne entente	A avec B : s'ils s'entendent, quel destin exceptionnel !	B avec B : « Je t'aime, moi non plus »	AB avec B : le Nomade reprend son bâton de pèlerin
	O avec AB : les deux extrêmes se rejoignent	A avec AB : le Roi écoute le Prophète	B avec AB : le Prophète est séduit	AB avec AB : il y en a peut-être un de trop !
Prédispositions sociales	Le Devoir : aime servir ; est un entraîneur d'hommes	Le Pouvoir : n'obéit que s'il admire ; est un meneur d'hommes	La Tolérance et la Liberté : n'obéit qu'à lui-même	La Maîtrise du destin
Prédispositions professionnelles	Plutôt techniques et pratiques	Plutôt directives	Plutôt spéculatives	Les fonctions exceptionnelles
Risque de s'épanouir dans	Des métiers de précision, d'autorité et de dévouement social	Des métiers de pouvoir et de meneur d'équipe	Des métiers de séduction, de médiation, de rêve et de plaisir	Des métiers humanitaires et charismatiques
Atouts professionnels	Réalisation ; disponibilité ; approfondissement ; compétences techniques ; perfection ; etc.	Conception ; projection ; direction ; etc.	Commercialisation ; échanges ; relations humaines ; finances ; diplomatie ; etc.	Les qualités de A et de B
Ne se réalisera pas s'il	Retourne au fond de sa caverne	Reste au bas de l'échelle ou se réfugie dans sa tour d'ivoire.	N'ose pas transgresser l'interdit	Reste inutile, anonyme et sans disciples
L'enfant	Plein de vie	Moins vif que O	Différent	À part
	A peur d'être coupable	Rejette la faute sur les autres	Craint la trahison	A peur d'être incompris

ARCHÉTYPE D'HUMANITÉ	PRIMORDIALE O (oo)	SÉDENTAIRE A (aa)	NOMADE B (bb)	PROPHÉTIQUE AB (ab)
	Est sage ; est solitaire ; s'amuse seul ; a besoin d'exercices	Est sage ; est plus statique ; est à l'aise en société ; joue en groupe	Est difficile à cerner ; parle peu et écoute	Est à part
	Très sensible à l'injustice, souffre en silence	Manifeste sa souffrance	Intériorise mais n'oublie jamais.	/[23]
Sa santé	Souvent excellente	Quelques problèmes de croissance ou de digestion	Grandit en passant inaperçu	/[24]
À l'école	Apprend ses leçons par cœur par peur du maître ou des parents	Craint moins l'entourage et compte déjà sur sa personnalité	Sûrement le plus intelligent de tous	/[25]
Dans une situation délicate (enfant et adulte)	Ne ment pas ; n'aime pas mentir ; ment avec maladresse	Ment avec aplomb, mais se sent coupable	Ment sans mentir ; ne se fait jamais prendre au dépourvu	/[26]
Sous la torture (adulte)	Meurt sans avouer (car métabolisme résistant)	Risque d'avouer avant de mourir (car métabolisme défaillant)	Désoriente le tortionnaire et s'en sort (car métabolisme endurant)	/[27]
Face à la mort	L'intègre comme une évidence	L'accepte comme une fatalité	La redoute en permanence	L'attend comme une délivrance
Étudiant	Sait tout à fond et ne fait pas d'impasse	Apprend plus superficiellement : se limite aux questions qui lui paraissent les plus importantes	Comprend tout et tout de suite	/[28]
À l'examen	Sait tout et donne aux copains la réponse aux questions	Compte toujours sur un O pour ses impasses	Compte sur sa séduction à l'oral	/[29]

23. Les enfants AB étant tellement peu nombreux, prière aux parents de contacter l'auteur pour faire progresser les recherches.

24 – 25 – 26 – 27 – 28 – 29. Idem.

ARCHÉTYPE D'HUMANITÉ	PRIMORDIALE O (oo)	SÉDENTAIRE A (aa)	NOMADE B (bb)	PROPHÉTIQUE AB (ab)
Vers quoi l'orienter ?	Valoriser ses capacités pratiques et d'analyse ; si c'est une fille, elle sera parfaite en assistante de direction, infirmière ou personne de confiance	Ne pas l'orienter vers un métier d'obéissance passive, mais privilégier le conceptuel	Les relations publiques sous toutes leurs formes : il fera toujours rêver, quel que soit son domaine	Son entourage professionnel et familial doit comprendre qu'il est destiné à des responsabilités hors du commun
S'il fait l'ENA	Dans un ministère ou une grande administration	Passera au privé, patron d'une grande entreprise	Dans le monde politique ou de la haute finance	Il risque de démissionner !
Types de métier particulièrement adapté[30]	Fonctionnaire, soldat, officier, chirurgien, dentiste, infirmière, informaticien, horloger, chimiste, mécanicien, artisan, spécialiste en tout, toute profession collective, juriste, prof de sport, fleuriste, expert-comptable, clerc de notaire, enseignant, etc. (de grands soldats et de grands sportifs furent O)	Patron, chef d'entreprise, chef de bande, officier, généraliste en tout, propriétaire terrien, profession hiérarchisée, théoricien, etc. (Einstein était-il A ?)	Diplomate, homme politique, stratège, libéral, comédien, marchand, journaliste, avocat, justicier, financier, médiateur dans tous les domaines, professionnel de la beauté, de la nuit et des plaisirs, psychologue, etc. (Freud était-il B ?)	Envoyé spécial, témoin, arbitre (dans tous les domaines), enseignant dans le Supérieur, homme d'État, etc.
Il est possible de deviner le groupe sanguin d'un peintre à la façon dont il peint	Peint ce qu'il voit ; figuratif ; naïf ; académisme	Peint ce qu'il aimerait voir ; académisme ; va vers l'abstraction	Se libère de l'académisme ; transgresse les classicismes ; propose des voies nouvelles	/[31]
Type de société	La société Primordiale vit en vase clos	La société Sédentaire est paisible et fermée, ayant besoin de la paix pour ses récoltes	La société Nomade est ouverte, violente, en guerre perpétuelle, tiraillée entre nomadisme et sédentarisation	La société Prophétique réconcilie et transcende les communautarismes

30. Ne pas oublier que pour tout métier, comme dans tous les actes de la vie courante, chaque personne aura sa manière de réagir, selon le profil du Primordial, du Sédentaire, du Nomade ou du Prophétique, c'est-à-dire en fonction de son propre groupe sanguin O, A, B et AB.

31. L'auteur attend de rencontrer des peintres AB.

ARCHÉTYPE D'HUMANITÉ	PRIMORDIALE O (oo)	SÉDENTAIRE A (aa)	NOMADE B (bb)	PROPHÉTIQUE AB (ab)
Les Évangélistes	Marc	Luc	Jean	Mathieu
Symbole traditionnel	Le Lion	Le Bœuf	L'Aigle et le Serpent; l'Abeille et le Scorpion	L'Homme
Nature symbolique	La Matière	Le Végétal	L'Animal	L'Humain
Essence symbolique	La Racine	La Feuille	La Fleur	Le Fruit
Les quatre éléments	Le premier: la Matière	Le deuxième: l'Eau	Le troisième: l'Air	Le dernier: le Feu
Les quatre vertus cardinales	Prudence	Force	Justice	Tempérance
Les quatre âges	Âge d'or	Âge d'argent	Âge d'airain	Âge de fer
La dynamique cosmique	La Génération	La Néguentropie	L'Entropie	La Régénération
La dynamique cyclique	La Genèse	La Croissance	La Décadence	Le Renouveau

La maladie survient quand les sujets ne sont pas en phase avec leur archétype.
Les lois de la Nature et de la Vie transcendent les lois des hommes.

Chapitre ○○○ 3

LE MESSAGE BIBLIQUE DÉCODÉ

Introduction

La Transcendance est le caractère de ce qui est supérieur et qui précède. Et c'est aussi la Suprême Intelligence qui inspire le code génétique.

Un archétype est une des formes de manifestation de la Transcendance ; c'est donc un des souffles du Divin. Il existe quatre archétypes : l'archétype O, l'archétype A, l'archétype B et l'archétype AB. Chaque archétype est une des quatre inspirations de la Transcendance. Les quatre groupes sanguins et les comportements mentaux qui s'y rattachent en sont l'Incarnation.

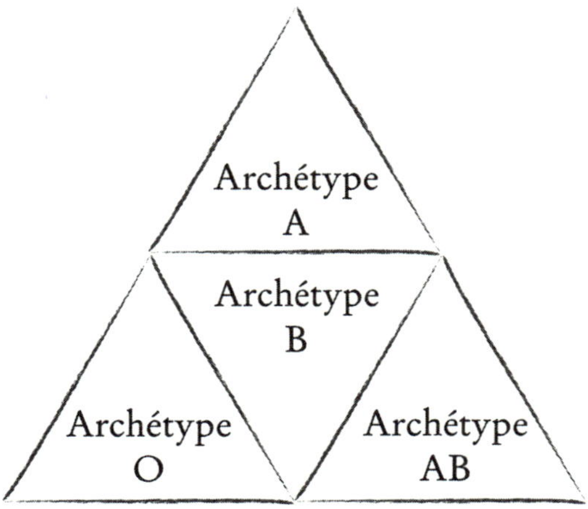

Les quatre groupes sanguins et leurs archétypes

Par son code génétique, tout individu appartient à l'Archétype de son groupe sanguin. Nous dépendons de l'une des quatre incarnations de la Transcendance : la Génération, la Construction, la Destruction et la Renaissance. On peut être O le Primordial, A le Sédentaire, B le Nomade ou AB le Prophétique. Nous sommes prédestinés. Depuis la genèse de notre conception, nous appartenons à l'une des quatre humanités, manifestations du Souffle Divin.

Il existe depuis la nuit des temps, dans une population donnée, la coexistence des quatre archétypes de comportement. Ils sont tous différents, complémentaires, opposés, voire incompatibles.

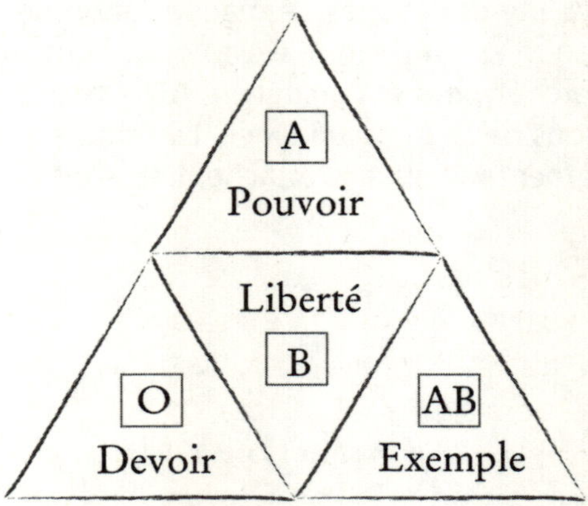

Dans toute société organisée, et donc hiérarchisée, les quatre archétypes d'humanité s'harmoniseront ou se déchireront entre eux en fonction de leur nature profonde : les Primordiaux O, dominés par les Sédentaires A et les Nomades B, assurent dans la plupart des domaines de la vie en société la survie de la pyramide sociale… jusqu'à ce qu'ils finissent par lâcher prise et réclamer leurs droits en oubliant leurs devoirs. Les Sédentaires recherchent toujours le pouvoir par la richesse qui découle de la mise en valeur du monde végétal et de l'exploitation de la terre. Les Nomades, au mental opposé des Sédentaires, ne peuvent tolérer à leur contact leur mode de vie et de pensée. La vérité des Sédentaires est l'erreur des Nomades, celle des Nomades est subversion pour les Sédentaires. Minoritaires, pour survivre et exister, les Nomades prônent la tolérance et leur liberté de vivre autrement. À la suite de la lutte perpétuelle existant entre Sédentaires et Nomades, chacun cherchant à s'attirer l'alliance des Primordiaux, et pour éviter la disparition de la société, une humanité Prophétique, par son exemple, cherchera à assurer tôt ou tard la réconciliation.

Comme nous l'avons déjà précisé auparavant, c'est dans le groupe sanguin O que s'incarne l'archétype O. Selon la même logique, c'est dans les groupes sanguins A, B, et AB que s'incarnent les archétypes A, B et AB. Cela signifie que les personnes porteuses du groupe sanguin O trouvent leur épanouissement en se conformant à leur archétype O, celui dans lequel la Transcendance les a prédestinées. Il en est de même pour A, B et AB.

L'ARCHÉTYPE ET LE GROUPE SANGUIN O

•• La fidélité et le don

L'archétype O se confond avec le groupe sanguin O. En effet, tout individu du groupe sanguin O tient ses deux gènes (oo) de son père (o) et de sa mère (o). Il est le descendant génétique en ligne directe des premiers hommes préhistoriques : il en a la résistance physique, le comportement, le mode de pensée et le métabolisme rustique.

O le Primordial est analytique. Il a l'esprit pratique et recherche toujours la solution la plus simple, rapide et efficace ; il est pragmatique et perfectionniste. Prêt à s'adapter partout très facilement, sans empiéter sur les autres, facile à vivre, discret et peu exigeant car n'ayant naturellement pas de grands besoins, il est admis par tous. Il est au contact des réalités matérielles et est celui qui connaît le mieux la vérité, celui dont le bon sens ne fait jamais défaut. S'il observe les principes alimentaires qui découlent de ses ancêtres préhistoriques — à savoir une alimentation peu grasse pour les viandes, peu sucrée et pauvre en féculents pour les végétaux —, il restera en bonne santé physique, naturellement mince, paraissant plus jeune que son âge, toujours net, bien habillé sans ostentation.

O, se réfère à Adam. Le Primordial est le générateur,
Le premier des Humains, comme de tout processus de génération.
O est simple, soumis, vulnérable, candide et innocent.
Son but dans le quotidien, c'est de servir à la perfection.

Par sa loyauté, il connaît la réalité, il est peu exigeant,
Par son esprit pratique, sa compétence et son abnégation.
Son âme est limpide ; il ne triche, ne dissimule ni ne ment.
Il est dans l'axe du devoir, de la fidélité et de l'intégration.

Respectueux des tabous, du totem, des lois qui le transcendent,
De l'Univers, de sa forêt, du clan, il est homme de confiance.
Homme de fidélité, d'humilité, de parole, de confidence,
Vulnérable, sa caractéristique primordiale, c'est la soumission.

Il respecte les lois, les tabous ; il refuse toute transgression.
Lui qui, comme les primitifs, n'a aucun sens de la propriété,
Est toujours prêt à accepter les autres sans arrière pensée.
Sa spontanéité, son naturel, sa destinée, son karma, c'est le don.

Le don de sa naturelle bonté : il donne sans calculer,
Il sert par amour, pour son entourage il sait se priver,
Il sait attendre, patienter, offrir, partager et faire plaisir.
Sans cesse préoccupé à aider les autres à s'épanouir.

Il est toujours d'une humeur égale et gaie, car son âme est simple.
Pudique, il masque ses émotions et retient les mots blessants.
Grâce à sa rectitude, son respect des lois, son désintéressement,
Il lui est confié l'autorité, honnête serviteur de tous les systèmes.

Mais protégé par les lois du groupe, vulnérable en dehors de lui,
La génétique et la vie le programment au sacrifice et au renoncement.

Il est l'image de la mère au foyer,
Qui donne du bonheur sans compter.
Du fonctionnaire dévoué, honnête, efficace.
De l'artisan. De la personne de confiance.
De l'ingénieur. Du maître d'œuvre.
Du chercheur patient, résolu et perspicace.

Du bâtisseur anonyme des cathédrales.
Du fellah des pyramides. Du militant.
Du compagnon. Du soldat. Du croyant.
Du Bon Sauvage de Rousseau.

De Saint Martin partageant son manteau.
Du mandarin. Du préfet de Région.
Du prolétariat. De l'apparatchik.
Du général chargé de la logistique.

De l'expert-comptable et de ses statistiques.
Du majordome anglais. De la secrétaire de direction.
De la Bonne Sœur et de sa vocation.

De Chimène, dans le *Cid*.
De Rodrigue avant la bataille.
De Léonidas aux Thermopyles,
De Mère Térésa dans le bidonville.

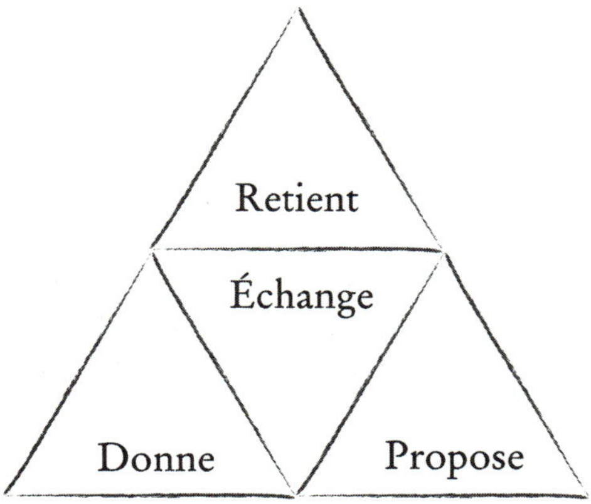

O donne ; A possède, retient et détient le pouvoir ; B commerce dans tous les domaines ; AB refuse la guerre civile et propose une autre solution.

O l'esclave, A l'esclavagiste, B le marchand d'esclaves, AB l'émancipateur.

Du centurion de la parabole.
Du Ksatriya de l'Inde.
De Mars et Ares, dieux des guerriers.
Du Spartiate à son apogée.
Du Lion de l'Apocalypse. Du tigre des Aztèques.
Symboles de la première Humanité.

L'archétype du Primordial O est maître de son destin,
Quand il n'est pas l'esclave de ses obligations.
Si, seul dans la nature, il reste un homme libre,
Dans son jardin d'Éden, dans sa forêt, il est indépendant.

Isolé, solitaire, il n'a besoin et ne réclame l'aide de personne.
Et, dans la vie, comme dans la transfusion sanguine,
Les autres le sollicitent, aux autres groupes il se donne.
Mais à leur contact, les autres l'empoisonnent.
Par leur sang, par leur attitude, dans la vie, ils le tuent.

Au contact des autres groupes, dans le monde civilisé,
Il demeure sans défense, vulnérable, ingénu, pas méchant.
Instrumentalisé, manipulé, exploité, vendu, chassé,
Par des Sédentaires et des Nomades malveillants.
Il est déporté, emprisonné, broyé, abusé, exterminé,
Par les dictateurs, les faux-prophètes et les marchands.

O ne possède rien. Il donne, il comprend.
Il a la simplicité du primitif, de l'enfant.
Il prend avec la franchise de l'innocent.
Il a la fidélité du chien à son maître.

Le groupe sanguin (oo) rejoint l'archétype O.

O est (oo) et ne peut être autrement alors que A peut être (aa) ou (ao) et que B peut être (bb) et (bo). Dans ces deux derniers cas, le caractère de A et B est susceptible d'être influencé par les caractéristiques de O.

Mais…

S'il ne peut, pour des multiples raisons,
S'épanouir dans ses prédispositions,
Il souffrira, tôt ou tard, comme les autres groupes,
Jusqu'au plus profond de son corps ou (et) de son esprit.

S'il donne trop de sa personne sans compter,
S'il doit toujours diriger sans savoir déléguer,
S'il s'épuise sans cesse à trop servir ses proches,
S'il devient tous les jours l'esclave de ses obligations,
S'il fait tout en se sentant coupable, exploité, manipulé,
Angoissé par la peur de mal faire, dans la précipitation,

Alors O souffre et tombe malade…

Il sera alors la victime exploitée de son entourage,
Abusé par sa disponibilité, par sa trop grande bonté,
Ou par son incapacité à refuser et à dire « non ! ».
Quand son quotidien deviendra trop monotone
Et qu'il se dévouera pour rien, entouré d'égoïstes,

Lui qui n'aime ni ordonner, ni se soumettre, mais réaliser,
Ce sera alors la crise, la souffrance, la maladie.
Il ne lui restera alors qu'à choisir
Entre l'épuisement, la fuite ou la rébellion.

Qu'il fuie sa soumission, qu'il cesse d'être vulnérable !
Qu'il se libère du Nomade B et du Sédentaire A !
Qu'il ne se réfugie pas au fond de la caverne, ni en haut de la canopée,
Qu'il prenne au contraire la voie du Prophète AB.
Qu'il se sauve par l'Art, la Création, le Rêve et le Sacré.
Qu'il s'évade par l'imaginaire, par Lascaux, par l'abstraction ...

D'homme libre, soumis au Sédentaire ou au Nomade,
O devient l'esclave enchaîné et résigné.
L'esclave qui s'épuise et qui meurt à la tâche.
Il est le soldat qu'on a sacrifié.
C'est la défaite de Sparte, du dieu Mars.
L'exploitation de l'homme par l'Homme, des peuples colonisés.

A moins qu'il ne se protège par l'arrogance,
Pour rester libre, pour garder son indépendance.

La fée O perd alors sa baguette magique ...

Si, pour oublier sa triste condition,
la Fée O compense et transgresse par une alimentation
Éloignée des principes qui sont ceux de son groupe sanguin,
Avec des aliments trop sucrés, trop farineux et des viandes trop grasses,
Elle perdra son charme naturel et la sveltesse de ses formes.
Son corps va s'empâter ; de suite elle se sentira mal.

Ces quelques kilos en trop gênent sa forme physique

Et ses aptitudes aux sports intenses et prolongés.
De même, si son mode de vie porte O
À en faire moins, à être moins dynamique,
Trop porté sur de longues lectures ou des activités immobiles,
Son corps va, plus vite que pour les autres groupes,
Évoluer vers les maladies métaboliques contemporaines.

Alors O se résigne ...

Il sera alors tenté de se replier sur lui-même, égocentrique,
Il perdra sa joie de vivre son dynamisme et son naturel altruiste.
Viendra alors le désordre là où il y avait de l'ordre,
La diminution de l'action, l'absence de projets, trop de contemplation.

Le O préhistorique se réfugie à la cime de l'arbre, dans la canopée,
C'est la montée vers le végétal, c'est la racine qui veut devenir feuille.
Il se cache et renonce à l'action, au dynamisme, au mouvement.
Adam devient le serviteur aux ordres, résigné, immobile.
D'homme libre et actif, O est devenu passif, domestiqué, servile.

Il est la mère quand les enfants ont quitté la maison.
Le soldat sacrifié pour une mauvaise cause.
C'est le centurion à qui le Pouvoir a menti.
C'est l'ouvrier résigné qui jette son outil.
L'esclave désespéré qui préfère mourir,
C'est le croyant qui doute, le militant qui n'y croit plus.

Alors O le Primordial n'est plus en phase avec son destin génétique.

Le sursaut de O…

Mais il n'est jamais trop tard.
La nature et la vie proposent tant d'occasions de se reprendre.
Les forces du Primordial sont très puissantes.
Surtout pour lui qui comprend les lois de la Nature.
Qu'il découvre la voie de son réel épanouissement.
Qu'il reprenne le bon chemin: celui de l'archétype O;
La voie prédestinée par la Transcendance: celui de l'indépendance.
Ce n'est pas l'heure pour lui d'abandonner.

« Je ne comprends pas pourquoi Marx a décidé de but en blanc que les ouvriers sont enclins aux révolutions, que le "prolétariat n'a rien à perdre sauf ses chaînes." Bien au contraire, cette couche de la société est la plus inerte, elle cède facilement ses libertés pour se sentir sécurisée. »

Vladimir Boukovski

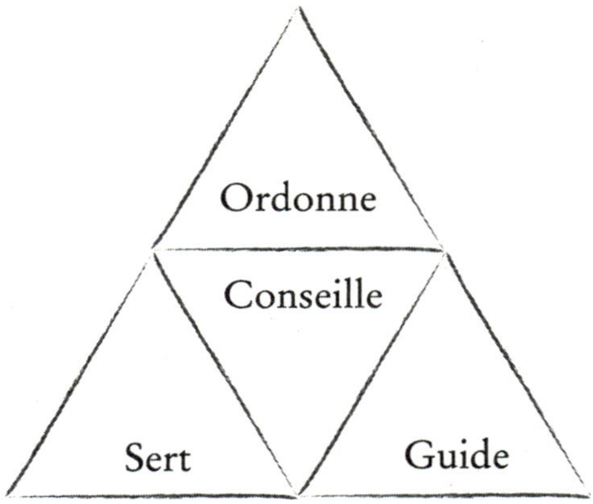

A ordonne, comme tout roi solaire, représentant de Dieu sur terre. B conseille, comme le ministre du roi, le vizir, ou comme le financier et l'avocat. O sert car c'est celui qui donne toujours, dans la transfusion sanguine comme dans la vie. AB, lui, connaît la voie de la réconciliation et guide vers le renouveau ; par sa souffrance et son sacrifice, il réconcilie les deux ennemis, le Sédentaire et le Nomade.

La filiation de O :

1. Père O (il est toujours [oo]) → Mère O (oo)

   Toujours un enfant O(oo)

2. Parent O(oo) avec parent A — A(aa) A(ao)

   Enfant A(ao)

   Enfant A(ao)
   O(oo)

3. Il en sera de même entre un parent O et un B :
   en fant B(bo) ou O

4. Avec un parent O et un autre AB,
   il y aura des enfants A(ao) ou B(bo);
   jamais de AB, ni de O

•

L'ARCHÉTYPE ET LE GROUPE SANGUIN A

•• La dominance

Il est l'une des quatre formes de comportement de l'humanité. Il vient après l'archétype O, qui en est la première, celle d'Adam et du comportement primordial. L'archétype A, quant à lui, symbolise le comportement de Caïn, celui de l'humanité vivant selon le mode de pensée des premiers Sédentaires.

C'est dans l'archétype A que s'incarnent les personnes du groupe sanguin A. Le groupe sanguin A est la manifestation, au niveau de toute matière vivante, de l'incarnation de l'archétype du Sédentaire. Il est leur référentiel, tout comme l'archétype A est le référentiel, depuis le microcosme jusqu'au macrocosme, depuis l'infiniment petit jusqu'à l'infiniment grand, de toute forme de vie relevant de cette forme d'incarnation.

A, comme Caïn, comme Zeus, comme toute construction.
A comme le roi solaire de l'Égypte ancienne auquel il s'identifie.
Comme Zeus, Râ, Osiris. Comme le Roi-Dieu, Pharaon.
Comme Versailles, Rome, Persépolis, Thèbes.
Comme le Roi Soleil, César. Comme toute Domination.

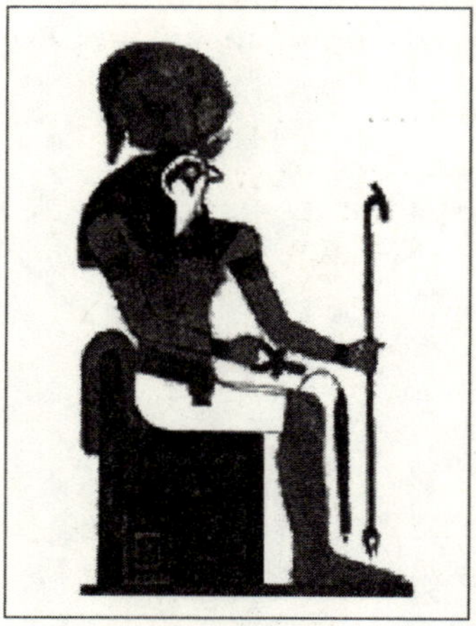

Râ.

A l'origine des grandes monarchies solaires reflétant le divin,
La population agraire est farouchement attachée à sa terre
Et ne vit que pour elle.
Elle a la certitude du lendemain et des choses qui durent.
Par ses constructions érigées pour l'éternité,

Elle maîtrise son avenir et son destin.
Descendant des premiers agriculteurs fructo-végétariens,
L'archétype A est sûr de son bon droit
Que lui donne la possession de la terre
Et de la matérialité de ses biens.

Il affirme ses choix et les impose comme universels.
Il pense avoir toujours raison,
Car en accord avec les lois du règne végétal qu'il domine.
Il se sent immuable, par la certitude
Du retour des saisons et de la fécondité de sa terre.

A est le Maître.

Maître de son destin, de ses biens, et de celui des siens.
A règne.
A dirige, car sa qualité primordiale est la Force.

Il est le Pouvoir.
Il est la clarté.
Il s'identifie d'ailleurs au soleil.
Le roi absolu. Le Roi Soleil. La divinité incarnée.
Louis XIV, l'Empereur de Chine, la Reine Victoria,
Les Habsbourg, les Romanov, les Hohenzollern, les Bourbons.

Louis XIV de France, le Roi Soleil.

Le patron qui dirige sans partage.
Le Pater Familias Romain.
Le chef du clan.
Le propriétaire terrien.
Le Brahmane.
Le Pharisien.

Conservateur.
Orthodoxe.
Nationaliste.
Ultra religieux.
Pour la patrie.
Fondateur des grandes dynasties.
Des grands Empires Coloniaux.
L'Œuvre de Dieu, l'Opus Dei.

Afrikaner à Pretoria
Joueur de cricket au Kenya.
Gott mit uns !
Arriba España !

Atavique, « droitiste »,
Attaché aux siens, à sa patrie,
À son clocher, à son temple, sa synagogue ou sa mosquée,
À sa terre, à sa race, à sa religion, son pays.

Il est la Noblesse de la société.
Il a sa couronne, sa cour, ses scribes, ses armées.
Il vit dans sa capitale, domine depuis son château,
Certain de détenir l'unique vérité.

C'est un pacificateur d'Empire.
Pour une société d'ordre et de devoir.
Son droit est le Droit.
Le juge est son épée.

Il est le Sud. Il réchauffe, car il est d'Or.
Sommet de la pyramide humaine, de l'Obélisque, du Pyramidion,
Sans lui tout s'effondre, tout se délite, dégénère.
De tout l'édifice, il en est la pierre angulaire.

Suzerain, il règne, tout en protégeant,
Il n'existe que par ses vassaux, dirigeant,
Le Sédentaire A est seul. Il craint la solitude.
Pas méchant, mais pourtant redouté, magnanime,
Rejeté, mais voulant être toujours entouré, secondé.
Ne séduit ni ne charme, mais domine.

Il crée la pyramide, il n'existe que par elle.
Elle lui est nécessaire pour dominer.
Sans elle, tout s'effondre, il n'est plus rien.
Il a besoin des autres, mais les autres le fuient.
Les autres ont besoin de lui, mais ils évitent d'être soumis.

Il n'est pas fait pour les compromis, ni pour les mensonges.
Le Sédentaire n'est pas l'homme des sophismes.
Il est pour le blason, pour l'épée, pour le syllogisme.
Pour la fidélité, la loyauté, pas pour la trahison.
Pour le choc frontal, la force et le courage.
Se fait servir. Il a toujours raison.

Mais parfois il ne sait pas voir,
Ne sait pas écouter, loin de l'action,
Loin du danger, loin des réalités,
Loin des hommes, loin du réel.
Aveugle, sourd, déconnecté.

Il délègue pour diriger,
Sait déléguer et bien choisir,
Ordonne, n'aime pas agir,
Mais il ne sait pas faire, pas diplomate, il est maladroit.

Il n'est pas dans le Comment, il est dans le Pourquoi.
C'est un analogique, un positif, un cerveau gauche
Fait pour concevoir. Les autres réalisent.
Et remonte aux causes premières, généralise.

C'est un dominateur, passif, protecteur, immobile.
Supporte mal la dominance, ne l'accepte que s'il admire.
Prêt à obéir seulement aux forces qui le transcendent,
Auxquelles il s'identifie, aux forces qui lui ressemblent.

A le Sédentaire est le protecteur,
Des Primordiaux, des Nomades et des Visionnaires,
Qui le servent et reconnaissent sa suzeraineté.
Quand il est reconnu et respecté, A le Sédentaire
Est le protecteur de toutes les minorités.

Sûr de ses choix, approximatif dans ses actes,
Aussi fait-il peu. Pour lui, O le Primordial réalise.
Séduit par B le Nomade qui le tente, le conseille, le courtise,
Il est défié par AB le Prophète, qui lui rappelle, qui lui fait voir
Que rien n'est durable, qu'il peut déchoir.

Les porteurs du groupe sanguin A
Sont l'incarnation au niveau de l'Humain de l'Archétype A,
L'archétype du comportement Sédentaire.

Si vos deux parents sont tous les deux du groupe A, vous pouvez être A(aa). Dans ces conditions, vous collez de près à l'archétype A. Mais il est également possible que vous soyez A(ao). Si l'un de vos parents est A et l'autre B ou AB, vous serez A(ao), B(bo), AB(ab) ou O. Un parent B(bo) et l'autre AB(ab) peuvent avoir un enfant A(ao), AB(ab), B(bb) et B(bo). Dans cette optique, une personne A(ao) s'éloignera de l'archétype A, tout en conservant ses caractéristiques, mitigées par celles de l'archétype O. Ceci n'est pas contradictoire, A et O étant complémentaires, miroir l'un de l'autre. L'un a besoin d'être protégé par l'autre, tandis que le second épanouit, tempère et modère le premier. Ils se valorisent mutuellement. Il est d'ailleurs possible de transfuser du sang de O à A. Ces considérations sont également valables pour un O avec un B. Voici un schéma aidant au décodage :

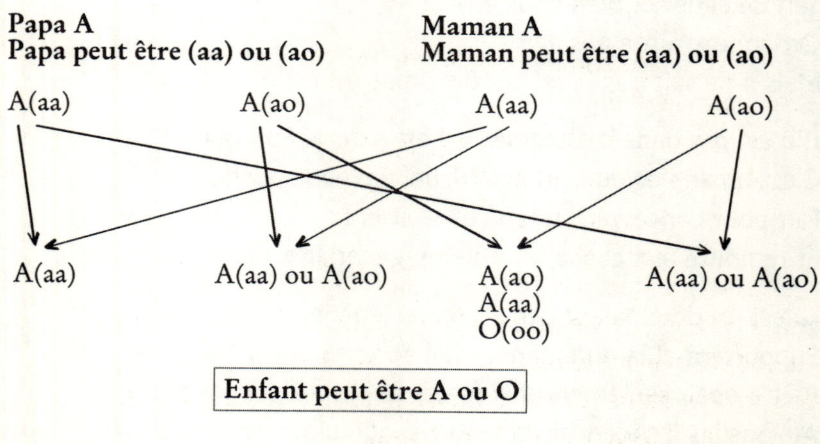

Ce qui signifie donc que l'on peut être O issu de parents A, si chacun de ses parents possède l'allèle O.

Papa B
Papa peut être (bb) ou (bo)

Maman O
Maman ne peut être que O(oo)

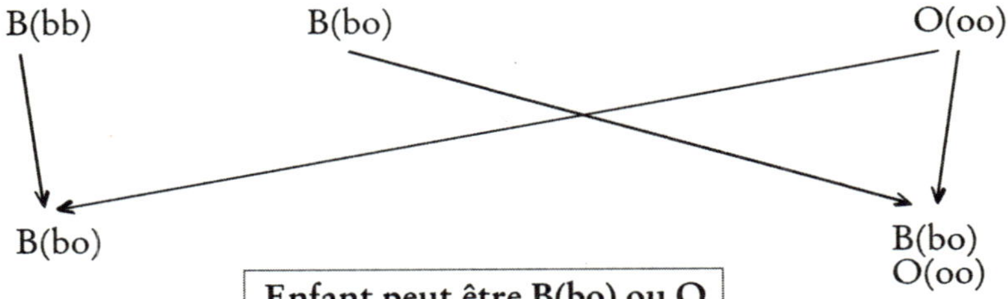

Enfant peut être B(bo) ou O

Dans les deux exemples ci-dessus, le (o) du Primordial va tempérer les caractéristiques de A le Sédentaire et de B le Nomade.

Dans le cas plus complexe d'un A marié avec un B, les possibilités sont multiples:

Parent A – Parent B

Il peut être A(aa) ou A(ao) – Il peut être B(bb) ou B(bo)

Dans ces conditions, des parents A et B pourront avoir des enfants A(ao) ou (aa), B(bo) ou (bb), AB et O(oo): ils sont donc susceptibles d'engendrer des Primordiaux, des Sédentaires, des Nomades et des Prophétiques... à la maison, quelle ambiance!

Un O marié avec un AB auront des enfants A(ao) ou B(bo).

Mais A(ao) doit rester redevable de l'archétype A.

Il ne doit pas se comporter comme O.
Son destin génétique n'a pas prévu cela.
Ni comme B. Ce n'est pas sa destinée.
Il renoncerait à lui-même, déstabilisé.

Il tomberait dans la lâcheté.
Il ne s'épanouirait pas vers ce à quoi il est destiné:
La maîtrise de sa vie et de celle de ceux dont il a la charge.
La dominance sur le réel.
Le commandement des hommes, la protection des faibles.
L'objectif de Devoir et d'Ordre Moral.

O, dans(ao), lui apporte plus de souplesse,
Moins de raideur, moins de rigidité morale, moins de distance et de hauteur.
O le rapproche de l'humain et l'éloigne du ciel, du soleil,
Pour regarder davantage les fleurs et la nature.
Il le rend moins cérébral, plus pragmatique, plus manuel.
O le Primordial lui apporte ce qu'il lui manque,
Il le rend plus sensible, réceptif, plus disponible.
Plus à l'écoute des autres, de la nature, du quotidien, des fleurs,

Il sera plus attentif à l'autre. O lui apporte la bonté, la compassion.
Il l'aide à donner, il lui donne son bon sens.
O l'aide à ne plus retenir, à ne plus garder, à ne plus thésauriser.
Alors il laissera vivre les siens.

Mais qu'il soit A(aa) ou A(ao),
À une époque où toute autorité est contestée,
Dans nos sociétés qui ont perdu toute racine et tout repère.
Sédentaire A, le destin vous a choisi A pour être A.
Donc, n'ayez pas honte : soyez le Dominant A !

Vous vous épanouirez en maîtrisant votre vie,
Par la connaissance de vos défauts qu'il faudra combattre,
Dans un métier adapté à vos qualités :

Patron dirigeant son entreprise,
Mère dirigeant sa maisonnée,
Père ne démissionnant pas au sein de la famille,
Chef de service dans une administration,
Directeur dans un lycée, chef de groupe,
Chef de gouvernement en période de crise.

Sachez déléguer, faire confiance, vous qui êtes loyal,
À des collaborateurs disposés à partager vos conceptions.
Sachez attendre, vous qui êtes toujours impatient,
Vous qui êtes trop important pour perdre votre temps
Dans les queues, les files d'attente, les administrations.
Sachez écouter, tenir compte de l'avis des autres.

Choisissez un conjoint adapté à votre caractère.
Par les groupes sanguins, apprenez à mieux vous y prendre
Avec votre compagnon et vos enfants.

Soyez moins sérieux, moins cérébral, réapprenez à vivre.
Prenez la vie du bon côté, perdez votre sérieux, retrouvez le sourire.
Descendez sur terre, entendez la prudence de O, voyez la réalité.
Écoutez votre femme, ayez de la considération pour elle,
Pour ses tâches domestiques, surtout si elle est O.
Soyez à l'écoute des enfants. Ne les écrasez pas de votre autorité.

Méfiez-vous du Nomade B ! Ménagez-le !
Pour vous il est trop intelligent et trop subtil !
Réfléchissez à ce que vous dit le Prophète AB !
Il n'est pas là pour vous flatter, mais pour vous rappeler la Vérité.

En panne de projet, malade, vous déprimez.
Pour vous guérir, il faut vous stimuler,
Alors que pour soigner O, il faut l'apaiser,
Le caresser, le sécuriser, lui redonner son assurance,
L'empêcher de se réfugier dans sa grotte, dans sa forêt ou sur sa canopée.

A moins que O, vulnérable, ne se protège par l'arrogance.
Mais vous, A ! Vous, le protecteur, qui êtes l'opposé de O,
Vous êtes la certitude même, dans votre corps comme dans votre tête !
D'autant plus rassuré, d'autant plus ralenti. Que d'imprudences !
Jusqu'à ce que, sans crier gare,
Sans avertir, tout se détraque, tout pète.

La tension artérielle, les vaisseaux, le cœur, le foie, la tête.
Et c'est ainsi dans le corps humain comme dans de nombreux pays.
C'est comme dans les révolutions, quand tout s'effondre, tout d'un coup,
Dans les royaumes, les grands empires, les Monarchies.

En quelques jours, renversés les Bourbons,
Les Habsbourg, les Romanov en Russie :
L'infarctus du sceptre, la couronne en apoplexie,
La fuite des serviteurs soumis.

L'opposé de O, qui, lui, toujours prudent, sent tout venir,
Qui s'occupe de son corps, se soigne, qui cherche à prévenir.

C'est pour cela, A, que, pour votre défense,
En cas de faiblesse, vous choisissez l'immobilité.
En cas de force, vous choisissez l'insolence,
Vous contestez la défaillance de toute autorité.

Vous êtes un cérébral peu porté sur l'action,
Mais plutôt dans l'analogie, la contemplation.
Que vous êtes à l'écoute du passé,
Toujours en retard, impatient, jamais pressé.

Ce n'est pas de votre faute, c'est génétique,
C'est un tout, c'est un « package »,
A la fois le bon et le mauvais,
Il faut s'en contenter. Fatalité.
Pour le pire et pour le meilleur.

Debout ! A, dans le monde moderne, relève la tête !
Sinon le doute, la lâcheté et la maladie te guettent !

Mais quand c'est madame qui est A,
Un vrai problème de société !

Elle est faite pour commander, une Reine !
Dans un monde qui ne veut pas lui obéir,
Qui refuse la femme, qui ne veut pas subir.

Elle dirige partout : un homme, passe encore,
Mais une femme ! Pour les machos, quel problème !
C'est le monde à l'envers ! C'est la subversion !
À la maison, on frise toujours la catastrophe !
Dans la famille, elle dirige tout, et quel désordre !
C'est la tyrannie domestique, sinon tout fout le camp,
Tous marchent à la baguette, les bonnes également.

Derrière son dos, de perpétuelles messes basses,
Tout le monde la fuit, sauf le mari, quand il est O.
Il faut dire qu'elle est toujours franche !
Ne cesse d'affirmer ce qu'elle pense !

Le mari O obéit, mais il s'échappe, va au bistrot.
Pour lui, une bière à la main, c'est mieux le tarot,
Avec les copains, au stade, après le boulot.
De toute façon, sans personnel, c'est toujours lui qui trinque,
À la maison, il doit tout faire, tout nettoyer, tout ranger,
Réparer, faire les courses, jusqu'à ce qu'il en a plein le dos.

Et quand les filles sont A,
Avec une mère A et un père O,
C'est le matriarcat, le triomphe du gynécée,
La défaite du Dieu Mars, du Père, de l'Autorité !

Mais celle qui est A(aa) mariée avec un A(aa) !
Que de désordre, la catastrophe, c'est Waterloo !
Rien n'est décidé, il y en a partout, par où passer ?
Et puis entre l'homme et la femme,
Qui des deux chefs finira par commander ?

Avec le Nomade, c'est différent,
Il sait y faire, il est prévenant.
Il la séduit, il la fait rêver,
Il la sort la nuit, la fait danser,
Lui fait des caresses, de belles promesses,
Tant pis s'il a d'autres adresses,
C'est dans sa nature, il ne peut faire autrement.
Quel comédien ! Quel troubadour, mais si charmant !

Avec un prophète, c'est un problème !
Épouse A, mari AB, chacun son domaine,
Pour le courant, quel stratagème.
Deux Menhirs face à face, à chacun sa personnalité.

De toute façon, c'est l'heure de la Génétique,
L'heure de la génétique sonne.

Prison de Wyndham (1902) Australie. Les Aborigènes restent largement inconnus du monde « civilisé ». Les Australiens blancs ont consenti à leur accorder le droit de vote en ... 1967. Il y a moins d'un siècle, on les chassait encore comme du gibier. Ces six prisonniers, tous aborigènes, ont 95% de chance d'être du groupe sanguin O, tandis que leur gardien, d'origine européenne, a au moins 50% de chance d'être du groupe sanguin A.

L'ARCHÉTYPE ET LE GROUPE SANGUIN B

•• L'adaptation et la tolérance

Il symbolise le mode de pensée et de comportement du Nomade. Il permet de comprendre la part de nomadisme s'incarnant en nous et la manière dont ce comportement a évolué et s'est adapté dans nos sociétés modernes. Il est la troisième forme de comportement de l'humanité. Il vient après l'archétype O, celui d'Adam, du Primordial, ainsi qu'après l'archétype A, celui du premier Sédentaire, celui de Caïn. L'archétype B est le référentiel de comportement du Nomade et du groupe sanguin B.

Gustave Le Bon (1884).

B, comme Abel.
B, comme le premier pasteur, le premier des nomades.
B, comme le chamelier, comme le Bédouin dans le djebel.

Abel tué par Caïn, son frère,
Le Nomade envahit le Sédentaire.
Le caravanier qui met le pied à terre,
Dans l'oasis, B finit toujours par se fixer.

Les marchandages, les échanges, les palabres,
Les soieries, l'odeur de la menthe, du poivre et du thé,
Chargés sur le chameau, dans le souk, au marché.
Les piastres, le commerce, les bijoux, les esclaves,
La noix muscade, les épices, les médicaments,
L'étoile, le croissant de lune, l'aigle, le faucon et le serpent.

Les venins, les poisons, symboles du Nomade B.
La courbe du cimeterre, l'imaginaire, la mélopée,
Son sens de l'équité, les astres, la baraka, la fatalité,
Le muezzin, le temps qui passe, les légendes, les mirages,
Cette façon de penser, d'agir, sa flexibilité, les Rois Mages,
Le charmeur de serpents, c'est l'archétype du Nomade B.

La fuite dans les étoiles, les razzias, les épopées,
Le loup, le chien, l'épervier, l'aigle, le cheval domestiqué,
La chasse aux infidèles, le mouton égorgé, sacrifié,
Le rapt, le commerce des esclaves, le rezzou, la cruauté,
Les femmes dans le harem, les femmes voilées,
Les filles excisées, les vaincus émasculés,
C'est le Nomade B.

B le Nomade est fils de la Lune et des Étoiles.
Fils du Nord, de l'obscurité, de la Nuit,
De l'étoile polaire, de la croix du Sud.
Fils de Vénus, fils d'Aphrodite,
Déesse de l'Amour, de la femme et de la séduction.
B a le culte du corps, d'Olympie et de ses compétitions.

B est fils d'Hermès, fils de Mercure le messager,
Dieux des échanges, du Sexe, et des commerçants,
Des avocats, des médecins, et des bonimenteurs,
Des apothicaires, des comédiens, mais aussi des voleurs.

Car B incarne le Serpent de la Genèse, celui de la Connaissance
Le Serpent de la Tentation, de la séduction mais aussi de l'intelligence,
Le serpent des épices, des remèdes, du caducée, et des poisons.
B, c'est la guêpe qui pique en cas de danger, c'est le caméléon.
La tête du Drakkar. C'est aussi le voyage, le mirage, c'est le Dragon
C'est l'Aigle ou le serpent, c'est le Rapace, l'abeille ou le scorpion.

Le Nomade est Fils de Thot l'Égyptien,
D'Anubis, d'Ibis, dieux du passage.
Fils de l'Aigle, du chacal, des passeurs vers l'après vie, l'autre rivage.
Le saint Christophe qui tend la main,
Pour secourir, intercéder, aider à traverser,
Mais pour prendre et se servir aussi.

Anubis.

Le Nomade sourit, échange, collabore,
Il est de tous les gouvernements.
Indispensable, disponible,

Près du Pouvoir, et constamment.
Tous ses amis solliciteurs
Lui sourient, se précipitent
Et voient toujours en lui
Le pire et le meilleur.

Non conformiste et tentateur,
B a un double visage
Un double comportement.
Janus l'aigle, Janus le serpent.
Il est pourtant le même personnage,
De l'interlocuteur, tout en dépend.

Quand tout va mal, on le désigne,
On le saisit, on l'enferme, on le brime.
C'est lui qui, dans les Révolutions,
Est le premier donné aux lions.

Victime expiatoire de tous les extrêmes,
Tout lui réussit quand tout va bien.
Malheur à lui, quand l'heure est grave
Et que partout sonne le tocsin.

« Au bout de quelque temps, Caïn fit à l'Éternel une offrande des fruits de la Terre. » (Genèse, 4.3)

« Et Abel, de son côté, offrit un des premiers nés de son troupeau et de leur graisse. L'Èternel porta un regard favorable sur Abel et sur son offrande. » (Genèse, 4.4)

« Mais il ne porta pas de regard favorable sur Caïn et sur son offrande. Caïn fut très irrité, et son visage abattu. » (Genèse, 4.5)

« Mais comme ils étaient dans les champs, Caïn se jeta sur son frère et le tua. » (Genèse, 4.8)

Car A le Sédentaire est jaloux de B le Nomade.
Comme Caïn est jaloux d'Abel.

Le Nomade plaît aux Dieux, à tous les Dieux.
Ceux de la réussite, du commerce, de l'amour et des jeux.
Les Dieux des Rêves, des échanges, de la nuit, des plaisirs.

S'installant sur le territoire du Sédentaire,
Le Nomade est dans l'universel, subtil et pragmatique,
De nulle part et de partout. Patient, qualitatif, sachant attendre,
Masque ses sentiments, ne se fait jamais prendre.

L'opposé de A le Sédentaire.

Le Sédentaire A est dans le devoir,
Le Nomade B pour les plaisirs.
A est pour l'Ordre, B le mouvement et l'échange.
A pour la contrainte, B renverse l'ordre établi.

A pour la force, B glisse des mains.
B discute, sourit, palabre et argutie,
Transige, patiente, sait attendre, négocie,
Séduit, fait miroiter, promet, fait crédit.

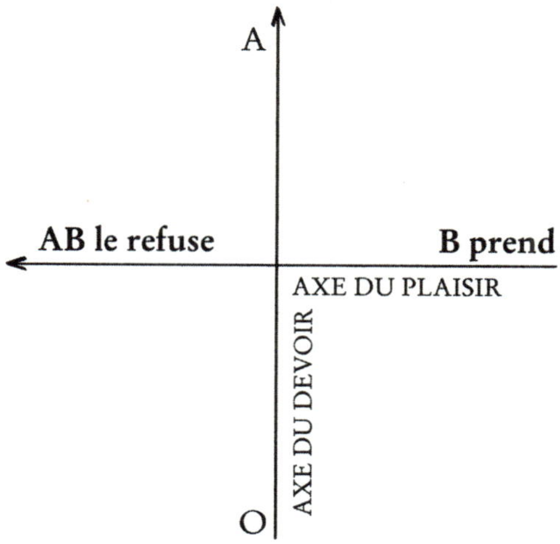

A est un roc, B file comme le sable.
Il est fluide, fait marche arrière,
Se sachant fragile et vulnérable.
Le Nomade est généreux pour les siens,
Mais impitoyable pour ceux qui l'ont trahi.
Cruel dans l'action et sans pitié,
Il sait trancher, les têtes comme les idées.

Le Nomade est bon ministre du Roi,
Il suscite pour lui l'agression,
Se fait passer ensuite pour la victime,
Entre en guerre et passe à l'action.

B le Nomade est l'opposé de A le Sédentaire !
Et A est toujours jaloux de B : il cherchera toujours à l'éliminer.
D'ailleurs, on ne peut pas transfuser le sang de B au sang de A.
Et vice versa : c'est comme chien et chat.

C'est même pire que chien et chat.
Car élevés ensemble dès leur naissance,
Chien et chat finissent par se supporter.

Pas A et B : pas le Sédentaire et le Nomade.
Parce que Caïn et Abel !

A n'aime pas B,
Mais B le lui rend bien :
Le Nomade B, qui est un marchand d'esclaves,
Traite A, le Sédentaire, d'esclavagiste, de colonialiste,
B est bien plus subtil et plus malin !

Le Nomade ne mène pas son pur sang, son chameau ou son voilier,
À la manière du Sédentaire, à la baguette, avec son bœuf de trait :
Il a appris à parler à l'oreille des animaux,
A jongler avec le vent, les vagues et les étoiles.

L'esclave, le marchand d'esclaves et l'esclavagiste de Grasset de saint Sauveur (1796).
Ou : le Primordial, le Nomade et le Sédentaire.

B fascine A, il le fait rêver.
Le Nomade B possède tout ce que n'a pas A le Sédentaire :
La beauté, le goût du plaisir, de la séduction, de la fête,
Le sens du romanesque, de la finesse, du savoir, de la subtilité.

B le Nomade capture l'esclave O le Primordial, il le vend et le brise,
L'exploite, le rabaisse, le ridiculise,
Se sert de lui, le minimise,
Le considère comme un zéro.

Mais le Nomade se sédentarise : il s'est fait marchand.
Il lui faut bien finir par se fixer, échanger et prélever,
Une oasis, quelque part, n'importe où,
Là où il y a du blé, là où il y a des sous !

Des piastres, des moutons à tondre, du gras à se faire,
Des gens à conseiller, à qui faire crédit, à flatter, à conseiller,
Ou à soigner, à tromper, à défendre, à « avocater ».

Représentant, banquier, intermédiaire, imprésario,
Tzigane, violoneux, comédien, magicien, bohémien,
Théâtreux, tireur de carte, valseur et collecteur d'impôts !

B, c'est le guérisseur, le pharmacien, le caducée, l'avocat, la justice.
Tous savent, avec leur balance, où est le bien, où est le mal.
Les Nomades jugent, équilibrent, administrent, pèsent les préjudices ;
Il est impossible de se passer d'eux.

B critique d'art ou de cinéma, marchand de tableaux.
Les acteurs qui jouent aux donneurs de leçons, aux moralistes,
Ils finissent par se prennent pour Dieu. Journalistes, ils informent,
Déforment et manipulent leurs légendes, les médias, l'information.

Tous les politiciens, idéologues, manipulateurs,
Soixante-huitards, révolutionnaires, prédicateurs,
Réformateurs d'expériences « généreuses », de « nouvelles sociétés »,
Initiateurs, nouveaux philosophes et théologiens de la libération.

Révolutionnaires, preneurs d'otages, demandeurs de rançons,
Trafiquants d'armes, de drogues, de contrefaçons :
Tout ce qui peut financer l'occulte et les révolutions.
Mais, une fois la révolution réalisée,
Le Nomade révolutionnaire, le réformiste, le Mao,
Finit toujours par se fixer, par s'embourgeoiser.

Il s'est emparé du trône, en a chassé A le roi.
Il a découronné le Tsar, usurpateur, il l'a décapité.

Dans toutes les fédérations, il y détient à présent le pouvoir;
Président-empereur, il n'est pas prêt à le lâcher.

Le blanchiment de ce qui était noir,
Les banques, la Bourse et les marchés,
L'impôt, le délit d'initiés, prés du pouvoir,
C'est toujours l'archétype du Nomade B.

Le show-biz, le commerce du sexe et de ses hormones,
L'esthétique, les cosmétiques, la mode, les phéromones,
Le Kama Sutra, le culte du corps et de sa beauté,
La sophistication des idées, les philosophies alambiquées.

La société des loisirs, partout où il y a du plaisir,
Où l'on rencontre oiseaux de nuit, coquines et séducteurs,
L'ambiguïté, le beau plumage, le papillon, la belle fleur,
L'aventure, les aventures, les interdits, le sexe, les désirs,
Tout ce qui peut être consommé, fumé, dilapidé,
Dépensé sans compter, c'est encore l'archétype B!

Le Nomade est le piment de la société, son originalité,
Son agrément, sa séduction, sa complexité.
Mais attention que la sauce ne devienne trop épicée,
Et qu'à la longue, elle soit impossible à digérer.

Mais pourquoi cette haine entre le Sédentaire et le Nomade?
Entre Caïn et Abel?

Le Sédentaire sur ses terres est pacifique, le Nomade belliqueux.
A est passif, monogame, esclavagiste, conformiste;
B est entreprenant, polygame et chasseur d'esclaves.
L'un maîtrise l'Espace, l'autre le Temps.
Le premier est dans la dialectique du Devoir,
L'autre dans celle de la subtilité et du Plaisir.

Ils ont besoin de l'un de l'autre; ils sont complémentaires!

Le Nomade se fixe et échange sur les terres du Sédentaire.
Il veut imposer son mode de vie: la Transgression;
Lui faire accepter l'inacceptable: l'Enfer, le Péché Originel,
La transgression des Tabous, les interdits millénaires,
Le complexe d'Œdipe, l'Arbre de la Connaissance, le Serpent de sa Séduction.

La qualité du Nomade : son sens implacable de la justice ;
La tendance de B : la balance, l'ambivalence, la transgression ;
Sa maladie : par peur de ne pas être aimé, Don Juan craint la trahison.

Pour le pire et pour le meilleur.
C'est dans ses gènes, depuis la nuit des temps,
Ce n'est pas de sa faute, il est prédestiné,
Comme A, comme O,
Et AB aussi.
C'est à prendre ou à laisser.
C'est l'archétype B, l'archétype du comportement nomade.

La vertu de B, c'est sa tolérance.
Ses objectifs : la réussite, la transparence.
Ses moyens : son extrême résistance, l'adaptation.
Ses faiblesses : la fragilité de ses œuvres, car il ne crée rien de durable ;
Il ne peut rien déléguer, il doit toujours tout recommencer ;
Il craint sans cesse les surdosages, les complots, la trahison.

Il incarne dans l'Humain l'archétype B, le comportement nomade.
Le groupe sanguin B est l'incarnation de l'Archétype du Nomade dans l'Homme.
La voie de l'aigle ou du Serpent.

Avocat des grandes causes, médecin dévoué, politicien aux nobles idées,
Intermédiaire, bijoutier, fourreur, décorateur, pharmacien.
Dans la mode, l'import-export, l'information ;
Dans ce qui brille, ce qui scintille, dans les parfums, les ramages ;
Dans le paraître et non dans l'être, les beaux plumages
Dans l'hypnose, la séduction, les jeux, dans la nuit, dans l'amour ;

Et dans l'Avoir aussi : les banques,
La bourse, l'Or Noir, les transactions.
« In God we trust », tout ce qui rapporte,
Partout là où il y a à faire du pognon !
L'Homme moderne, le citadin, le libéral, le commercial, le déraciné.

Les milieux de l'art, les artistes, le spectacle, le cinéma.
L'utilisation des Médias, la manipulation des foules, les élections.
La bourgeoisie, l'ENA, les politiques, sa nomenklatura.
B, c'est le gadget, ce que l'on détruit pour reconstruire,
Les milieux d'affaires, la vie de luxe. Les fils à papa.

Mais cette tolérance n'est tolérante que pour lui.
Il est intolérant avec A le Sédentaire :
Il ne supporte pas son ordre moral,
Son orthodoxie sexuelle, son pouvoir, sa dominance.

B lutte pour la liberté, prône l'indépendance,
Refuse les contrôles, n'accepte pas les rigidités,
Les barrières, l'identité, les frontières, les formalités.

B, c'est Abel, c'est Œdipe, c'est le « Nique Ta Mère » de N.T.M[1].
Il est pour toutes les libertés, les plus extrêmes,
Il les revendique, les défend, et les fait siennes.
Toutes les permissivités, toutes les abolitions.
Il défend le coupable (par solidarité ?), supprime les punitions,
Ignore la victime, surtout si elle est A.

L'ambivalence : « Il est interdit d'interdire ! »
B n'utilise pas la force, mais la subtilité.
Il parlemente, palabre, divise pour régner.
B a le goût du secret, ne dit jamais ce qu'il pense,
Écoute, ne révèle rien, n'oublie jamais, patiente.

B, qui n'a pas de capitale, pas de fondation, pas de patrie,
Rêve de grands ensembles, de communautés, de fédérations.
B, le nordiste, le Yankee est abolitionniste ;
B hait A, le sudiste, l'esclavagiste, le producteur de coton.

B n'aime pas AB, Jean-Baptiste le Prophète ;
Pour le prix d'une danse, Salomé obtint sa tête.
B et AB sont vraiment dissemblables !
Le Nomade le comprend trop bien,
Le Prophète est son opposé.

Mais il sait le manipuler.
Conspirateur dans l'ombre, caché,
Le régicide sait bien à qui s'adresser.
Du Shakespeare tout craché.

Près de la Reine, du prince héritier,
Le Nomade fomente contre le vieux roi.

1. Célèbres chanteurs « beurs » en Europe francophone.

Dans tous les services secrets, le KGB, la CIA,
Machiavel de toutes les mafias.
Toujours sur ses gardes, menacé.

La tolérance et l'ambivalence l'arrangent :
Elles lui permettent d'exister, de se protéger.
C'est une cause enthousiasmante,
Dans laquelle il veut être le premier.

La tolérance, quelle aubaine, mais,
Il y a aussi des maisons pour cela,
Des dosages à ne pas dépasser
Et au-delà desquels on peut s'empoisonner.

Son point faible n'est pas le ventre,
Comme pour A, ni la tête comme pour O,
Mais les échanges,
De sexe, évidemment.

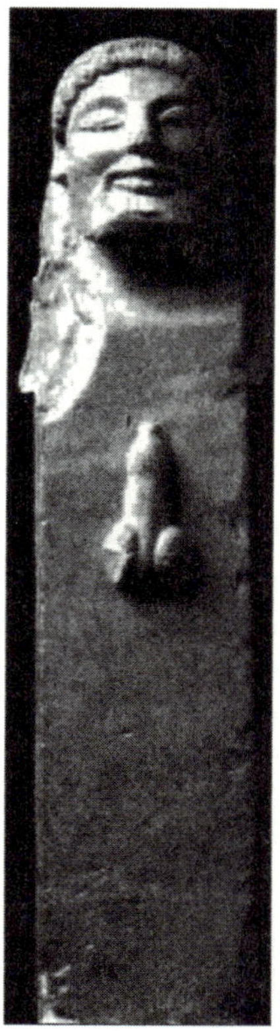

Hermès – Musée du Louvre.

Alors, B ?
Toi l'élu à qui le Destin a donné la plus grande intelligence,
Les plus grands dons, le plus de potentialités,
Tu as beaucoup reçu : lors du jugement, lors du passage,
Il t'en sera beaucoup réclamé. Construis sur de la pierre,
Pas sur le sable, à présent que tu es le maître de la Terre.
Pas pour le Pire, pour le Meilleur.
Prends exemple
Sur Machiavel,
Sur Voltaire, sur Talleyrand,
Sur Sun Tzu, le stratège chinois.
B, c'est Freud et Totems et Tabous, c'est le complexe d'Œdipe, c'est la Psychanalyse.
C'est Gengis Khan, Tamerlan, Octave Auguste, Alexandre la Grand.
C'est Venise, l'Olympe, Carthage, les USA des Yankees !
Ils incarnent les principes du Nomade.
Certains valent sûrement la peine d'être imités.

•

L'ARCHÉTYPE ET LE GROUPE SANGUIN AB

•• Celui qui annonce une nouvelle ère • Le prophétique • Le témoin • L'inspiré • Le sacrifié • Le crucifié

L'archétype AB, le Prophétique Seth, inspire le groupe sanguin AB.
Il est le dernier des quatre souffles de la Transcendance.
Il précède le Référentiel, celui qui vient après.
Il devance le Cinquième Elément.
Il vient après O le Primordial, A le Sédentaire et B le Nomade.
Il est celui qui les comprend.

Le Prophète contient en lui
Le profil du Sédentaire A et celui du Nomade B.
Tiraillé entre l'immobilité et les échanges,
Entre l'interdit et la tentation, entre l'autorité et la transgression,
Il souffre, hésite et ne devient lui-même que par la renonciation.

Seul, incompris, il parle dans le désert.
Il ne survit à ses idées que par ses disciples.
Sans eux, il n'est rien
Sans lui, ils se sentent orphelins.

Il défie le Pouvoir, fuit l'Autorité, méprise les gens de plaisir,
Qu'il redoute car ils peuvent le manipuler et se servir de lui.
Rejeté, sacrifié sur l'autel des médiocrités et des convenances.
Décapité, il pardonne et rachète les hommes par sa souffrance.

Frugal, indifférent à son apparence, il marque son espace, le délimite,
Faisant référence à son époque, illuminé, un peu fou, il est à part.
Inflexible dans ses convictions, il détient la Vérité
Et préfère mourir, renoncer à lui plutôt qu'à ses idées.

Il n'est pas de ce monde, mais dans celui de la souffrance qui débouche sur l'initiation.

Artiste inspiré, romantique, visionnaire, incompris.
C'est un déchiré perpétuel embrassant les causes qui le surpassent,
Destiné aux temps et aux espaces exceptionnels.
Prêtre, il intercède entre le Ciel et la Terre, le Sacré et le Profane, le Vivre et le Mourir.
Initié, il inspire les secrets de l'Invisible.

Enseignant, il est le Maître qui marque les disciples de son sceau.
Humanitaire, il se sacrifie pour sauver et secourir.

Détaché de la Quantité, peu soucieux de sa personne et de son apparence,
Désintéressé, il est dans la Qualité du Temps et de l'Espace.
Par sa force de persuasion, par sa voix et son regard, il est l'incarnation du Divin.
Extrémiste, il rêve de société idéale, embrasse la cause de toutes les révolutions.
Obnubilé par ses délires, il peut dévier vers les enfers idéologiques, les dictatures mystiques,
Le terrorisme, ou renoncer en sombrant dans le suicide et les paradis artificiels.

Car AB contient en son sein, pour son bonheur, A et B !
Le Prophète a en lui la lumière et la nuit ;
Le soleil, la lune et les étoiles ;
Jupiter et Vénus ; Osiris et Isis ;
Le Sédentaire et le Nomade.

Le rigorisme de A et le rêve de B ;
La sculpture, l'architecture et la peinture du Sédentaire,
Et la poésie, la danse et la musique du Nomade ;
Le raisonnement analytique et le raisonnement analogique ;
La logique et la parabole. Les idéogrammes et les alphabets.

Mais, pour son malheur, il contient aussi A et B !
Imaginez, dans un seul homme, deux ennemis qui luttent à mort.
A et B : Caïn et Abel, le Sédentaire et le Nomade !

Les deux ennemis irréductibles ;
L'homme d'État et le révolutionnaire ;
Dieu et Lucifer ; David et Goliath.
C'est là la vérité de AB le Prophète :
Il est le fruit d'après, d'après le meurtre.
L'enfant naturel ! D'Ève et d'Abel ?
Le roi Arthur, fils d'Uther Pendragon ?
Galaad à la recherche du Graal ?
Conséquence de la transgression ?

Deux ours dans une même cage, deux gladiateurs.
Le combat du jour et de la nuit, du manichéisme.
Du Bien contre le Mal, Gog et Magog.
C'est Rome qui cherche à détruire Carthage,
L'aigle germanique contre le coq gaulois,
Le cerveau gauche contre le cerveau droit !

Vous avez là tous les exemples, tous les drames,
De l'histoire de l'humanité.
Le monde du Devoir contre celui de la Liberté.
Les obligations contre le plaisir.
Les droits de Dieu contre les droits de l'Homme.

C'est éternel, c'est permanent,
C'est dans l'histoire, tout le temps.
Depuis l'Antiquité jusqu'à nos jours.
Républicains et Monarchistes dans l'antique Rome,
Montaigu contre Capulet dans la ville de Vérone.
C'est comme pour la Guerre de Cent Ans.
Les Guelfes et les Gibelins,
Les Armagnacs et les Bourguignons.
Et toutes les guerres de religions.
Les catholiques et les protestants.

Elisabeth contre Marie Stuart,
Les « British » et les « Maudits Français ».
C'est comme dans les guerres des Deux Roses,
Les Stuart et les Tudor qui s'opposent.

Les casques à pointe et les Gaulois.
Les arabes contre les juifs. Les Indous contre les Pakistanais.
L'étoile de David et le croissant de lune.
Le Mur des lamentations et l'Esplanade des Mosquées.

Les communistes contre les capitalistes.
« Gauchistes » et « droitistes » dans la Chine de Mao,
Libéraux contre fondamentalistes.
Partisans d'Isabelle contre Carlistes.
Républicains et anarchistes contre l'Espagne de Franco.

Seins nus et femmes voilées.
Conservateurs et libéraux.
Tolérance zéro et régularisation des sans papiers !
« Pas de liberté pour les ennemis de la liberté. »

C'est bien la guerre de deux mille ans !
Et tout cela dans le même homme !
Ne pas s'étonner de Roméo et Juliette
Qui finissent par se suicider !
Il y a de quoi perdre la tête
Ou devenir Inspiré !

Car il faut bien le reconnaître
Qu'entre le Sédentaire et le Nomade, c'est la lutte à mort.
Cela ne finira jamais, ce sera toujours la guerre.
La haine, le duel sans merci, la loi du plus fort !

En effet, ils ne peuvent pas se supporter,
Ni se comprendre, ni s'aimer.
L'un prône la tolérance
Pour être toléré ;
L'autre ne veut pas l'entendre
Et ne pense qu'à le tuer !

C'est du Nietzsche tout craché.

Il le tuera quand même.
C'est dans la Bible, c'est écrit.
Par jalousie, parce qu'ils sont frères.
C'est l'Ancien Testament qui le dit.

Puisque c'est le Texte qui l'annonce,
Il va falloir accepter et trouver la réponse,
La solution qui permet de les réconcilier
Pour que la terre puisse continuer de tourner !

Il faut y voir le bon aspect des choses
Et accepter ce qui a été décidé
Par le Destin. Faire une pause,
Et essayer de tout relancer.

Car finalement, ces O, A et B, ils nous épuisent
À tourner en rond, à se chamailler.
C'est toujours la même histoire de famille.
AB le Prophète va relancer le cycle, et tout changer.

Il annonce le Sauveur. Il n'est pas de ce monde,
Envoyé par les Dieux pour tout solutionner.
L'enfant illégitime, l'enfant sans père, le repêché du Nil,
Le roi Arthur, l'immigré clandestin, le métis, le terroriste.

Il est celui qui vient d'ailleurs. Le fils aux deux pères.
Fils d'Adam ou fils d'Abel ?
Incarné du Divin ou enfant de la Matière ?
Dualité issue de l'obscurité ou bien de la lumière ?

L'indésirable qui vient tout chambouler,
Qui remet tout en question.
Le fou du roi qui, par son délire,
Montre la voie de la raison.

Tiraillé entre la tolérance et l'intolérance,
C'est lui qui connaît le mieux le pardon.
Le Prophète est le fruit de la guerre, du défendu,
Il est venu, en a souffert, et saura trouver la solution.

Il nous guide vers un nouveau chemin,
Des voies nouvelles, des solutions.
Il ouvre les yeux, baptise, témoigne, enseigne,
Annonce l'Art, l'Apocalypse, la Révolution.

AB, c'est Prométhée, Moïse, Galaad, Jeanne la Lorraine,
Jean Baptiste, Jésus en son temps, Nelson Mandela.
Il fut un temps où les USA, à leur apogée,
Crurent voir en JFK leur nouveau prophète, leur jeune président,
Avant qu'il ne soit assassiné, par les Nomades de la Mafia et de la CIA.

AB, c'est Michel Ange, Léonard de Vinci, Gandhi aussi :
Ils se lèvent et nous arrivent, au péril de leur vie,
À exprimer leurs idées, donner la Solution,
Nous montrer la Voie, délimiter les Nouveaux Temps.

Mais, sacrifiés sur l'autel des convenances,
Depuis Golgotha, manipulés, rêvant d'avance,
Messianisme du désespoir, subversion du Sacré, haine de la Civilisation,
C'est Jésus, la bande à Bader, les Brigades Rouges et Action Directe en prison !

Et Ève, dans cette parabole ?
Où est-elle ? Quel est son archétype ?
Elle est AB, évidemment.

Ève – Cathédrale d'Autun.

Issue de la côte d'Adam, elle est la première des Prophètes;
Elle annonce une nouvelle ère, l'Humanité.
Mère de A, de Caïn le Sédentaire; mère de B, d'Abel le Nomade;
Mère de Seth, le second AB. Après avoir transgressé,
Car tentée par le Serpent, elle préfigure, dans la Genèse, les émissaires,
Les condamnées d'avance, les victimes sacrificielles de l'Humanité.

Jamais une Ève O n'aurait osé, jamais une Ève A n'aurait envisagé.
Elle est tentée, comme B; puis elle transgresse, elle veut savoir:
L'arbre de la Connaissance, la pomme, le serpent.
Le fruit défendu, par Dieu, par le Sédentaire, par Adam.

Ève est le miroir de Marie, mère de Jésus.
Marie, est son opposée, elle repousse du pied le serpent.

Marie.

« Je mettrai une hostilité entre toi et la femme, entre ta descendance et la sienne. Elle t'écrasera la tête, tandis que tu la mordras au talon. » (*Genèse* 3, 14-15)

Eve est mère d'Isis et des pythies, servantes d'Apollon.
Tentée par le serpent, elle veut connaître ce qu'elle doit ignorer,
Ignore ce qu'elle devrait savoir. Pas maîtresse de ses sentiments,
Elle préfigure les pécheresses, les maîtresses,
Les conspiratrices, les passionnées, les condamnées,
De tous les mythes de l'humanité.

Isis.

Elle est Jocaste, mère d'Œdipe.
Elle est la Phèdre de Racine.
C'est Freud qui s'est finalement trompé :
C'est le complexe d'Abel ; celui de l'archétype B.

Du Nomade, toute la tragédie de la tentation
Qui débouche sur toutes les transgressions.
Avant Sigmund, la Bible en avait déjà parlé.

Qui l'a séduite pour engendrer Seth, de l'Archétype AB ?
Avec qui Ève a-t-elle fauté ?
Avec B, le Serpent, ce Nomade tentateur,
Avec Abel, son œdipien de fils, son B séducteur !

Impossible pour une femme AB d'engendrer un AB (Seth) avec un O (Adam) !
Seth est le fruit de la Transgression, du pommier du jardin d'Éden ;
Ève la Jocaste Biblique, séduite par B le Serpent Nomade, celui de la Tentation.

Alors on comprend Caïn, le Sédentaire ...
On ne tue pas son frère pour un mouton !
Mais pour de bien plus graves raisons.

Le profil psychologique découle de la génétique de AB.
Il incarne dans l'Humain toutes les potentialités de l'Archétype Prophétique.
Pour un sujet porteur du groupe AB,
Le souffle de la Transcendance lui indique sa voie,
Celle du Prophète.
Il n'est pas tempéré par O, le bon sauvage.

AB est un Pur !
Et en plus, il empoisonne, si on le transfuse aux autres.
Il accepte pourtant le sang de tous les autres.
C'est un receveur universel.

Contrairement à O
Qui donne à tous, sans compter ...
Comme dans la vie, comme dans le jardin d'Éden.
Le Prophète, lui, montre.
Il montre le chemin, l'exemple.
Il se sacrifie.

Il est à part et ne se mêle pas aux autres,
Vivant pour l'exceptionnel.
Bien que sensible à la tentation,
Il condamne la transgression. L'opposé de B le Nomade.
Rigide, cassant, hautain et intolérant comme A le Sédentaire.
Désintéressé, frugal et pragmatique comme O le Primordial.

Il est prédisposé aux grandes choses,
Aux missions universelles, au surpassement.

C'est l'homme de l'espace, des moments forts, de la résistance.
Le guide de montagne, premier de cordée,
Humanitaire, envoyé spécial, qui meurt pour témoigner.
AB souffre tous les jours : la monotonie l'étouffe.
Il a besoin d'air, de grands espaces, de paradis à recréer.
C'est un sentimental que personne n'écoute.

Son monde est ailleurs : celui des autres est trop routinier,
Pas assez romantique, trop pratique, dépoétisé ...

Partir !

Alors il rêve, s'évade, idéalise.
Il fuit dans des aventures qui le surpassent,
Enseigne les grands Principes,
Enthousiasme,
Forme toute une génération.
Il marque la jeunesse et prédit les nouveaux temps.

Il a les pieds sur terre et la tête tournée vers le ciel.
Il est l'artiste, l'inspirateur. Il fait rêver.
AB réconcilié, c'est l'Âme de la famille, du groupe, du peuple, de la génération.
Le Prophète rassemble. Il manque quand il est absent.
Le groupe disparaît alors, se dilue : il n'y a plus que des individus.
Il est l'essence, le réconciliateur, le sauveur d'un monde apaisé.

Comme Gandhi, avant d'être, lui aussi, assassiné, sacrifié.
Comme Jésus, avant sa crucifixion.
Comme tous les Prophètes de l'Humanité.
Ils sont dans le temps, qu'ils délimitent ;
Ils sont dans l'espace, qu'ils maîtrisent.
À la fois Sédentaire et Nomade, enfin réconciliés.

A moins que A et B ne continuent à se déchirer en lui.

C'est alors la fuite, la révolte, l'aventure de tous les dangers,
Vers le suicide, le terrorisme, les trafics d'armes ou les paradis artificiels.
L'ambivalence, la Transgression !
La descente aux Enfers, l'attentat : les Faux-Prophètes.
C'est Hamlet, Richard III de Shakespeare.
Louis II de Bavière, le roi Nomade qui ne voulait pas être Sédentaire.

C'est Lénine, l'anarchiste russe. Le kamikaze qui se fait exploser.
Ce qui le sauve ? Les grandes causes.
L'Homme qu'il doit sauver.
Et l'Art. Tous les Arts, la concrétisation de l'abstraction.
Dans notre monde médiocre,
Sans disciple, y a-t-il beaucoup de AB heureux ?

Sur le plan génétique, AB est (ab).
Il peut provenir de parents A(aa), A(ao) avec B(bb), B(bo) ;
de AB avec A(ao) ou B(bo) ;
ou de AB(ab) avec AB(ab).
Marié avec O, AB aura des enfants A et B, mais jamais AB …

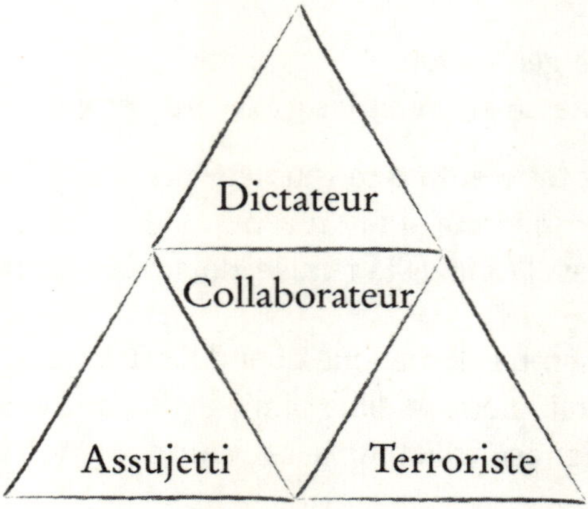

La caricature du Primordial se retrouve trop souvent dans le comportement d'assujetti que les sociétés modernes imposent à leurs sujets ; celle du Sédentaire, dans tous les dictateurs dominants du 20e siècle, souvent issus de l'effondrement d'une monarchie. Et que de collaborateurs viennent alors leur offrir leurs services ! Dans une situation désespérée, il ne reste alors au Prophétique que la solution du suicide, celle du kamikaze qui se fait exploser.

Sur le plan génétique, AB est (ab).
Il peut provenir de parents A(aa), A(ao) avec B(bb), B(bo) ;
de AB avec A(ao) ou B(bo) ; ou de AB(ab) avec AB(ab).
Marié avec O, AB aura des enfants A et B, mais jamais AB…

Le sang retrouvé sur les fibres en lin du linceul de Turin est du groupe AB[2].

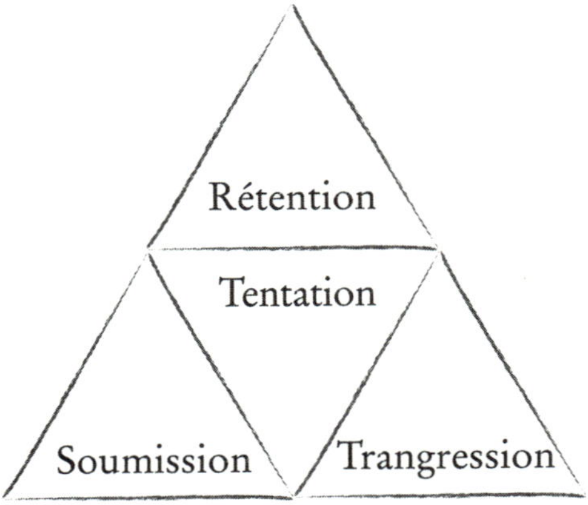

2. Information trouvée dans : DESFORGES Denis, *L'affaire du linceul de Turin*, Albin Michel, 2005.

La caractéristique fondamentale du Primordial est sa vulnérabilité, dans la vie comme dans la transfusion sanguine. En effet, le globule rouge du groupe sanguin O ne possède pas d'agglutinogène de surface sur sa paroi. Son unique défense réside dans son environnement : les agglutinines plasmatiques circulantes. Au contact des autres groupes, O devient vulnérable et ses caractéristiques d'individu indépendant s'évaporent. Il ne peut finir que par se soumettre… au Sédentaire, au Nomade ou au Prophétique.

Au contraire, l'humanité Sédentaire, cherchant sans relâche à dominer la société, aura toujours tendance à retenir le pouvoir. Elle essaiera d'empêcher, par la contrainte et par des attitudes dictatoriales, voire inquisitoriales, toute évolution de cette société, car celle-ci ne pourrait avoir lieu qu'à son détriment… et à l'avantage du Nomade. C'est là la rétention fondamentale du Sédentaire.

L'arme du Nomade, grâce à son intelligence, à ses capacités d'adaptation et à sa connaissance, c'est la tentation du changement. Cette tentation de toutes les nouveautés, subversion des valeurs Sédentaires, se base sur le principe sacré du Progrès. Le destin de Nomade est toujours porteur de malheur, à l'instar d'Abel, qui, ainsi qu'il l'est écrit dans la Genèse, vient se faire tuer dans les champs de Caïn, ou encore du Serpent de la Bible faisant chasser Ève (AB) et Adam (O) du Paradis Terrestre. La tentation du Nomade est, pour le Sédentaire, synonyme de malédiction et de mort, car ses œuvres éphémères ne s'inscrivent pas dans la durée. Au contraire, pour le Nomade, le pommier du jardin d'Éden symbolise la Connaissance, quelles qu'en soient les conséquences ultérieures, même funestes. La voie du Nomade, qui est un individualiste, n'est pas celle de la soumission, mais celle de la Liberté individuelle.

Le Prophétique n'existe que s'il refuse le jeu du Sédentaire et du Nomade. C'est seulement quand il résiste, contrairement à Adam, à la tentation du Serpent (Nomade) qu'il existe par lui-même. Son destin de prophète n'est pas, comme Ève, de profaner ; ni celui de la liberté individuelle par la transgression de l'interdit. Son destin est celui de l'avenir de l'Humain, au risque de devenir un autre Savonarole ou un nouveau Lénine. S'il accepte la transgression, et c'est cela son point faible, il redevient alors A ou B et cesse d'être en phase avec sa destinée.

L'interprétation de la malédiction d'Abel dans la Genèse par la théorie des quatre humanités laisse à penser qu'elle a été naturellement écrite, il y a bien longtemps et fort à propos, par des Sédentaires !

•

Les groupes sanguins célèbres qui ont influencé le 20e siècle

LES KENNEDY : AUTOPSIE D'UNE FAMILLE MYTHIQUE

L'Amérique des Kennedy... Un Temps qui, malgré les risques de l'époque, évoque *a posteriori* une période heureuse, prospère et bénie, ainsi qu'une patrie sûre et fière d'elle, optimiste face aux perspectives d'avenir meilleures et généreuses.

C'était avant la débâcle au Viet Nâm, où périrent pour une mauvaise cause tant de jeunes « boys », et d'où les USA se retireront sans gloire en perdant une partie du prestige acquis lors de leur victoire en 1945 sur les nazis et sur les Japonais. C'était avant l'assassinat de Martin Luther King (le 4 avril 1969) et avant celui de Bob Kennedy, le jeune frère de JFK.

Aujourd'hui, avec le maudit 11 septembre 2001 et l'interminable guerre en Irak qui retourne tout le monde musulman contre eux, les USA se sont peu à peu repliés sur eux-mêmes. Le pays doute de ses valeurs et de l'image qu'il donne au monde. En outre, il n'envoie hors des ses frontières que des soldats, afin d'imposer par la force son modèle démocratique et le message d'espoir qu'il voulait diffuser auparavant par son exemple.

Parler de l'Amérique des Kennedy, c'est de suite se figurer cette Première Dame, Jacqueline Kennedy. Elle a marqué son époque et inspiré un style, une élégance, une vague artistique et culturelle qu'il n'y avait jamais eu auparavant à la Maison Blanche et qu'il n'y eut plus jamais après. Le jeudi 22 octobre 1963 témoignerait-il du début de la décadence et de la chute des USA ? Qu'ont laissé comme souvenirs saillants les successeurs de JFK à la Maison Blanche ? Rien qui n'égale le panache de ce mandat de mille jours... grâce à l'association d'une O féerique et d'un AB qui, une fois au pouvoir, a joué au Prophète.

Lyndon Baines Johnson (groupe sanguin A), empêtré dans sa guerre du Viet Nâm, a laissé les USA s'y enliser davantage. Sans charisme, défiant, castrateur, ce dirigeant qui arriva de façon accidentelle au pouvoir suprême n'aura de cesse de se faire élire pour en obtenir enfin la légitimité. Ce roi à la sauce démocrate se comporte comme un Hamlet usurpateur, espionnant son entourage. Manquant de confiance en lui et ayant des doutes sur la justesse de ses choix et de ses décisions, il dominera son entourage avec rudesse, un langage vulgaire et coloré, et des manières outrancières.

Et Richard Milhous Nixon (groupe sanguin A), le successeur de Johnson ? Avec sa mâchoire de carnassier, son regard de renard et son nez sans distinction, Tricky Dickie a passé sa vie à tricher pour accéder au pouvoir, à tous les pouvoirs, pour finalement mal mentir et se faire prendre. Dans la difficulté, il n'a pas su se défendre et a été lâchement abandonné par ceux qui lui étaient redevables d'une partie de leur pouvoir.

Les USA furent, et resteront longtemps encore, une grande nation, parce que, malgré des présidents médiocres, malades ou incompétents, ils conservent en eux toutes les ressources démocratiques, politiques et économiques pour surmonter leurs difficultés. C'est pour cela que l'on peut affirmer qu'avec le président Kennedy, les USA eurent, en plus, à leur tête un couple charismatique exceptionnel qui marquera à jamais leur Histoire.

John Fitzgerald Kennedy : l'histoire d'un AB, martyr prophétique fils d'une A (Rose Kennedy) et d'un B (Joseph Kennedy)

Le mythe Kennedy : le Faux-roi Arthur du 20e siècle

JFK fut un grand président. En seulement deux ans à la tête du pays, il est parvenu à rendre du prestige au fait politique. Pierre Salinger, qui fut son conseiller, a vécu cette époque mythique : « *Avec Kennedy* », a-t-il écrit, « *pour la première fois depuis longtemps, la politique a repris chez nous sa dignité. Il a été l'homme de l'espoir. Il comprenait la nature de l'opinion publique, le fait qu'elle impose des limites au pouvoir. Mais il connaissait aussi la nécessité de précéder quelquefois l'opinion publique. Il avait compris que la présidence peut être un instrument d'éducation.* »

Comment expliquer ce charisme et ce souvenir qui résistent au temps ? Jackie Kennedy en donna peut-être la réponse, peu après le décès de son mari. Au lendemain de Thanksgiving 1963, elle appela son ami Teddy White, journaliste à *Life*. « *Je veux que* Life *dise quelque chose au pays* », lui déclara-t-elle, « *Et c'est vous qui devez l'écrire.* » Le journaliste se rendit à Hyannis Port (la résidence des Kennedy). Là, au cours d'une longue soirée en tête-à-tête, Jackie lui exposa la raison pour laquelle elle lui avait demandé de venir.

Elle lui avoua que, jusqu'à sa rencontre avec son mari, elle avait toujours négligé l'Histoire, qu'elle considérait alors « *comme une chose poussiéreuse réservée à des vieillards aigris* ». Puis elle comprit que c'était l'Histoire qui avait fait de JFK ce qu'il était. « *Il faut penser à lui quand il était petit. Souvent malade, il lisait des livres d'histoire dans son lit. Il se passionnait pour les chevaliers de la Table Ronde et Malborough.* » Pour JFK, l'histoire était peuplée de héros, et cette perspective héroïque a eu une influence déterminante sur ce qu'il est devenu par la suite.

Elle raconta que, tard le soir, quand JFK avait mal au dos et qu'il ne pouvait trouver le sommeil, elle lui passait son disque préféré : l'enregistrement de Camelot, du nom du château du roi Arthur et des chevaliers de la Table Ronde. Dans la suite de la conversation, Jackie ne cessa d'assimiler la présidence de son mari à ce mythe médiéval et de présenter JFK comme un roi Arthur moderne. Longtemps, cette référence fut reprise par leurs détracteurs comme une imposture destinée à entretenir l'image d'une chanson de geste, d'un règne mythique des Kennedy où « *des hommes chevaleresques dansaient avec des femmes magiques, pratiquant l'amour courtois, et où la Maison Blanche, Camelot moderne, était le rendez-vous des artistes, des écrivains et des poètes.* »

Comme tous les rois mythiques, Arthur est un enfant illégitime, un bâtard né des amours coupables de la belle épouse du Duc de Cornouailles avec Uther Pendragon, roi de Bretagne. Merlin, son conseiller, son devin et son magicien, prédit à Uther que son fils « *de roi plus grand que lui il n'y en aura aucun ; de roi si juste, il n'y en aura plus jamais.* » Ballade médiévale chantée par les troubadours de château en château, la légende celtique du roi Arthur et de ses douze chevaliers de la Table Ronde est une quête initiatique féodale, un pèlerinage intérieur à la recherche de la dimension christique de l'Homme.

C'est un mythe universel, celui du Roi Arthur, comme celui de Jésus et de ses douze apôtres, mais également de tous ces « fils de Dieu » issus d'une vierge-mère, attendus après d'anciennes prophéties, enfants illégitimes nés de sang royal sous une étoile : Virishna, Krishna, Osiris, Horus, Moïse, Bouddha Sakyamuni, Zoroastre, Mithra et Orphée. Tous furent adorés comme sauveurs de l'Humanité, victimes expiatoires sacrifiées pour le pardon des péchés, après avoir mené une vie humble et morale. Tous ont fait des miracles, rendu la vue aux aveugles, chassé les démons et ressuscité les morts. Tous furent mis à mort ou assassinés, descendirent aux enfers et ressuscitèrent d'entre les morts pour remonter dans les cieux.

Cette légende du roi Arthur, importée comme le culte de Thor, fils d'Odin, depuis la lointaine Scandinavie par des Drakkars, ou bien venue par le sud depuis la Gaule, reprend au Moyen-Âge la quête au surpassement. Nietzsche, à sa manière, en parlera plus tard en terme de « sur-homme ». Depuis la nuit des temps, l'Humanité est en attente de son Cinquième Élément : l'élément Messianique, Christique, de ces « Krystos », de tous ces êtres qui succèdent aux Primordiaux O, aux Sédentaires A, aux Nomades B et aux Prophétiques AB, tels que Bouddha, Moïse, Horus et Jésus.

JFK, du groupe sanguin AB, fils d'une mère A ambitieuse, rigide et tyrannique et d'un père B, politicien mafieux, aurait-il eu inconsciemment, en réaction à ses géniteurs, l'envie, à l'instar du roi Arthur, de partir lui aussi au cours de sa vie à la recherche de « son Graal », c'est-à-dire la voie de son surpassement ? Le désir d'un destin politique exceptionnel qui sublimerait sa raison de vivre ? Une manière de racheter le comportement de sa famille ? Jackie n'y a-t-elle pas participé et ne fut-elle pas complice de ce rêve après la mort de son époux ?

Dans la quête du Graal, une fois encore, le mythe se répète, en reprenant les mêmes symboles que ceux de la Genèse, de l'Arbre de la Connaissance et du Serpent : la coupe du Saint Graal aurait été taillée par des anges dans une émeraude tombée du front de Lucifer, au moment de sa chute. Elle aurait ensuite été confiée à Adam (O) qui l'aurait perdue après la transgression d'Ève (AB) lors du péché originel. Ensuite Seth (AB) l'aurait récupérée et, de là, elle se serait retrouvée au pied de la croix de Jésus (AB) pour y recueillir son sang. Joseph d'Arimathie l'aurait alors emmenée dans ce que l'on appelait alors, sous le vague terme de Bretagne, les territoires au nord de l'ancien empire romain.

JFK est le second enfant de Joseph (Joe) Kennedy (groupe sanguin B) et de Rose Fitzgerald (groupe sanguin A). Il est issu d'une famille riche et influente de Boston, ville dont le père de Rose fut le maire. Aux USA, berceau de la démocratie moderne, les Bostoniens sont considérés comme les aristocrates du pays. Une sorte de noblesse sans particule, en somme. C'est dans cette ambiance élitiste que grandit JFK, entre un père ambitieux, sénateur démocrate proche du pouvoir, et une mère dirigeant la famille Kennedy à la manière de l'entraîneur d'une équipe de base-ball. Les Kennedy forment un clan. À Hyannis Port, dans leur grande maison du bord de mer, près de Boston, les enfants Kennedy sont élevés à la dure par une mère énergique et ambitieuse dont le plus grand rêve est de voir l'un de ses fils accéder à la magistrature suprême. Ils fréquentent les meilleures écoles, ont le culte du corps et pratiquent tous les sports, surtout les plus violents, imitant en cela leurs ancêtres catholiques irlandais pour qui la violence était la meilleure école de la vie.

Jacqueline Kennedy les décrit à l'époque de ses fiançailles avec JFK : « *Comment les dépeindre ? Ils étaient effervescents. Tout le monde à côté d'eux paraissait morne. Ils parlaient de tout avec un enthousiasme inouï. Ou bien ils jouaient à des jeux de société. Il n'y avait jamais de temps morts. Ils étaient passionnés par la vie; c'était merveilleusement stimulant. Et ils étaient si gais et si ouverts…* »

Rose s'emploiera à atteindre son objectif, là où son mari a échoué en raison de son soutien aux idées pacifistes de Neville Chamberlain et de ses sympathies pro-nazies. Rose gouverne, oriente et a de grands projets pour ses enfants. D'ailleurs, c'est grâce à son ambition, et non à celle de son mari Joe, que JFK parviendra à la présidence, après la mort de son frère aîné, pilote de l'aéronavale.

JFK exerce en effet dès son adolescence une séduction irrépressible sur le beau sexe. En outre, il possède un puissant charisme auprès de ses camarades, ce qui amène ses parents à présager des espoirs les plus fous. Toutes les femmes qui approchent JFK ont pour lui, quel que soit leur âge, les yeux de Chimène ou ceux de Jocaste. Il a le charme et le sourire de ces enfants bien nés et bien élevés qui représentent, à la manière des cartes postales, la réussite américaine de l'après-guerre. En effet, JFK a tout : la séduction des B alliée au sérieux des A, l'extrême intelligence des premiers à l'ambition des seconds. Son mariage avec la ravissante Jackie — jeune femme (groupe sanguin O) de qui il émane confiance, netteté, classicisme et conformisme — donne d'eux l'image du jeune couple idéal. Cette image, relayée par une campagne électorale menée à la manière d'un stratège des guerres antiques, leur permet de devenir les plus jeunes élus à la présidence des USA.

Car c'est le couple, et non JFK seul, qui est ovationné et mandaté par une majorité d'États-Uniens rêvant d'une patrie plus jeune, plus juste, moins corrompue. Ils réclament une nouvelle ère où les bénéfices de la situation économique favorable du pays et de la victoire militaire seront partagés par tous, par les gens du Sud comme par les Yankees, par les noirs comme par les blancs. Ils veulent des USA triomphants, qui soient un modèle pour le monde ; des USA Archange Gabriel capables de terrasser le Dragon matérialiste et marxiste des sinistres démocraties populaires de l'Est. Et tout le clan des Kennedy uni derrière le nouvel élu va s'employer à entretenir ce rêve et ces illusions.

Mais, derrière cet écran idyllique se cachent la vérité mensongère, le faux semblant et le non-dit. En effet, JFK est gravement malade : il a déjà frôlé la mort plusieurs fois et ce secret doit être absolument tu. JFK souffre depuis son plus jeune âge, d'une maladie qui était encore mortelle quelques années auparavant : la maladie d'Addison. Cette maladie est une atteinte des glandes surrénales, à savoir les glandes de défense de l'organisme qui permettent au corps de s'adapter aux agressions microbiennes et au stress.

Dans les mémoires de Rose Kennedy, on constate déjà que l'image du sportif éclatant de santé est un leurre, un vrai mensonge. En effet, l'enfance et l'adolescence de JFK ont été jalonnées de différents maux : asthme à répétition, appendicite, lymphatisme, jaunisse avec complication, etc. Mais c'est au cours d'un match de football américain, sport particulièrement agressif, que JFK fait une mauvaise chute et se fracture la colonne vertébrale. Cette fracture va provoquer chez lui d'horribles souffrances perpétuelles qu'il sera obligé de cacher sous son merveilleux sourire pendant ses campagnes électorales et son mandat présidentiel. Pour calmer ses douleurs et surmonter son surmenage, JFK se bourre de calmants, d'hormones, de dopants et d'amphétamines, dont les médecins ne soupçonnent pas encore à cette époque, toute la nocivité.

Lors d'une intervention chirurgicale sur son dos, bien avant son élection, JFK présente brutalement une décompensation de ses glandes surrénales et il échappe de peu à la mort. À partir de ce moment-là, il devra suivre un traitement quotidien de substitution à base d'hydrocortisone. Mais cette substance est un puissant stimulant de l'appétit sexuel. Voilà donc le coureur de jupons au sourire charmeur poussé à satisfaire de façon impérieuse ses pulsions sexuelles. Malgré les apparences, le couple Kennedy va mal : JFK a besoin d'avoir en permanence autour de lui des partenaires sexuelles, ce qui blesse profondément Jackie qui se réfugie de son côté dans le mutisme le plus complet. Mais le clan est là et les secrets de famille doivent être bien gardés, quelles que soient les difficultés, et même quand les frères et le père s'échangent leurs maîtresses... !

JFK est en fait un drogué qui a besoin de tous ses médicaments pour ne pas (trop) souffrir. Jackie se shoote également dans le but d'oublier, d'entretenir cette façade mensongère et de tenir ce rythme de vie d'enfer. Cette situation est connue des plus hauts dirigeants du pays. Or JFK est un jeune président dont l'élection a provoqué des jalousies et des doutes réels quant à ses compétences en cas de crise grave. La politique qu'il entreprend est ambitieuse, novatrice. De plus, elle comporte des risques réels de confrontation avec l'URSS, ce qui n'est pas sans inquiéter certains vieux caciques. En effet, déjà lors de la rencontre à Vienne de JFK avec son homologue soviétique Nikita Khrouchtchev, les propos qu'a tenus ce dernier après l'entrevue n'étaient pas des plus flatteurs. La proposition de paix que JFK avait faite aux Soviétiques était une idée tellement nouvelle, originale, voire extravagante, aux yeux de tous — Russes comme Étasuniens —, qu'elle n'a remporté aucun succès, par manque de crédibilité. « *Un blanc bec !* », s'est écrié Khrouchtchev à son sujet. D'ailleurs, deux mois plus tard, ce dernier n'hésita pas à ériger le Mur de Berlin.

À cause de son comportement caché et de ses diverses addictions, JFK apparaît à certains milieux décisionnels comme un jeune président inexpérimenté et dangereux pour le pays... Pour satisfaire ses besoins sexuels impérieux, JFK n'hésite pas à recevoir n'importe qui à la Maison Blanche, au mépris des règles de sécurité les plus élémentaires. JFK est devenu une menace pour les USA. Le Nomade qui existe en lui, le B de toutes les tentations et de la séduction, a des idées nouvelles et des initiatives sociales généreuses. Sa politique est donc périlleuse pour les milieux conformistes étasuniens (A). Le Nomade contenu dans JFK est devenu un danger mortel pour les Sédentaires américains. Les Conservateurs ont donc décidé de tuer le Réformateur volage. On connaît la suite… Le jeudi 22 novembre 1963, JFK est assassiné. Par ce drame, il entre dans la légende ; par son sacrifice et son martyre, JFK, le Héros Prophétique, se rachète de son passé et devient immortel.

Entrons à présent dans le détail du profil mental de JFK et analysons ce qui le caractérise en tant que A, ce qui fait de lui un B et ce qui est à la base de son destin de AB Prophète dont la famille a voulu qu'il devienne l'incarnation du Messie après sa mort.

La famille de JFK a une puissance volonté d'ascension sociale[3]. « *Tous les Kennedy épousaient des femmes qui leur étaient socialement supérieures. Joe (Joseph, le père de John) avait épousé Rose parce que son père, John Francis Fitzgerald, était député et maire de Boston. La volonté de gravir l'échelle sociale, d'acquérir une certaine respectabilité historique et de sortir des taudis de Boston l'avait toujours poussé. L'impossibilité pour un Irlandais de s'introduire dans la bonne société protestante de Boston l'avait obligé à installer sa famille à New York.* »

Joseph Kennedy, comme tous ses garçons, très porté sur le sexe, fut réellement un polygame : « *Le mépris pour les femmes, depuis Joe jusqu'au plus jeune de ses fils, était peut-être plus choquant que son obsession de l'argent. Joe Kennedy était un coureur infatigable. Sa liaison avec Gloria Swanson fut la plus connue de ses aventures extra-maritales. Il la séduisit dans l'intimité de sa propriété de Palm Beach, pendant que sa femme était dans une autre pièce et que le mari de Gloria, le marquis Henri de la Falaise, était à la pêche… Leur aventure prit fin lorsque Kennedy la remplaça par Nancy Caroll, actrice elle aussi, dont la ressemblance avec Swanson était frappante. Gloria Swanson découvrit plus tard que le bungalow et les cadeaux somptueux que lui avait faits Kennedy, dont une voiture et un manteau de fourrure, avaient été débités de son compte à elle.* » Un polygame qui abuse par ailleurs la confiance de son entourage !

La réputation de Joe n'était pas des meilleures : au sein de la bourgeoise américaine de la Côte Est, dans les années trente, il est nécessaire de cacher une nature de prédateur Nomade sous le masque de la probité morale : « *"La vie de Joe Kennedy était un numéro d'équilibre compliqué", disait Slim Aarons, photographe mondain pour* Holiday, Town & Country *et autres publications à la mode. "Il vivait parmi les riches, mais il n'était pas vraiment l'un d'entre eux. Il ne faisait pas partie du grand monde. Il avait trois intérêts*

3. Les citations suivantes sont toutes tirées de l'ouvrage : *Jackie, un mythe américain*, HEYMANN David, Paris, Robert Laffont, 1989.

dans la vie : la politique, le golf et les femmes. C'était un homme puissant qui ne se souciait pas de blesser les gens, en tout cas il ne paraissait pas en être tourmenté. Voila le secret de sa réussite." »

Il règne chez les Kennedy une ambiance « freudienne », œdipienne, évoquant le comportement d'Abel : « *Aucune femme n'échappait à ses avances : ni votre femme, ni votre fille, ni les petites amies que ses fils ramenaient pour dîner. Il y avait comme une fatalité. Il suffisait d'être jeune et séduisante et d'entrer en contact avec les Kennedy, pour être sûre que l'un ou l'autre des mâles de la famille essaierait de vous séduire ou de vous forcer.* »

« *D'après Langdon Marvin, une "atmosphère presque incestueuse régnait chez les Kennedy. Je veux dire", ajoute-t-il, "que les mâles Kennedy se refilaient leurs femmes, comme si elles appartenaient à la communauté ; ils se jetaient sur les petites amies des uns et des autres, les échangeaient comme des timbres de collection."* »

Rose Fitzgerald, la mère de JFK, était une femme décidée, une caricature de la reine-mère Sédentaire A : « *Rose était la matrone de la famille. C'est elle qui commandait les troupes. Et à cet égard, elle était comme toutes les belles-mères et passait son temps à dire aux enfants, Jackie comprise, ce qu'ils devaient manger, où ils devaient passer leurs vacances, comment ils devaient s'habiller. Jackie ne tolérait pas les directives de sa propre mère et elle n'était pas prête d'accepter les avis de Rose.* »

« *Rose Kennedy était encore plus radine. Elle allait à la messe tous les jours de la semaine, mais ne donnait jamais plus d'un dollar à la quête. Plutôt que d'acheter la nourriture au pique-nique hebdomadaire de la paroisse, elle et ses filles préféraient apporter leur repas. Elle parcourait sa maison comme un ouragan, éteignant les lumières pour économiser l'électricité, faisait des marques sur les bouteilles d'alcool pour que les domestiques ne se servent pas derrière son dos, retenait dix cents sur leur salaire pour chaque bouteille de Coca Cola qu'ils prenaient dans le garde-manger entre les repas. Les domestiques étaient très mal payés. Ils appelaient la maison Kennedy "la maison des gages minimum."* »

Mais arrive, dans cette famille exceptionnelle, une Primordiale nette et racée : Jacqueline Bouvier. Pour arriver à épouser JFK, Jackie comprend très vite qu'il faut charmer son père : « *Pour gagner Joe Kennedy à sa cause, Jackie joua sur ses complexes sociaux ; elle ne manquait pas de faire allusion à ses origines illustres, de faire valoir son ascendance française et catholique, son sens inné de l'élégance, mais elle se gardait bien de dévoiler le côté irlandais de son caractère, tout de dureté et d'ambition. Elle avait compris d'emblée que, malgré les sarcasmes de ses filles, Joe était séduit par son raffinement et ses manières.* »

Elevé dans cette ambiance freudienne, JFK a déjà les habitudes sexuelles de son père. Même marié plus tard avec sa ravissante épouse, il ne peut et ne pourra jamais se passer de ses réflexes de Nomade polygame : « *Lorsque John rencontrait une fille qui lui plaisait, il ne perdait pas de temps en préliminaires ou politesses. Il lui laissait tout de suite entendre ce qu'il en attendait. Lorsqu'il se trouvait assis dans un avion à côté d'une jolie fille, il arrangeait un rendez-vous avec elle, après quoi il la ramenait dans sa chambre d'hôtel. Ou bien c'était avec l'hôtesse de l'air. Lorsqu'il en avait fini avec la fille, il donnait généralement son numéro de téléphone à son père ou à l'un de ses frères, et ils agissaient de même avec lui.* »

Enfant né d'un père B et d'une mère A, JFK ne peut avoir qu'une personnalité complexe : « *John Kennedy avait deux facettes : l'une guindée et très britannique, l'autre simple et américaine. Il emmenait une fille danser dans un hôtel luxueux afin de l'impressionner, mais au fond, il préférait rester chez lui. Il aimait s'habiller sans façon de vieux chandails de tennis, de pantalons chinois, de mocassins sans chaussettes, et pour les manières, ce n'était pas toujours ça. En fait, il n'en avait aucune ; il ne savait pas ce que c'était que de s'effacer devant une femme, de lui tenir la porte, de se lever quand elle entrait dans la pièce. À table, ce n'était guère mieux. Il engloutissait son repas et sortait de table, même si les autres n'avaient pas terminé. Il agissait de même lorsque la conversation ne l'intéressait plus. Il se levait alors et quittait la pièce sans rien dire. Plutôt gentil avec les gens, il ne se souciait pas de ce qu'ils pouvaient ressentir.* »

Mais, comme pour tous les hommes politiques des démocraties où il est impératif, pour arriver au pouvoir et le conserver, cacher sa vraie nature en séparant la vie publique de la vie privée, il faudra, dans le cas des Kennedy, absolument cacher la maladie et les travers déplaisants de JFK. Emile de Antonio : « *Je peux témoigner que JFK sortait avec quantité de femmes haut placées. Le pouvoir étant le plus puissant aphrodisiaque de notre temps, JFK se permettait tous les caprices. C'est la raison pour laquelle sa famille s'opposa plus tard à toute enquête sur son assassinat. Durant sa présidence, il avait eu des liaisons avec des femmes très en vue, et les Kennedy ne souhaitaient pas attirer de publicité sur cet aspect de sa vie.* »

« *Pour prévenir les contractures musculaires de son dos, Kennedy prenait de la novocaïne en piqûres et de la cortisone en comprimés. Le traitement, assez efficace, comportait également l'implantation intramusculaire tous les trois mois, de pilules retard d'acétate de désoxycorticostérone (DOCA) 300 mg. Lorsqu'on administre des doses importantes de cortisone à un homme, ses appétits sexuels se déchaînent et il arrive très souvent qu'il soit frappé de priapisme. Dans le cas de Kennedy, ces absorptions massives et prolongées de cortisone ont certainement stimulé sa virilité. Mais au-delà de ses besoins physiques, son psychisme le poussait à l'outrance. Il avait constamment besoin de se prouver quelque chose, de prendre des risques, de se montrer au-dessus des règles sociales ordinaires.* »

Il faut également masquer les incompétences du futur président : derrière les déclarations électorales et les programmes politiques, quelles sont les idées de JFK ? « *Peu de temps après, Joe me dit : "John sait peut être gérer le budget fédéral, mais pour ce qui est de ses finances personnelles, il n'est pas très doué. Je ne comprends pas pourquoi il ne s'intéresse pas davantage à sa fortune. Il ne sait même pas comment marchent ses propres affaires..." Qu'est-ce que la politique après tout, sinon du théâtre ?* »

En réalité, JFK ne pense que ce que lui conseille son Nomade de père qui, dans l'ascension de son fils vers le pouvoir suprême, se révèle un redoutable stratège électoral. Il sera plus tard son conseiller occulte : « *Joe Kennedy était le plus grand hypocrite du monde. Sa philosophie était simple : "Faites ce que je dis, ne faites pas ce que je fais." Mais son talent, son génie si l'on veut, était sa capacité à simplifier un problème au lieu de l'embrouiller davantage, comme c'est souvent le cas. Il voyait toujours une seule route là où nous en voyons plusieurs, et il la suivait.* »

C'est grâce au vote des femmes en faveur de Jackie que JFK finit par être élu président : l'éclatante jeunesse de JFK et le charme magique de Jackie font rêver. Le jeune couple symbolise aux yeux des Étasuniens une ère nouvelle à venir. Un nouvel âge d'or où demain sera meilleur qu'hier, symbolisé des slogans percutants tels que : « la nouvelle frontière », « le nouvel idéalisme américain ».

Après une série de présidents Primordiaux (O) conformistes et ternes qui avaient anesthésié le pays — comme D. Eisenhower et H. Truman —, les USA aspiraient à l'euphorie, l'exubérance, le rêve et le style : JFK et Jackie sauront s'entendre pour leur en donner.

« *Il ne fait aucun doute qu'au lieu de s'identifier au personnage de Muriel Humphrey — qui leur ressemblait — ils se sont identifiés à la princesse. Il était clair qu'ils voulaient Jackie. Après le manque d'élégance d'Eléanor Roosevelt, de Bess Truman et de Mamie Eisenhower, ils étaient en quête d'une image aristocratique. Et les Kennedy réussirent admirablement à vendre la leur.* »

Mais, derrière cette façade se dessinent progressivement les éléments de la fin dramatique de JFK, les multiples causes de son assassinat. En effet, JFK et Jackie se droguent, et cette attitude remet en question sa fonction de président. Le couple fréquentait des milieux artistiques branchés où la drogue était d'usage courant : « *John Kennedy fréquentait Mary Meyer. Mary appartenait à un mouvement artistique connu alors sous le nom de Washington Color School, et exposait des toiles géométriques à la Jefferson Place Gallery. C'était un esprit libre, très en avance sur son époque, confirme sa sœur. Un des signes de l'intimité de John et Mary était le désir de Kennedy de faire des expériences avec la drogue en présence de Mary — pas seulement de la marijuana, mais aussi avec le LSD… L'un des amis de Mary était Timothy Leary, le fameux gourou psychédélique des années soixante. Mary raconta à Leary qu'elle avait monté un complot, avec un certain nombre de femmes de Washington, pour allumer les leaders politiques mondiaux avec de l'herbe et de l'acide, afin de les rendre moins militaristes et plus pacifistes.* »

JFK est de plus en plus soupçonné d'avoir été élu grâce aux relations de son père avec les forces de la Mafia (organisation typiquement Nomade) et d'avoir, de surcroît, conservé des liens avec elle. Ses scandales sexuels sont de plus en plus difficiles à étouffer : « *Le scandale sexuel le plus largement ébruité du début des années soixante fut l'affaire Profumo, dans laquelle le ministre de la défense britannique fut compromis par Christine Keeler, une call-girl entretenue par Stephan Ward, un ostéopathe londonien. Parmi les autres clients de Christine Keeler, il y avait un espion soviétique. On a soupçonné Profumo d'avoir accidentellement confié des informations militaires à Chritine Keeler, qui les aurait à son tour transmises aux Soviétiques… Ce scandale semblait a priori, n'avoir aucun lien avec les États-Unis. Mais le 28 juin 1963, alors que Kennedy était en voyage à l'étranger, l'édition américaine du* New York Journal *publia un article qui commençait ainsi : "L'un des plus grands noms de la politique américaine — un homme qui occupe un poste de tout premier plan — a été impliqué dans le scandale Profumo…" Kennedy s'était apparemment compromis avec deux call-girls appartenant à l'écurie très choisie de Stephen Ward : Suzy Chang et Maria Novotny. Ce qui alarma le plus le FBI au sujet de cet épisode, c'est que Harry Towers, l'ami de Maria Novotny, se révéla être un espion soviétique et qu'il avait été payé pour récolter des informations susceptibles de compromettre des personnalités politiques américaines éminentes, dont Kennedy.* »

Le comportement caché de JFK soulève peu à peu chez les dirigeants du parti démocrate le problème de l'échec de sa réélection en 1964 : « *L'administration Kennedy représentait une nouvelle forme de manipulation des forces politiques par Madisson Avenue Elle était tournée vers la jeunesse ; elle représentait l'espoir Mais elle n'était pas fondée sur la vérité… Le public voulait du rêve, c'est ce que nous lui avons donné, mais cela ne pouvait durer indéfiniment.* »

« *Ce genre de manipulation était monnaie courante à l'époque… Kennedy était trop centré sur son plaisir. Cela n'a peut être pas entravé sa capacité à gouverner le pays, mais cela ne l'a pas aidé non plus. S'il avait vécu, beaucoup de ses indiscrétions auraient été rendues publiques. Il n'aurait pas été réélu.* »

D'autant plus que menace un autre scandale caché, celui des traitements du Docteur Max Jacobson : « *L'administration Kennedy tenta par tous les moyens d'étouffer l'affaire des relations de John et Jackie avec le docteur Max Jacobson. Surnommé "Dr Feelgood" et "Miracle Max", c'était un réfugié allemand dont les injections de multi-vitamines, stéroïdes, hormones, enzymes et cellules organiques animales, associées à des amphétamines, lui valurent la radiation de l'ordre des médecins dans l'état de New York. Max injectait des amphétamines à des artistes, des écrivains, des politiciens et des membres de la jet-set les plus célèbres du pays, depuis déjà une bonne dizaine d'années.* »

« *Trumann Capote décrit l'effet général du traitement comme une euphorie instantanée. On se sent comme Superman. On a l'impression de voler. Les idées vont à la vitesse de la lumière. On tient le coup pendant soixante-douze heures d'affilée, avec à peine une pause café. On n'éprouve pas le besoin de dormir, ni de manger, et si c'est du sexe que vous voulez, vous pouvez bander une nuit entière. Après, on s'effondre, c'est comme si on tombait au fond d'un puits… Alors, on recommence…* »

Marilyn Monroe (groupe sanguin AB), à la fois maîtresse de JFK et de son frère Bob (groupe sanguin A), déséquilibrée mentale sous antidépresseurs, menace de tout révéler à la presse. Elle est retrouvée morte deux jours plus tard, le 5 août 1962.

JFK s'est fait également beaucoup d'ennemis à l'intérieur du pays à cause de ses maladroites interventions étrangères. Tom Bradlee : « *J'avais peu de sympathie pour le Président. Le fiasco de la baie des Cochons, qu'il a essayé de mettre sur le dos de la CIA et qui a entraîné la démission du directeur de l'époque, Allan Dulles, était son propre fait. Je pense que la décision de retirer les forces aériennes de soutien à l'invasion a entaché la carrière de Kennedy et a eu des répercussions sur tout ce qui a suivi.* » Ses engagements en faveur des droits civiques pour les minorités noires lui valent aussi des haines mortelles qui coûteront, quelques années plus tard, la vie à Martin Luther King.

Voilà donc un jeune président au comportement de Nomade dévoyé, élu sur des images mensongères. À côté d'une vie privée critiquable pour son époque, il va, pendant son mandat de mille jours, impulser une politique prophétique, à l'intérieur des USA comme à l'échelle du monde, non-conforme aux traditions américaines. Il n'hésitera pas à remettre en question les puissances occultes qui l'ont aidé à accéder au pouvoir. En outre, il se lancera dans des initiatives nouvelles, en avance sur son temps, refusant l'inéluctabilité de la confrontation Est/Ouest entre les USA et l'Union Soviétique et niant également l'impossible ségrégation sociale entre les blancs et les noirs de son pays. Et tout cela au prix de haines irrémédiables de la part de ses ennemis. Il ne pouvait dès lors, comme tous les prophètes, qu'en mourir.

En l'espace de six secondes, trois balles sont tirées sur JFK, le 22 novembre 1963.

Comme dans un roman d'Agatha Christie, parmi tous les participants de cet assassinat, on ne sait pas qui fut le vrai coupable. Il y avait tellement de mobiles !

Un modèle exceptionnel du groupe sanguin O : la très narcissique Jackie Kennedy

Le masque O de l'arrogance

Jacqueline Kennedy Onassis, née Jacqueline Lee Bouvier, est décédée, à l'âge de soixante-cinq ans, le 19 mai 1994 à New York. Elle fut la « Première Dame » des USA du 20 janvier 1961 au 22 novembre 1963.

« Elle n'occupa pas de hautes fonctions, n'écrivit pas de grand livre, ne créa aucun chef-d'œuvre, n'accomplit aucune action d'éclat. Elle n'inventa rien, ne découvrit rien. Elle ne fut pas actrice et savait à peine fredonner une chanson. Elle fut pourtant l'Américaine la plus adulée du XXe siècle. »[4]

Le destin de Jackie Kennedy ressemble fort à celui d'une héroïne tragique. Pourtant rien ne la prédestinait à devenir la Première Dame des USA. Issue d'une famille bourgeoise de la Côte Est, elle connaît une enfance paisible jusqu'au divorce de ses parents. Elle reçoit une excellente éducation, fréquente les meilleures écoles, pratique l'équitation, part étudier à Paris la littérature française, puis devient journaliste photographe. C'est dans l'exercice de son métier qu'elle rencontrera JFK.

Elle l'épouse le 12 septembre 1953 à Newport, Rhode Island. Son mari est élu 35e président des USA en 1960 et est assassiné à Dallas le 22 novembre 1963.

Le 20 octobre 1968, elle se marie en secondes noces avec le milliardaire grec Aristote Onassis. Elle décède d'un cancer des voies lymphatiques le 19 mai 1994 et est inhumée auprès de son premier mari.

---

4. ANDERSEN Christopher, *Jackie après John : une héroïne américaine*, Jean-Claude Lattès, 1998.

Que reste-t-il comme souvenir à long terme des « années Kennedy » ? Un jeune couple et ses deux enfants qui, en s'installant dans la vénérable Maison Blanche, ont pris le pouvoir aux USA avec la génération des vainqueurs de la guerre. Un couple qui symbolise l'espoir en l'avenir, avec comme lendemain la paix et la prospérité pour tout le pays. Une période « miraculeuse », en adéquation avec un président charismatique du groupe sanguin AB, qui mourra en victime sacrificielle, et une « first lady », la Primordiale O, véritable fée de son époque.

Des milliers de livres ont été écrits au sujet de Jackie Kennedy. Elle y fut décrite de multiples façons et se vit tour à tour encensée, décriée, jalousée, calomniée. Ses moindres faits et gestes, ainsi que sa vie privée et sa famille, furent épiés avec tant d'indiscrétion qu'elle fut obligée de masquer ses sentiments et sa vraie nature.

Il reste alors au psychologue et à l'historien d'examiner chez elle ce qui ne trompe pas, cette attitude noble et fière qu'elle garda toujours aux heures les plus sombres et les plus dramatiques de sa vie. Dans ces moments pénibles, elle se révéla un être capable de prendre les meilleures décisions, aux meilleurs moments et lieux, traduisant ainsi les qualités caractéristiques des personnes du groupe sanguin O.

Assurément, Jackie illustre parfaitement les qualités que peut avoir toute femme de ce groupe. Suprêmement belle, élégante, raffinée, nette, cultivée, intelligente et d'un charme irrésistible, elle est la quintessence du style et de la grâce. Mais toutes ces qualités n'auraient pas fait de Jackie la femme exceptionnelle qu'elle fut au cours de sa vie, sans son courage et sa fidélité sans faille à son pays, à sa famille et, malgré les vicissitudes, au clan Kennedy. *« On avait un jour demandé à John de décrire sa femme en un mot. Il avait réfléchi quelques secondes et avait répondu : une fée. »*[5]

Les lignes qui suivent sont extraites de l'ouvrage de David Heymann : Jackie, un mythe américain[6]. Il y est possible d'y retrouver toutes les caractéristiques du comportement d'une Primordiale. « Jackie était une enfant volontaire, mais d'humeur changeante, morose un instant, gaie l'instant suivant. Le moindre de ses mouvements trahissait une grande détermination. Pour coller un timbre sur une enveloppe, elle se servait de son poing. Lorsqu'elle aimait un livre, elle ingurgitait toute l'œuvre de son auteur. »

Comme toutes les O, Jackie va au fond des choses. De même, narcissique, elle a le sens de la façade ; elle sait se présenter au monde qui l'observe. Dès son enfance, Jackie suscite l'intérêt que portent la presse et les médias envers les familles les plus célèbres des USA. Elle y est décrite comme *« une petite*

5. ANDERSEN Christopher, *Jackie après John : une héroïne américaine*, Jean-Claude Lattès, 1998.

6. HEYMANN David, Jackie, un mythe américain, Paris, Robert Laffont, 1989.

écuyère en culotte beige, veste pied-de poule, longues bottes de cuir fauve et toque noire d'où dépassent deux courtes nattes. »[7] Image typique d'une enfant gâtée de la haute société étasunienne, tout à la fois aisée, conformiste et sportive. Séparée de son père lors du divorce de ses parents, c'est en lui qu'elle idéalisera son futur mari et c'est en réaction aux échecs du couple de ses parents qu'elle construira sa vie. Adolescente, elle note déjà, dans son journal intime, son ambition de ne pas avoir une existence banale, influencée par l'exemple de son père : « *Volonté de réussir et refus d'être une femme au foyer* »... Femme au foyer, elle le sera pourtant, mais comme hôtesse à la Maison Blanche !

C'est en effet comme hôtesse de la Maison Blanche que Jackie va révéler ses dons, qui sont ceux des Primordiaux. Elle manifestera également sa force de caractère lors de l'assassinat de son mari, ainsi qu'aux jours difficiles des funérailles qu'elle organisera seule, et de façon magistrale comme une tragédie offerte au monde entier.

En juin 1947, Jackie obtient son diplôme de fin d'études secondaires. La même année, elle est proclamée « reine des débutantes » et est dépeinte par la presse locale comme une jeune fille sage, à l'allure princière, digne des avenirs les plus flatteurs, grâce au charme de sa chevelure brune, de ses traits délicats et de sa conversation spirituelle. Puis elle découvre l'Europe et suit, à la Sorbonne, des cours de littérature française qui feront d'elle plus tard, par ses connaissances étendues et profondes de la culture européenne, la plus française des Américaines... À son retour aux USA, elle rencontre son futur mari, JFK : le conte de fée va commencer pour elle... « *Bourgeois ou pas, le jeune sénateur possédait manifestement des qualités qui séduisaient Jackie : il était beau, avait du charme, du mordant, et un père richissime. John Kennedy était d'évidence un parti exceptionnel, il était en outre extrêmement ambitieux et avait été élevé dans la même religion que Jackie. Sur le plan politique, il se définissait comme un "idéaliste sans illusions". Lorsqu'on lui demandait quelles étaient ses plus grandes qualités et ses pires défauts, il classait la curiosité au premier rang de ses qualités ; l'irascibilité et l'impatience au premier rang de ses défauts. Derrière son brillant et son allant se cachait une solitude que Jackie connaissait bien. Il gardait comme elle au fond de son être une "plage secrète". Elle comparait John et elle-même à deux icebergs...* »

Pourtant, JFK possède déjà une solide réputation de coureur de femmes : « *Lorsque Jackie informa John White de son intérêt pour Kennedy, il n'hésita pas à lui dire qu'il n'en attendait rien de bon. "John et moi nous étions liés d'amitié à l'époque où je sortais avec sa sœur Katheen, dit White. Nous*

---

7. HEYMANN David, Jackie, un mythe américain, Paris, Robert Laffont, 1989.

étions souvent sortis à quatre. Je savais quel coureur il était, et je dis à Jackie que je ne pensais pas qu'il ferait un bon mari, qu'il était certainement un compagnon distrayant, mais pas du tout le genre de type que l'on présente à sa maman." »

Jackie se montre pragmatique et ambitieuse. John White : « *Je pense que sa volonté de conquérir JFK était d'abord inspirée par le goût de l'argent, et aussi par son manque d'expérience de l'amour… J'avais connu d'autres filles qui avaient eu affaire à lui. Je connaissais leurs histoires. Pour certaines d'entre elles, composer avec tant de pouvoir brut et un mépris aussi ouvert — être répertoriées dans un petit calepin noir — était une épreuve terrible… Il avait le sang chaud, mais le cœur insensible. La plupart de ces femmes n'étaient pas des novices et le considéraient comme un spécimen précieux en ce qu'il était différent des autres hommes, parfaitement froid et grossier envers les femmes, ce que beaucoup d'entre elles trouvaient excitant.* »

« *Je ne pense pas que Jackie se soit souciée des mœurs de JFK. À quelque temps de là, nous parlâmes de lui ; elle avait fini par comprendre la situation et était prête à en prendre le risque. Plus important que ses mœurs : il occupait avec bonheur une position importante et lui offrait un rôle à jouer. Il n'est que juste de constater que tous eux remplirent loyalement les conditions de leur marché.* »

Ainsi, aussitôt le jeune couple installé à la Maison Blanche, Jackie, Cendrillon aristocratique, se transforme en une Fée pour moderniser et embellir cette inconfortable résidence officielle jusqu'alors négligée par ses occupants antérieurs. Avec un sens pratique aigu, beaucoup d'organisation et un goût artistique très sûr lui venant de son éducation, elle va transformer la Maison Blanche en un palais raffiné d'esprit « très français » digne de la plus grande démocratie du monde. De même, pour Washington, monotone ville administrative, qui va devenir sous son impulsion la capitale mondiale de l'Art et de la Culture.

Par crainte d'être abusée par son entourage, elle dirige tout, surveillant personnellement les chantiers de restauration des appartements, et est la seule interlocutrice des artisans et des décorateurs. Elle va fouiller dans les caves et les greniers empoussiérés, en jean's, les cheveux protégés d'un foulard, à la recherche de trouvailles antiques oubliées par l'histoire et qu'elle remettra à l'honneur : « *S'il y a une chose que je ne peux pas supporter, ce sont les miroirs victoriens… Ils sont hideux, faites-les décrocher et mettez-les au rebut.* »

Très vite, le style vie de la femme du président marque l'époque du début des années soixante : sa manière de s'habiller chez les couturiers français, ses ensembles Chanel et ses coiffures, ses fréquentations et les artistes qu'elle rencontre assurent la célébrité de ceux qui la côtoient. « *La haute renommée des artistes qui se produisaient à la Maison Blanche et la qualité des spectacles parfaitement organisés par Jackie lui valurent l'admiration de beaucoup. Tout comme sa beauté et son style. La critique de mode Hebe Dorsey remarque que le style de Jackie changea la mode en vigueur, il contribua à casser un certain puritanisme qui avait toujours existé en Amérique et selon lequel il était impudent de porter des bijoux, d'être coiffée avec fantaisie, de vivre avec grâce et élégance, de porter des vêtements signés, des manteaux de fourrure, des jupes au-dessus des genoux.* »

À la Maison Blanche et dans la ville de Washington, elle organise, pour le plus grand prestige de la politique culturelle de son mari, des dîners officiels et des soirées où est convié le tout-mondial culturel. S'y rencontrent grands couturiers, peintres, artistes, acteurs et musiciens comme Balanchine, Rudolf Noureïev, Pablo Casals ou Greta Garbo : des Troubadours modernes à la cour du Roi Arthur, au château de Camelot !

Mais c'est le jour de l'assassinat de son mari et lors de ses funérailles que le caractère exemplaire, énergique et perfectionniste de Jackie se révéla également au monde…

Dallas (Texas), le 22 novembre 1963, 12 heures 30, l'attentat[8] : « *Jackie et John avaient échangé un regard, quelques secondes plus tôt, à l'instant précis où la première des trois balles atteignit le Président. Elle heurta sa tête, sectionna la trachée artère et ressortit par la gorge. Jackie avait d'abord pris la détonation pour un bruit de motocyclette et ne comprit ce qui se passait que lorsque le gouverneur du Texas, John Connaly, se mit à crier : "Oh, non, non, non, non… Mon Dieu, ils vont nous tuer tous."* »

« *L'expression du beau visage de John, les convulsions de ce corps âgé seulement de quarante-six ans à l'instant du premier impact, devaient hanter les rêves de sa veuve pendant le restant de ses jours… Pendant sept secondes, Jackie avait fixé John, incrédule puis s'était jetée comme une forcenée sur le coffre glissant de la Lincoln. Elle essayait frénétiquement, dira-t-elle plus tard, de récupérer le plus grand des morceaux d'os qui avaient sauté du crâne du Président.* »

« *"Il est mort, il est mort." Jackie entendait les cris de la foule tandis que le cortège fonçait vers l'hôpital Park land Mémorial, à dix kilomètres de là…* » À partir de cet instant, la vie de Jackie bascule du conte de fées au cauchemar : cette Primordiale rebelle et arrogante va perdre la maîtrise de son destin et, dès lors, vulnérable, elle cherchera, auprès de nombreux

8. HEYMANN David, Jackie, un mythe américain, Paris, Robert Laffont, 1989.

compagnons, la protection et la sécurité. Elle souffrira jusqu'à sa mort prématurée à l'âge de soixante-cinq ans.

Miraculeusement indemne alors qu'elle était à côté de son mari et du sénateur Connally, Jackie se précipite dans la voiture qui se met à rouler à vie allure. Le monde entier se souvient de sa robe tâchée du sang et de la cervelle de JFK. « *"Je n'ai pas éprouvé une once de dégoût" expliqua-t-elle en évoquant le sang et la matière grise qui maculaient sa robe, ses jambes, ses bras… En pénétrant dans l'hôpital, Jackie répétait inlassablement, comme un pieux serment : "Je ne le quitterai pas, je ne le quitterai pas."* » À l'hôpital de Dallas, avec « *Nelly Connally* (l'épouse du sénateur du Texas, blessé également dans l'attentat), *figées, les deux femmes observaient en silence le manège des internes et des infirmières qui entraient et sortaient en courant, chargées de flacons de sérum, de seringues et de poches de sang. "Nous ne nous sommes pas dit un mot", expliqua plus tard Nelly Connally. "Pas un seul. Mais dans ces instants, je me rendis compte à quel point Jackie était forte.* ***Très, très, très forte***[9]*."* »

« *La pensée vint à Jackie que, si par miracle, son mari s'en sortait une fois de plus (il a failli mourir plusieurs fois de suite par le passé), son cerveau subirait de graves séquelles. Elle était pourtant résolue à ne pas laisser mourir John : "Je prendrai soin de lui chaque jour de sa vie, se promettait-elle. Je le rendrai heureux."* »

Pourtant, « *ils avaient traversé beaucoup de tempêtes pendant leurs dix années de mariage, surmonté des crises d'ordre privé… John n'avait pas toutefois mis un terme à ses aventures galantes et bien qu'il aimât Jackie à sa manière, les époux n'avaient pas réussi à combler le fossé qui les séparait. Leur ami intime, le journaliste Ben Bradlee, disait de John et Jackie qu'ils étaient des êtres éloignés et indépendants qui ne se confiaient pas leurs véritables sentiments. La Première Dame comparait son ménage à celui de "deux icebergs."* »

« *Maintenant que la Mort allait emporter John, Jackie comprenait qu'ils n'avaient jamais été plus amoureux. Elle ne supportait pas l'idée d'être exilée du bloc opératoire. Elle voulait être avec John, à ses côtés.* »

JFK est déclaré mort. Le Père Hubert lui donne l'extrême onction. Une fois la toilette mortuaire achevée, le corps est déposé doucement dans le cercueil de bronze qui sera transporté à Washington : « *Le nouveau Président, Lyndon B Johnson* (groupe sanguin A) *était dans un état proche de l'hystérie. Il se demandait si le pays ne se trouvait pas en butte à un complot communiste*

9. C'est nous qui « soulignons ».

visant à éliminer les personnages importants de l'État. O'Donnel l'incita à sauter dans un avion le plus vite possible pour Washington... »

Contrairement à Jackie qui restait maître d'elle-même dans ces circonstances dramatiques, « *les nerfs de Johnson craquaient. Le général McHugh déclara qu'il l'avait surpris, recroquevillé dans un placard de la cabine présidentielle. "Ils veulent nous assassiner", gémissait-il. "Ils vont abattre l'avion, ils vont nous tuer." McHugh raconta qu'il avait alors giflé LBJ "pour le requinquer". Le général n'était pourtant pas beaucoup plus vaillant. Il traversa une demi-douzaine de fois, à toute vitesse, l'allée de l'avion, les yeux exorbités, en prononçant des paroles insensées. La plupart des autres passagers d'Air Force One ne faisaient guère meilleure figure. Au milieu de cette désolation, Jackie semblait habiter une oasis de calme. Seule, assise à moins d'un mètre du cercueil, à l'arrière droit de l'appareil, elle n'ouvrait la bouche que pour se plaindre de la température : "Il fait si chaud", disait-elle. "Partons."* »

Afin d'oublier le drame et de garder son sang froid, Jackie se dévoue pour les autres membres du cortège : « *L'hostilité devenait presque palpable pour tout le monde, excepté Jackie. Voyant que ceux qui l'entouraient étaient trop effondrés pour dire un mot, elle trouva la force d'aller de l'un à l'autre et de leur adresser des paroles de réconfort.* »

Le nouveau président, quant à lui, a une attitude ambiguë : « *Johnson, pendant ce temps, avait avalé un bol de soupe aux légumes, changé de chemise, et s'était lavé le visage. Quelques secondes plus tard, il frappa à sa porte* (celle de Jackie). *LBJ et une Lady Bird accablée venaient présenter leurs condoléances. Johnson prit la main de Jackie : "Oh Jackie"*, dit sa femme, *"Vous savez, Lyndon ne voulait pas être vice-président ! Et maintenant, Grand Dieu, regardez ce qui nous arrive !"* »

« *Johnson déclara qu'il prêterait serment dans l'avion et qu'un juge allait arriver pour organiser le rituel. Jackie acquiesça. Elle avait besoin de tranquillité. Restée seule, elle alluma une Salem, sa marque de cigarettes favorite. Elle marcha nerveusement de long en large pendant quelques instants puis regagna la salle de bains. Elle se regardait fixement dans le miroir en se brossant les cheveux quand O'Donnel ouvrit doucement la porte. Il l'informa que le juge était arrivé et que tout le monde était prêt, mais qu'elle n'était pas tenue d'assister à la cérémonie. Un œil toujours fixé sur la postérité, elle tenait à être présente. "Pour l'Histoire, il vaut mieux que je sois là" lui dit-elle.* »

« *En réalité, Johnson désirait plus que nul autre que Jackie assistât à sa prestation de serment. Sa présence signifierait à la planète entière qu'elle lui apportait son soutien.* »

Le nouveau président prête serment dans l'avion en présence de Jackie. La cérémonie dure dix-neuf secondes, mais une célèbre photographie fixe ce moment pour l'Histoire: Jackie, décoiffée, le regard fixé sur le juge Sarah Hughes, portant encore son ensemble deux pièces rose maculé du sang de son mari, se tient à la gauche de Johnson: «*Kenny O'Donnell ne pensait qu'à Jackie: "On se sert d'elle", se répétait-il. "On se sert d'elle."*»

Quelques minutes plus tard, Air Force One roule sur la piste d'envol et quitte Dallas. Il est quatorze heures quarante-sept. Deux heures et dix-sept minutes se sont écoulées depuis l'attentat fatal: «*Jackie s'assit à côté du nouveau Président et de la nouvelle Première Dame, mais elle s'excusa lorsque LBJ commanda un second bol de potage: "Je vais retourner à l'arrière, avec John".* ***Alors, pour la première fois de la journée, Jackie se laissa aller à pleurer***[10].»

Air Force One approche de la base aérienne d'Andrews. Il est dix-huit heures. Une autopsie est aussitôt pratiquée à l'hôpital de Bethesda: «*"Elle ne craquait pas. La façade ne s'est jamais fissurée", certifia Charles Bartlett. "Elle se contrôlait parfaitement. Elle avait conservé tout son équilibre. C'était incroyable. Elle racontait des détails si atroces qu'on avait du mal à les entendre, mais on sentait qu'elle avait besoin de tout dire."*»

Le cercueil est déposé à l'aube du 23 novembre à la Maison Blanche. Jackie, alors âgée de trente-quatre ans, vient de vivre le jour le plus long de sa vie, et il lui est impossible d'imaginer le destin qui l'attend. Après un bref repos, elle organise, le jour même, des funérailles nationales. Elle veut qu'elles soient calquées sur celles d'un autre grand martyr américain, le président Abraham Lincoln.

C'est à ce moment qu'elle va entrer dans sa légende, celle de la plus célèbre de toutes les Premières Dames que les USA aient connues. Réputée pour être une femme étonnante, d'une force et d'une dignité admirables, Jackie a toujours eu l'intuition infaillible de ce qu'il fallait faire. Pour oublier sa douleur, elle se jette à corps perdu dans l'organisation des obsèques de son époux.

Lors des obsèques, le corps de JFK est transporté dans la rotonde du Capitole, où deux cent cinquante mille personnes viendront lui rendre un dernier hommage: «*Pendant toutes ces journées chargées d'émotion, la nation garda les yeux rivés sur la veuve élégante et ses beaux enfants. Jackie portait sa robe noire, celle qu'elle avait le soir où John avait annoncé sa candidature à la Présidence, mais elle avait habillé ses enfants de manteaux bleu pastel et de chaussures rouges. Elle ne voulait pas vieillir Caroline et John-John, en*

10. C'est nous qui «soulignons».

faire des adultes en miniature. Pendant toutes ces journées, Jackie paraissait comme une étrangère assistant à une cérémonie de deuil qui ne la concernait pas. À d'autres moments, elle se murait dans son silence et on voyait bien qu'elle était profondément bouleversée... Plus tard, elle confia à un ami qu'il lui semblait assister à quelque chose qui arrivait à quelqu'un d'autre. »

Elle voulait, par les funérailles, graver dans le cœur des Américains le sentiment que leur pays avait subi une perte immense : « *Comme beaucoup d'entre nous, elle pensait que son mari était un grand homme et qu'il était sur le point de réaliser des choses immenses pour la nation et pour le monde entier. Elle voulait signifier qu'une ère nouvelle venait de s'achever avec la mort de son mari. "Il y aura d'autres grands présidents", disait-elle, "mais les choses ne seront jamais plus comme avant."* »

Le lundi matin suivant, tiré par trois paires de chevaux gris et installé sur le caisson d'artillerie qui avait déjà porté les restes de Franklin Roosevelt, le corps de JFK est conduit à la cathédrale catholique de St Matthews. Au son sinistre de la marche funèbre de Chopin, devançant une procession de deux cent vingt représentants de cent deux nations, Jackie et sa famille remontent à pied la 17e Rue. Puis, après la cérémonie religieuse, le cortège traverse lentement le Potomac et arrive au cimetière d'Arlington, à l'emplacement dévolu au repos éternel du Président.

À ce moment s'achève l'Histoire. À partir de ce jour, Jackie va construire la légende de son mari, celle de la nouvelle quête du Saint Graal et du roi Arthur : le Mythe Kennedy commence. À sa mort, Jackie sera inhumée dans la tombe du seul homme qui compta pour elle, au cimetière d'Arlington, dans la banlieue de Washington.

•

LA DANSE MACABRE DES DICTATEURS ET DES DIRIGEANTS : HITLER, MUSSOLINI, FRANCO, PÉTAIN, DE GAULLE, DOUGLAS MACARTHUR, HIRO-HITO…

Hitler et le paroxysme des défauts du Sédentaire ; Mussolini, le Primordial victime de sa fidélité ; Franco, le Nomade subtil ; Pétain, le Vercingétorix moderne ; de Gaulle, le Primordial providentiel ; le Général Douglas MacArthur, le Primordial d'un pays vainqueur ; Hiro-Hito, le Maître Sédentaire de la plus Grande Asie… et les autres.

Un Dictateur Sédentaire : Adolf Hitler, la caricature du groupe A décompensé

Le masque A de l'insolence

Hermann Rauschning, ancien chef national-socialiste du gouvernement de Dantzig, a recueilli les propos du dictateur du temps où il fut son confident. Après sa rupture avec ce dernier, horrifié par le personnage réel qu'était Hitler — non pas celui des foules et des grands meetings, mais celui de son premier cercle privé d'avant-guerre —, il écrit, en 1939, un livre[11] qui est à la fois un témoignage et un avertissement au monde. Peu de personnes l'ont lu à l'époque, et ce texte n'a pas suffi à éviter la catastrophe : les conséquences de la Seconde Guerre mondiale.

En avant propos de la traduction française d'Hitler m'a dit : Confidences du Führer sur son plan de conquête, Marcel Ray écrivait : « *Voici sans doute l'ouvrage le plus important qui ait paru depuis le début de cette guerre — j'entends depuis l'arrivée d'Adolf Hitler au pouvoir, en janvier 1933. Hitler y expose lui-même les plans démesurés qu'il a conçus et les méthodes cyniques qu'il compte employer pour imposer sa volonté au monde. De cette volonté dépendra la destruction des nations libres, l'asservissement de la planète, et, pour tout dire en deux mots, notre vie ou notre mort.* »

Dès 1931, Rauschning se rend à Berlin, Nuremberg et l'Obersalzberg pour rencontrer Hitler et lui soumettre ses dossiers et de leurs difficultés inhérentes. À chacune de ses visites, il fait la même expérience, décevante et fascinante. Hitler l'écoute à peine, écarte d'un geste les paperasses accumulées sur son bureau et lui coupe la parole : « *C'est votre affaire. Je ne m'occupe pas de ces sottises. Débrouillez-vous !* » Pas d'entretien, ni de débat ; mais un

11. RAUSCHNING Hermann, *Hitler m'a dit : Confidences du Führer sur son plan de conquête*, Paris, Coopération ed., 1939.

monologue, une conférence, une harangue passionnée pour un seul auditeur.

L'homme qu'il trouve chétif, insignifiant et balbutiant, tient dans ses mains le destin de l'Allemagne. Il s'anime, s'excite, s'exalte, exactement comme à la tribune de l'Opéra ou du Congrès de Nuremberg. Son débit se précipite, sa voix siffle et tonne, ses yeux fulgurent; il entre en transe, vaticine, se tord, éjecte des sentences sibyllines, conjure d'étranges visions. L'auditeur pétrifié voit surgir de sa bouche les vapeurs rouges de l'argot viennois, les rêves malsains de la plus sombre Allemagne, les divagations séculaires et secrètes d'un peuple se ruant à la servitude collective. Brusquement, Hitler le médium se réveille: il ricane, plaisante lourdement, pousse son visiteur vers la porte et lui frappe l'épaule d'une main familière et cordiale. L'interlocuteur, et en particulier Rauschning, est renvoyé, troublé, manipulé, magnétisé, servile et content.

Nous avons dans les descriptions du dictateur, fournies par Rauschning dès 1939, l'inventaire des traits typiques du Sédentaire Hitler au groupe sanguin A. Des milliers d'ouvrages le concernant ont été écrits depuis la fin de la guerre, mais le sujet de cette étude n'est pas d'en faire la synthèse ici. Cependant, au vu des témoignages de Paul Schmidt, son interprète personnel, et d'Albert Speer, son architecte et fils de cœur, il est possible d'entrevoir combien, dans un pays qui n'a pas suffisamment de contre-pouvoirs, désorienté par la défaite militaire, effrayé par la menace marxiste, et qui, avec la chute de sa monarchie, vient de perdre ses élites, il peut être dangereux d'élire de façon démocratique un Sédentaire aux tendances aussi dangereuses.

Schmidt, interprète du Ministère des Affaires Étrangères Allemandes de 1923 à 1945, fut l'un des témoins les plus fidèles du comportement et de la nature profonde des dictateurs du 20e siècle. Autre témoin de cette époque dramatique, Speer, l'architecte d'Hitler, fut un membre de son cercle intime. Leurs souvenirs publiés après la Seconde Guerre mondiale nous offrent un portrait saisissant de ces dirigeants tous arrivés au pouvoir — à part Staline et Franco — grâce aux voies démocratiques.

Schmidt débuta sa carrière au service de la République de Weimar et fréquenta, à Locarno et à Genève, Stresemann ainsi que Aristide Briand. S'exprimant remarquablement en anglais, en espagnol, en français et en italien, à un moment où la pratique des langues étrangères était encore peu courante dans les milieux politiques, il fut un observateur privilégié et servit d'interprète aux Grands du monde d'alors: « *Où le Dr Schmidt a-t-il opéré jusqu'à maintenant?* » avait demandé Hitler quand son nom avait été mentionné devant lui. « *Il a longtemps rendu d'excellents services à Genève* *comme interprète*», lui avait-on répondu. «*S'il a servi à Genève, il ne fera sûrement pas l'affaire; nous pouvons cependant essayer avec lui.*»

Schmidt voit Hitler de près pour la première fois: «*Je fus surpris de constater qu'il n'était que d'une taille moyenne. Sur les photographies et dans les actualités cinématographiques, je l'avais toujours pris pour un "homme grand" et je n'avais jamais assisté aux réunions du Parti, de sorte que c'était la première fois que je le voyais en chair et en os. Les hommes d'État et les vedettes du cinéma sont toujours photographiés par en dessous pour les faire paraître plus grands qu'ils ne sont en réalité. J'avais eu la même surprise à Locarno avec Mussolini, et avec Jeannette Mc Donald, à Londres. En 1939, à Moscou, mes camarades des Affaires Étrangères me dirent l'avoir également éprouvé avec Staline.*»[12]

Avant de déclencher la Seconde Guerre mondiale, Hitler le Sédentaire commence par augmenter l'étendue de son espace vital en annexant l'Autriche; c'est l'Anschluss. Il adopte la même attitude envers la Tchécoslovaquie qu'il ampute de ses territoires peuplés d'Allemands: c'est la crise des Sudètes et la lamentable capitulation des démocraties à Munich, qui abandonnent lâchement leur allié tchèque aux exigences du dictateur.

À plusieurs reprises, Schmidt est témoin des réactions brutales d'Hitler le Sédentaire, qui cherche par la force et l'insolence à étendre son «lebensraum». Face aux diplomates étrangers qui lui résistent, toujours maladroit, impatient et coléreux, il manque de diplomatie. En effet, il n'a pas l'élégante souplesse du diplomate Nomade, ni la diplomatie respectueuse du Primordial. Lors de la crise tchécoslovaque qui précéda les «Accords de Munich» en 1938, il rudoie les émissaires britanniques et traite si mal le Premier ministre Edouard Chamberlain, que ce pacifiste d'avant-guerre, déjà atteint du cancer qui l'emportera deux ans plus tard, perd tous ses moyens et cède devant Hitler:

«*La conversation avec Chamberlain, qui fut des plus dramatiques de toute cette crise des Sudètes, commença un peu avant 11 heures du soir… Les assistants se groupèrent librement autour d'Hitler et de Chamberlain au milieu de la salle, et, pour commencer, je traduisis le mémorandum: "Les nouvelles annonçant des incidents dans le territoire des Sudètes se multiplient d'heure en heure", y disait-on. "La situation devient intolérable pour les habitants allemands et crée un danger pour la paix en Europe." La stipulation principale exigeait l'évacuation des forces militaires tchèques d'une région dessinée sur la carte, cette évacuation devant commencer le 26 septembre et la zone remise à l'Allemagne le 28! (…) L'effet produit sur*

12. SCHMIDT Paul, *Sur la scène internationale, 1933-1945*, Paris, Librairie Plon, 1950, p. 162 et suivantes.

Chamberlain et sur les autres diplomates anglais fut effroyable. "C'est un ultimatum !" s'écria Chamberlain. (...) Comme Chamberlain paraissait soutenir le point de vue tchèque, Hitler qui avait écouté la lecture avec une irritation croissante bondit sur ses pieds et s'écria : "Il est désormais complètement inutile de continuer à discuter." Puis il se précipita vers la porte comme s'il avait l'impolitesse d'abandonner les diplomates anglais dans son bureau. Ce fut une scène extrêmement pénible, d'autant plus qu'Hitler, en arrivant à la porte, comprit tout ce que sa conduite avait d'inadmissible et revint à sa place comme un jeune garçon emporté. »

En effet, le Führer a tous les défauts que peut avoir le Sédentaire dominant. Dans son cas, on atteint les sommets de la caricature : il est impatient, désordonné ; cassant et sans respect pour ses interlocuteurs ; approximatif dans ses actes et ses idées, brouillon ; sûr de lui et intolérant. Il n'a pas la netteté, le charme, le physique avantageux et la « gueule » du Primordial ; ni la séduction, la patience, la fragilité apparente, la sensibilité et la subtilité du Nomade.

« *L'aspect physique d'Hitler ne contribue certes pas à rehausser sa capacité de séduction. Son front est fuyant et disgracieux. La mèche de cheveux qui lui tombe sur les yeux, sa petite taille sans prestance, la disproportion de ses membres, sa gaucherie, ses pieds plats d'une longueur démesurée, son nez hideux, sa bouche sans expression et sa petite moustache en brosse, en font un être plutôt disgracieux. Rien n'attire en lui, sauf peut-être ses mains, qui sont remarquablement bien formées et expressives... Un dictateur autoritaire, cet homme au visage maussade, crispé et dissymétrique ? Il lui manque l'équilibre qui caractérise le chef. Il lui manque surtout la marque de la virilité.* »[13]

Comme de nombreux Sédentaires, Hitler n'a pas la résistance physique des Primordiaux, ni l'endurance des Nomades. Là encore, il est une caricature des faiblesses médicales du groupe sanguin A : ses troubles digestifs chroniques lui imposent un régime végétarien (il ne tolère pas la viande) et il ne supporte ni le tabac ni les alcools. C'est depuis longtemps un insomniaque : il se couche et se lève tard, car il se sent mieux le soir et la nuit que le matin. À part la marche à pied sur les sentiers des Alpes bavaroises, il n'aime pas l'exercice physique. Tous les témoignages photographiques montrent chez lui un vieillissement précoce, annonciateur de la maladie de Parkinson dont il aurait certainement été atteint ultérieurement. Sa virilité est défaillante, ce qui est le signe d'une insuffisance en testostérones. Et pourtant, cet homme gouverne son pays avec une autorité sans pareille et un pouvoir sans

13. RAUSCHNING Hermann, *Hitler m'a dit : Confidences du Führer sur son plan de conquête*, Paris, Coopération ed., 1939.

partage. Schmidt observe alors le comportement de l'entourage du dictateur. Il s'en dégage une attitude servile et un état de subordination mentale, ainsi qu'une tendance à calquer attitude et comportement sur ceux du Maître.

À propos de Ribbentrop, son Ministre des Affaires Étrangères (groupe sanguin censuré, loi de 2002) : « *Devant le Tribunal International de Nuremberg, il s'est lui-même qualifié de secrétaire d'Hitler pour la politique étrangère et d'après mes observations, il a serré alors de près la vérité. Vis-à-vis du dictateur, il était dans un état de subordination manifeste. Dès que celui-ci montrait du mécontentement, Ribbentrop tombait malade et se mettait au lit comme une femme hystérique.* »

Sur Goering, son fidèle adjoint (groupe sanguin censuré) : « *Je fus témoin pour la première fois d'un phénomène que je revis par la suite lors de tous les entretiens des personnages du Parti avec des étrangers : la répétition presque littérale des arguments d'Hitler… Se tenant plus qu'Hitler dans les idées générales et les considérations philosophiques, Goering aimait encore moins la précision. Le plus souvent, il écartait d'un geste de la main les difficultés techniques. Il ne manquait toutefois pas d'habileté diplomatique.* »

Speer rapporte des propos de table émanant du premier cercle de l'entourage d'Hitler : « *Quand il séjournait à Berlin, Hitler avait toujours quelques personnes à sa table et ses invitations étaient considérées comme une grande marque de faveur. Le service était frugal : à sa table comme ailleurs, le Führer donnait l'exemple de la simplicité. Il a souvent déclaré que son accession au pouvoir ne changerait aucune de ses anciennes habitudes, ni dans ses vêtements, ni dans son train de vie. Cette simplicité contrastait avec le faste des parvenus du Parti.* »

« *Hitler continuait à s'asseoir en auto sur le siège à côté de son chauffeur, à sortir avec son imperméable légendaire, presque toujours sans chapeau, dans son costume composé d'un veston civil et du pantalon de l'uniforme du Parti. Pour le déjeuner le menu était invariable : un potage, un plat de viande, des légumes et des entremets. Hitler ne mangeait pas de viande ; mais en revanche, il absorbait une quantité invraisemblable de plats sucrés. Son cuisinier personnel lui préparait des plats spéciaux de légumes. Toutefois Hitler n'imposait pas son régime végétarien à ses hôtes. Il admettait même que l'on servît de la bière à sa table. On avait ainsi le choix entre de la bière bon marché, de l'eau minérale ou de la limonade et c'était un spectacle amusant que de voir certains invités, militants zélés du Parti, loucher vers le Führer et choisir ostensiblement la limonade, afin de se faire bien voir de l'ascétique chancelier.* (…) »

« *À ces déjeuners, on échangeait librement toutes sortes de propos. Hitler restait le plus souvent silencieux ou ne jetait dans la conversation que de courtes phrases; puis, brusquement, d'une voix tonitruante qui couvrait toutes les autres, il pontifiait et vaticinait. C'est dans ces moments que l'on se rendait compte, que, pour produire un effet d'éloquence, il lui fallait monter considérablement sa voix et précipiter son débit. Il était impossible d'avoir une conversation normale avec lui. Ou bien, il observait un mutisme complet, ou bien il ne laissait pas son interlocuteur placer un seul mot. Il saute aux yeux que l'éloquence d'Hitler n'est pas un don naturel et qu'elle a dû vaincre certains obstacles intérieurs, qui, dans la conversation privée, lui ôtent tous ses moyens. Il a une absence totale de toute espèce d'humour ou de gaîté. Le rire d'Hitler n'est guère autre chose qu'une forme de l'insulte et du mépris. Il ne connaît jamais la détente ni la paix intérieure.* »

Le seul plaisir d'Hitler est d'aller, depuis les sommets des Alpes bavaroises, à l'Obersalzberg, contempler à ses pieds l'Allemagne et l'Europe qu'il veut dominer. Hitler est certes un végétarien aux manières vulgaires, ne jouissant d'aucun plaisir, n'aimant ni la musique ni la poésie, et ne possédant aucune culture littéraire. Autodidacte, il a mal digéré les théories philosophiques du pangermanisme allemand et ne connaît rien à la peinture de son époque, ignore tout des impressionnistes et rejette les expressionnistes allemands. Cependant, chez ce dominant sans sexualité, il existe un grand dérivatif, une seule vraie passion : l'architecture et la sculpture.

Le Führer, primo-secondaire passif, va chercher à s'évader et à marquer son époque dans une sculpture et une architecture dignes de son régime. Et Arno Breker et Speer sont ses fils spirituels, ceux qui vont l'aider à concrétiser son rêve.

Breker (1900-1991) va avoir le génie d'imposer en Allemagne, à l'occasion des Jeux Olympiques de 1936, une image du peuple allemand à l'opposé du physique de son dictateur. Très influencé par son séjour en France dans les années 1920, où il fréquente les artistes français les plus connus, Breker sculpte en Allemagne, sous le régime nazi, de grandes statues néoclassiques qui exaltent la virilité du corps humain. Des modèles d'hommes et de femmes Primordiaux censés glorifier la race aryenne, et qui soulignent à leur insu la réelle médiocrité physique et morale de ses dirigeants ! Sur le moment, Breker soignait et flattait l'inconscient des nazis. Avec le recul de l'Histoire, il illustre leur dérision, de la manière la plus subtile qui soit.

Speer (1905-1981, groupe sanguin censuré par la loi de 2002) sera le confident et le complice d'Hitler, son porte-parole architectural. Vis-à-vis de son maître Sédentaire, Speer a le comportement d'un Primordial compétent, dévoué, aveuglé et soumis à son Maître. Hitler à Speer : « *Je vous avais remarqué au cours des visites d'inspection. Je cherchais un architecte à qui je puisse confier mes projets. Il devait être jeune. Car, comme vous le savez, ces projets sont des projets qui voient loin. J'ai besoin de quelqu'un qui pourra continuer mon œuvre après ma mort avec l'autorité que je lui aurai conférée. Cet homme-là, ce sera vous.* »[14]

En effet, en authentique dictateur Sédentaire, Hitler a des projets architecturaux grandioses, pharaoniques, des pyramides aryennes pour une nation allemande qui, selon ses plans, règnera plus tard en maître de la Scandinavie à l'Himalaya.

Speer parlant des projets de son maître : « *Hitler me déclara : "Nous allons fonder un grand empire. Tous les peuples germaniques en feront partie. Il s'étendra de la Norvège à l'Italie du Nord. Il faut que je mène à bien moi-même cette entreprise. Pourvu que je reste en bonne santé !"* »

Dans ses projets de conquêtes, l'Allemagne sera le pays le plus puissant du monde : « *En 1940, les Jeux Olympiques auront lieu dans un autre pays, à Tokyo. Mais ensuite, ils auront lieu pour toujours en Allemagne, et c'est nous qui déciderons des dimensions du stade olympique.* »

Ces constructions gigantesques sont destinées à célébrer pour toujours la puissance allemande et le Reich édifié pour durer mille ans : « *Hitler aimait à expliquer qu'il construisait pour léguer à la postérité le génie de son époque. Car, en fin de compte, seuls les grands monuments rappelaient les grandes époques de l'Histoire. Que restait-il de l'œuvre des empereurs romains ? Quels étaient les vestiges de leur grandeur, sinon les édifices qu'ils avaient fait construire ?* »

Pour Hitler qui a fait des études d'architecture à Vienne, Paris est la plus belle ville du monde. Il veut faire de Berlin la plus grande capitale en se référant à Paris. Speer lui propose des plans pour le centre-ville de Berlin qui l'enthousiasment. Le projet Speer de centre gouvernemental devait, pour le millénaire à venir, témoigner de la puissance conquise à l'époque du nazisme. Il prévoyait une « Avenue des Champs-Élysées » berlinoise deux fois et demie plus longue et deux fois plus large que celle de Paris, jalonnée par la nouvelle chancellerie du Reich et d'imposants bâtiments administratifs. À chacune de ses extrémités devaient être construits deux gigantesques bâtiments :

- Au Nord, proche de la Porte de Brandebourg, la plus grande salle de réunion du monde : vingt-trois mètres de hauteur, deux cent cinquante mètres de diamètre, un dôme de deux cent nonante mètres (soit la hauteur de la tour Eiffel, ou plus de trois fois celle du Capitole à Washington !). Avec, à son extrémité supérieure, un aigle enserrant la croix

14. SPEER Albert, *Au cœur du Troisième Reich*, Fayard, 1969.

gammée (symbole solaire inversé). Cette salle devait pouvoir contenir cent cinquante à cent quatre-vingts mille auditeurs debout. Le Primordial minutieux et précis Speer avait calculé le volume intérieur à dix-sept fois celui de la Basilique Saint Pierre de Rome.

- Au sud, un arc de triomphe à la gloire des soldats allemands morts pendant la Grande Guerre, long de cent septante mètres et haut de cent mètres.
- Près du grand dôme, un gigantesque « palais d'Hitler » au centre de Berlin, dont les jardins auraient occupé deux millions de mètre carrés.

La première pierre de ce projet devait être posée en 1940 et l'ensemble de ces constructions achevé en 1950. Mais, en septembre 1939, les démocraties ne cèdent plus au chantage de l'Allemagne sur la Pologne. Après avoir de multiples fois plié devant Hitler pour l'Anschluss de l'Autriche et l'annexion de provinces tchèques lors de la crise des Sudètes, la Grande-Bretagne et la France finissent par déclarer la guerre à l'Allemagne. Le chantage de ce Sédentaire mégalomane n'a pas marché. La guerre est déclarée et personne ne sait comment elle se terminera.

Hitler et Speer n'érigeront jamais leur Grand Berlin car leurs ennemis vont les en empêcher. Quand Hitler l'aura compris, sa rage n'aura alors plus de limite : comme un Rottweiler accroché à sa proie, il va s'acharner à se venger. Sa haine sera terrible. Ses ennemis, il les connaît très bien, lui, l'enfant métis de l'empire austro-hongrois et du Reich germanique. Ce ne sont pas ces Britanniques qu'il combat tout en se référant à eux. Ces Britishs sont régentés par une monarchie qu'il respecte et qu'il admire en secret. D'ailleurs, après sa victoire militaire sur la France en 1940, il va tout faire pour rétablir la paix avec eux, en leur garantissant l'intégrité de leur empire colonial. Ses vrais ennemis ne sont pas non plus ces Français qui se sont si bien battus en 1914, et qui se sont si vite effondrés en face de ses armées et de ses avions en 1940. Comme Bismarck avant lui, il méprise cette démocratie, dirigée depuis trop longtemps par des républicains pacifistes et veules. **Non, ses vrais ennemis de toujours, depuis les temps très anciens des chevaliers teutoniques et des invasions turco-mongoles, ce sont les Nomades !**

Tous ces Nomades, descendants de Gengis Khan, de la Diaspora juive et des Tziganes : diseurs de bonne aventure, musiciens, commerçants et usuriers qui envahissent les Empires Centraux. Hitler, avant 1914, les a côtoyés dans les quartiers populaires de Vienne, par le biais des Hongrois — autres nomades sédentarisés — et des Tchèques qu'il méprise et dont il a souvent dû supporter le regard arrogant.

Pour ces Nomades, le Sédentaire Hitler n'aura aucune pitié. Tous les moyens vont être employés, les plus anciens comme les plus techniques et modernes. Pour ne pas avoir à s'en occuper lui-même, il va déléguer à certains de ses complices la responsabilité des méthodes usitées (la brutalité physique, la faim, les persécutions, les gaz, etc.). Quant aux Slaves Primordiaux (Polonais, Serbes, Ukrainiens et Biélorusses), il va leur réserver ce que réserve un Sédentaire dominant à des Primordiaux soumis: la réduction en esclavage, la diminution à l'état « d'Untermenschen », de sous-hommes.

Ainsi, Hitler est un dominant faisant partie du groupe sanguin A qui est devenu une caricature du comportement Sédentaire: il a voulu le pouvoir à tout prix. Suite à l'effondrement de la monarchie allemande des Hohenzollern, il est parvenu à l'acquérir et s'y est alors accroché de toutes ses forces. Coléreux, n'écoutant que lui-même, ce fructo-végétarien maladif a connu un vieillissement précoce. Il mena ses guerres à la manière du rouleau-compresseur, au mépris de la vie de millions d'hommes et du peuple allemand. Il sacrifia des hommes et des femmes au nom de ses délires idéologiques et de la domination de la race allemande sur le monde. Ce délire trouve sa source dans une haine viscérale des Nomades de la Diaspora, des Tziganes et des Slaves Primordiaux. Insolent vis-à-vis des hommes d'État et des diplomates de son époque, il délégua ses pouvoirs en se déchargeant sur des collaborateurs cyniques et ambitieux. Vaincu, il se réfugia dans son bunker, organisant autour de lui des « *festung*[15] » irréalistes, et se suicida, préférant mourir que de devoir affronter le jugement de l'Histoire.

Le miroir a deux faces: le Primordial O Mussolini, victime de sa fidélité au Sédentaire A Hitler

Grâce à la connaissance des groupes sanguins, rien n'est plus simple que de comprendre les rapports de soumission et de domination entre Mussolini et Hitler. Le second, nous l'avons vu, est un Sédentaire du groupe sanguin A, qui crache son insolence à l'univers; le premier a l'arrogance d'un Primordial du groupe sanguin O. Tout ira bien pour Mussolini tant qu'il maîtrisera seul son destin et qu'il dirigera l'Italie à la manière impertinente d'un chef de tribu. Malheureusement pour lui, dès sa rencontre avec Hitler, il subira progressivement, victime de sa vulnérabilité génétique, l'influence maléfique du chancelier de l'Allemagne. Paralysé par son magnétisme, Mussolini ne pourra jamais se libérer de son emprise et, par fidélité, finira fusillé en 1945 par ses propres compatriotes. Tout oppose les deux hommes: de leur

15. Camp militaire fortifié et retranché, orienté en épi sur la défensive, afin que l'adversaire vienne s'y « casser ».

physique à leur mode de pensée, en passant par leur comportement avec leur entourage et les femmes.

Schmidt, voyant Mussolini pour la première fois, à l'occasion de l'annexion de l'Autriche par l'Allemagne en 1938: «*Il fut moins surprenant qu'intéressant pour moi, de constater combien le dictateur italien s'était déjà éloigné des puissances occidentales et combien il s'était rapproché de l'Allemagne sur les questions de principe de la politique européenne.*»

«*En le voyant, court, trapu, assis bien droit sur son siège, nous exposer son opinion sur tel ou tel point, en formules latines, courtes et nettes, sans grands gestes mais avec des expressions de visage très éloquentes, en sentant ses gros yeux bruns nous regarder avec pénétration, Goering et moi, ma première impression fut que cet homme savait ce qu'il voulait, qu'il n'était nullement un visionnaire; mais qu'en Romain clairvoyant, il restait les deux pieds fermement posés dans le domaine des faits. Par la suite, au cours des conversations qu'il eut avec Hitler, je fus frappé de sa façon de s'exprimer, claire, brève et réaliste, par opposition aux généralités toujours très vagues du dictateur allemand.*»

«*Ce fut là leur différence la plus marquée, tout au moins aussi longtemps que Mussolini et l'Italie purent prendre des décisions indépendantes. Quand il se trouva graduellement réduit au rang de vassal hitlérien, recevant des ordres plus ou moins formels sur ce qu'il devait faire, Mussolini devint de plus en plus silencieux. En revoyant par l'esprit comment il modifia peu à peu son attitude au cours des nombreux entretiens, je présume aujourd'hui que Mussolini se rendit compte, avant beaucoup d'autres, du point où aboutissait la route suivie, et qu'il vit très certainement venir la catastrophe bien avant son partenaire allemand. Mais à cette époque il avait déjà perdu la liberté de ses décisions.*»

En effet, à partir du moment où il contractera son alliance avec les Allemands, le Primordial Mussolini va très vite perdre sa liberté et son indépendance au contact du Sédentaire Hitler. Au début, l'entente entre les deux dictateurs est parfaite. Lors de leur rencontre à Munich en 1938, Schmidt voit les deux dictateurs ensemble pour la première fois et a tout le loisir de comparer leurs différentes physionomies:

«*Hitler était assis légèrement ramassé sur lui-même. Quand il parlait avec animation, la fameuse mèche, si chère aux caricaturistes, retombait sur un front de hauteur moyenne et lui donnait un air bohème. Le fait qu'Hitler ait pu avoir du sang tchèque dans les veines ne me paraît pas du tout invraisemblable; instinctivement en de pareils instants, je le transplantais dans une ambiance slave. Lorsque je le voyais assis à côté de moi, pâle, avec ses longs cheveux sombres, son regard fuyant, son nez plutôt gros, et sa bouche très ordinaire au-dessous de sa petite moustache, lorsque j'entendais sa voix rauque, avec ses accents enroués et roulant les "r", lorsque ses yeux s'enflammaient de passion ou jetaient un éclair de colère pour s'éteindre l'instant d'après, je n'avais pas l'impression d'avoir auprès de moi un Allemand typique. Il me paraissait être un produit de ce métissage que l'on trouvait dans la monarchie austro-hongroise et qui se manifeste encore dans certains bas-quartiers de Vienne.* »

« *Mussolini en face de lui donnait une impression radicalement différente. Le corps toujours très droit, se balançant un peu sur les hanches en parlant, il éveillait avec sa tête de César l'idée d'un Romain antique, au front puissant, au menton énergique, anguleux, avançant agressivement au-dessous de la grosse bouche. Il avait des mines beaucoup plus expressives que celles d'Hitler, quand il tonnait contre le bolchevisme ou se déchaînait contre la Société des Nations. Son visage bruni par le soleil, exprimait tour à tour la colère, le dédain, la résolution ou la ruse complétés par une mimique éloquente, tandis que ses gros yeux d'un brun sombre, paraissaient, en certains endroits du discours, prêts à jaillir de ses orbites Cette fois encore, je fus frappé par la forme précise, cristalline, qu'il donnait à ses pensées. Il ne prononçait pas un mot de trop et tout ce qu'il disait eut pu être imprimé sur-le-champ. La différence de leurs rires était également intéressante. Celui d'Hitler avait toujours un arrière-goût de mépris et de sarcasme. Il portait la trace de ses déceptions antérieures et de ses ambitions refoulées. Mussolini, par contre, pouvait rire à gorge déployée. C'était un rire libérateur, qui montrait que cet homme avait le sens de l'humour.* »

Mussolini, comme un certain nombre de Primordiaux célèbres, a en effet une forte prestance, « de la gueule ». Comme ont eu de la gueule ces fauves sauvages face à l'adversité que pouvaient être le général Douglas MacArthur, le général Marcel Bigeard, le général de Gaulle et… Jacqueline Kennedy, tous du groupe sanguin O.

Dans son *Mussolini*[16], Pierre Milza fait découvrir au lecteur un personnage « *certes brutal, mais qui donne l'impression d'une grande fragilité. Ce sentiment que l'on se trouve devant un "écorché vif", au tempérament solitaire et ombrageux. Cette impression est corroborée par les relations que Mussolini entretient avec son entourage. Le Duce semble éprouver une méfiance maladive à l'égard des hommes à tel point, qu'hormis son frère Arnaldo, peu d'individus peuvent, à l'opposé d'Hitler, se vanter de son amitié.* »

Encore à l'opposé d'Hitler, « *la manière dont le dictateur manipule les grands hiérarques fascistes, est à cet égard remarquable… Mussolini ne peut*

16. MILZA Pierre, *Mussolini*, Fayard, 2004.

admettre la moindre velléité de clientélisme et de domination chez ses compagnons d'armes. Il pratique la rotation régulière des postes et des honneurs, ce qu'il appelle la relève de la garde. »

Dans *Le piège de Munich*[17], Pierre Miquel décrit l'inversion des rapports de domination et de soumission entre Hitler et Mussolini à partir de 1937, lorsque ce dernier est impressionné par la puissance militaire sans cesse grandissante de l'Allemagne nazie : « *Le 11 décembre 1937, l'Italie se retirait de la SDN. Son alignement sur la politique étrangère allemande était total. Hitler avait pris définitivement l'ascendant sur son allié, en étalant la puissance industrielle et militaire de l'Allemagne, mais aussi la capacité du parti nazi à organiser les parades géantes avaient impressionné Mussolini. (...) Hitler rendit sa politesse à Mussolini... et fut déçu d'avoir en face de lui un aussi piètre compagnon. Il mesurait la différence entre sa propre dictature et celle du Duce : le petit roi (d'Italie) en personne avait tenu à l'accueillir à Rome, le premier mai, comme l'exigeait l'étiquette, Mussolini restant au second plan. Le Führer devait parcourir la ville dans une ridicule calèche à quatre chevaux, comme un président du Conseil français.* »

À l'inverse d'Hitler, le Primordial Mussolini a auprès de la gent féminine un comportement de chasseur de gibier. Les femmes auront jalonné sa vie. La première fut sa mère Rosa, institutrice qui lui donna son éducation initiale. D'abord marié avec Donna Rachele, une forte paysanne, il devra son éducation révolutionnaire à Angelica Balabanoff et sa culture à Margherita Sarfati, une grande bourgeoise vénitienne. Et il mourra fusillé aux côtés de la malheureuse Claretta Petacci qui se jettera au devant des balles du peloton d'exécution pour protéger de son corps son amant-dictateur. Comme la plupart des Primordiaux, Mussolini aime les femmes et, monogame (successif !), il ne peut vivre sans elles ; contrairement au Sédentaire Hitler qui cache ses amours platoniques. Il Duce s'affiche avec elles, fier de montrer ses conquêtes aux yeux de tous.

Mais comme tous les Primordiaux au contact de la « civilisation », Mussolini devient dépendant d'Hitler et de l'Allemagne. Schmidt : « *La dernière rencontre qu'eurent Hitler et Mussolini avant l'écroulement de l'Italie fasciste, fut mémorable à un certain point de vue Elle eut lieu au petit château de Feltre, près de Bellune, en Italie du Nord. Le dictateur italien s'entendit silencieusement sermonner par son collègue allemand devant de nombreuses personnes, dont des généraux italiens. En outre, arrivèrent des nouvelles exagérées sur le premier bombardement important sur la ville de Rome. Aussi, cette entrevue du 20 juillet 1943 fut-elle l'une des plus déprimantes de toutes celles auxquelles j'ai assisté. Mussolini fut si troublé qu'il*

17. MIQUEL Pierre, *Le Piège de Munich*, Fayard, 2004.

me fit réclamer, après son arrivée dans la capitale, les notes que j'avais prises sur la conversation. »

Mussolini, par fidélité à Hitler, va mourir fusillé le 28 avril 1945.

Face au Sédentaire dominant Hitler, Francisco Franco se comporte, lors de l'entrevue d'Hendaye à la frontière franco-espagnole, comme un Nomade rusé

Contrairement à Mussolini, le faux dur qui fut asservi par Hitler et réduit à l'état de valet, le général Franco, insaisissable, a su lui résister grâce à sa subtilité. Ainsi est-il parvenu à éviter l'engagement de son pays dans la Seconde Guerre mondiale et à se maintenir au pouvoir à Madrid jusqu'à sa mort en 1975.

Le 23 octobre 1940, après la victoire de ses armées sur la France, Hitler rencontre à la frontière espagnole le dictateur Francisco Franco. Avec l'aide des Allemands et des Italiens, le général Franco avait réussi à vaincre en 1939 les troupes républicaines, à les chasser du pouvoir à Madrid et à instaurer une dictature fondée sur les principes du national-catholicisme. En 1939, Franco est « el Caudillo » de l'Espagne.

En 1940, l'Espagne sort ruinée de la guerre civile qui l'a ébranlée. Elle a besoin de la paix pour panser ses blessures. La famine menace : des centaines de milliers d'hectares agricoles sont en friche et l'agriculture manque de bras. De nombreux Espagnols sont contraints de fuir, d'autres croupissent en prison. La structure industrielle du pays est ravagée. Pour les Espagnols, une autre guerre serait catastrophique.

Or, après avoir vaincu en juin 1940 les armées françaises au cours d'une offensive-éclair de quarante jours, Hitler obtient la reddition de la France. Pour gagner la guerre, il ne lui reste plus qu'à vaincre la Grande-Bretagne. Alors, il sera le grand gagnant et pourra envisager la réalisation de ses rêves de domination mondiale. À ce moment, ni les USA ni la Russie ne sont en guerre contre lui. Il lui faut donc très rapidement écraser les Anglais, avant que les Étasuniens ne viennent à leur secours.

Pour mettre la Grande-Bretagne à genoux, il doit lui couper ses routes maritimes et, en particulier, fermer le passage de ses navires en Méditerranée en prenant le Canal de Suez et en se rendant maître du Détroit de Gibraltar. Avec quelques troupes aguerries et de parachutistes, il lui serait aisé de prendre Gibraltar depuis la terre, s'il a l'aide des Espagnols. Une fois le détroit de Gibraltar conquis, il sera alors possible aux troupes allemandes de débarquer au Maroc et, face à l'armée française démoralisée et vaincue, de faire une percée en Afrique du Nord pour prendre à revers les Anglais, conquérir le Canal de Suez et envahir l'Égypte.

Mais, pour cela, il faut qu'il puisse traverser toute l'Espagne. L'accord, voire la coopération, des dirigeants espagnols sont donc absolument nécessaires. À Madrid, beaucoup sont enthousiastes, y compris le beau-frère de Franco, le Ministre des Affaires Étrangères, Ramon Serrano Suner. Franco, lui, ne dit rien : il hésite. Il accepte quand même de rencontrer son bienfaiteur, qui lui a permis de remporter la victoire pendant la guerre civile de 1936-1939. Hitler et Franco se retrouvent donc à la gare d'Hendaye en France, le train du premier venant de Paris et celui du second de Madrid.

Schmidt : « *Le train espagnol parut vers quinze heures sur le pont international de la Bidassoa. Musique militaire, défilé devant la compagnie d'honneur, bref, cérémonial habituel d'une rencontre entre dictateurs. Puis s'engagèrent les conversations, si lourdes de conséquences, qui devaient mettre fin à la sympathie existant entre Hitler et Franco.* »

« *Celui-ci, petit et gros, la peau foncée, avec des yeux noirs très vifs, s'assit dans le wagon-salon allemand. Sur les images que j'avais vues de lui, il m'avait toujours paru plus grand et moins gros. Je me mis à penser que s'il portait un burnous, on le prendrait pour un arabe... Je fus également frappé par sa manière hésitante et réservée de parler et de discuter. Je compris bien vite qu'en négociateur prudent, il ne tenait pas à se lier.* »

« *Sans détours* (à la manière d'un Sédentaire !), *Hitler offrit Gibraltar à l'Espagne ainsi que, par une formule vague, des territoires coloniaux en Afrique. Tout d'abord Franco resta silencieux. Il était tassé sur lui-même. Son visage impénétrable ne me permit pas de voir s'il était déconcerté par la proposition ou s'il préparait simplement sa réponse en toute tranquillité. Il entreprit alors une manœuvre de dérobement. La situation alimentaire était très mauvaise en Espagne. Le pays avait besoin de blé : plus de 100 000 tonnes. "L'Allemagne était-elle en état de les fournir ?" demanda-t-il avec l'air, à ce qu'il me sembla, d'être aux aguets. L'Espagne avait également besoin d'armes modernes. De l'artillerie lourde était nécessaire contre Gibraltar. Franco énonça un chiffre de canons très élevé qu'il désirait obtenir de l'Allemagne. En outre, il lui faudrait défendre sa longue façade maritime contre les attaques de la marine britannique. Il manquait aussi de l'artillerie contre les avions. Comment l'Espagne empêcherait-elle la capture des Canaries qui était à prévoir ? D'autre part, l'orgueil espagnol n'accepterait pas de se faire offrir Gibraltar en cadeau après sa conquête par des soldats étrangers : la forteresse devait être enlevée par les Espagnols eux-mêmes...* »

« ***Pendant que Franco continuait à parler d'une voix calme, douce, monotone et chantante, rappelant celle des muezzins***[18]*, Hitler commença à devenir de plus en plus inquiet. L'entretien lui portait visiblement sur les nerfs. Il se leva même à un moment en déclarant qu'il était inutile de continuer à discuter, mais il se rassit aussitôt et repris ses tentatives pour faire changer d'avis Franco. Celui-ci se déclara prêt à conclure un traité, mais avec de telles conditions relatives à l'armement, au ravitaillement, ainsi qu'au moment de son intervention active, que cet accord n'était plus qu'une façade derrière laquelle il n'y avait rien.* »

À Hendaye, le 23 octobre 1940, par son attitude de Nomade subtil, diplomate et prudent, Franco a su éviter la catastrophe au peuple espagnol. Et peut-être que, contrariant les plans d'Hitler qui voulait voir l'enclave britannique de Gibraltar passer sous le contrôle allemand, il l'a aussi empêché de gagner la Seconde Guerre mondiale.

> *« L'art suprême du général consiste à briser sans combattre la résistance de l'ennemi. »*
>
> *Sun Tzu*

Le lendemain 24 octobre 1940, à Montoire, pour protéger la France vaincue, le maréchal Pétain s'oppose de tout son prestige à Hitler

La veille, Hitler n'est pas parvenu à entraîner les Espagnols dans la guerre : face à lui, Franco a joué plus finement. Mais l'Espagne ne pèse pas lourd dans ses rêves de domination totale. De plus, les Espagnols lui paraissent si différents des Allemands : il y a trop de fierté et de bondieuseries chez ces gens-là ! Il sera, lui semble-t-il, plus facile de traiter avec les Français, écrasés en si peu de temps. D'ailleurs, le Sédentaire Hitler est prêt à proposer aux perdants une paix avantageuse : le futur roi du monde compte être magnanime. D'autant qu'il respecte encore la valeur des Poilus de 1914, car il a également combattu, mais dans l'autre camp. Hitler exulte, lui, l'ancien caporal qui, malgré les avis contraires de ses propres généraux, a envahi la France jusqu'à la frontière espagnole en seulement six semaines. Les Français sont à genoux, et, pour vaincre les Anglais et finir au plus vite cette guerre il va proposer aux Français, contre quelques concessions généreuses, la colla-

18. C'est nous qui « soulignons».

boration avec l'Allemagne. Pour Hitler, elle consiste essentiellement en une alliance militaire où les Français devront se retourner contre les Anglais, leurs anciens alliés. À Montoire, Hitler compte proposer aux Français affaiblis ce qu'il n'a pu obtenir la veille des Espagnols: cette collaboration qui doit lui permettre de s'implanter en Afrique du Nord, pour prendre à revers les Anglais en Méditerranée et assurer ainsi la victoire du nazisme.

Cependant à Montoire se dresse le Maréchal de France (groupe sanguin censuré), un Primordial vaincu, certes, mais prêt à défendre son territoire du mieux qu'il peut, avec les faibles cartes qui lui restent en main. Schmidt: « *En ce 24 octobre 1940, dans la nuit commençante, sous la lumière indécise des fanaux éclairant le quai de la petite gare, il était difficile, au premier regard, de distinguer le vainqueur du vaincu. Bien droit, malgré son grand âge, dans sa tenue toute simple, Pétain eut presque un geste de souverain en tendant la main au dictateur, tout en le fixant d'un œil inquisiteur, glacial et pénétrant. Je savais toute la considération dont il jouissait auprès d'Hitler, de Goering et de beaucoup de hautes personnalités nationales-socialistes. Il incarnait pour la plupart des Allemands, les vertus militaires françaises, et ce sentiment pesa manifestement sur l'attitude qu'eut Hitler pour l'accueillir* (...). »

« *Les deux hommes se serrèrent silencieusement la main sans qu'un sourire vînt éclairer leur visage. En leurs personnes, la France et l'Allemagne semblaient s'affronter. Tous les assistants, y compris les sentinelles présentant les armes, sentirent passer le souffle de l'Histoire.* »

Hitler cherche, comme la veille avec Franco, à retourner la France contre l'Angleterre, trahir son ancienne allée, se retourner contre elle et l'attaquer militairement là où elle est vulnérable, en Méditerranée: « *Hitler commença par ce préambule: "Je regrette, Monsieur le Maréchal, que nous nous rencontrions dans de pareilles circonstances. Personnellement, je le sais, vous n'avez pas voulu cette guerre et vous n'en portez pas la responsabilité. Nous avons déjà gagné la guerre", dit Hitler en répétant ses propos d'Hendaye. "L'Angleterre est battue, il faudra bien, tôt ou tard, qu'elle en convienne. Il est évident que quelqu'un doit payer les frais de cette guerre perdue Ce ne peut être que la France ou l'Angleterre. Si c'est cette dernière, la France pourra reprendre en Europe la place qui lui revient et conserver pleinement sa puissance coloniale."* »

Au cours de cette confrontation, où Hitler sonde les intentions de son interlocuteur, Pétain cherche à obtenir le plus de concessions possible, tout en évitant la guerre contre les Anglais: « *Le maréchal déclara alors que son pays avait trop souffert, moralement et matériellement pour se lancer dans un nouveau conflit.* »

« Hitler en fut manifestement irrité : "Si la France ne veut pas se défendre elle-même et nourrit encore des sympathies pour les Anglais", s'écria-t-il d'un ton hostile, "elle perdra son empire colonial à la fin de la guerre et se verra imposer des conditions de paix aussi dures qu'à l'Angleterre." »

Le Premier ministre du maréchal, Pierre Laval (groupe sanguin censuré) prononce alors pour la première fois le terme de « collaboration » : « *Laval en profita pour parler de la bonne volonté que la France était disposée à manifester pour collaborer avec l'Allemagne dans tous les domaines* ***autres que militaires***[19]. »

En effet, dans ce duel, les Français n'ont pas une position de force face à la volonté de puissance des vainqueurs : deux millions de soldats prisonniers en Allemagne ; des départements français du Nord rattachés à la Belgique ; l'Alsace-Lorraine, pour laquelle tant de soldats sont morts en 14-18, à nouveau sous domination allemande ; une France coupée en deux, une zone Nord occupée par les armées allemandes et une zone Sud « libre » sans industrie ; une armée réduite à cent mille hommes en zone Sud ; un coût écrasant des indemnités d'occupation. La partie est dure pour les vaincus. Ce qui est essentiel pour les Français à ce moment-là, c'est de conserver le peu de souveraineté qui reste à l'Hexagone ainsi que leur empire colonial ; c'est aussi préserver et mettre hors de portée des Allemands sa marine de guerre demeurée intacte ; c'est enfin relever le pays de sa cuisante défaite.

Et, pour se protéger de l'appétit de loup d'Hitler, les Français ont fait appel le 17 juin 1940 au seul rempart moral encore crédible aux yeux du monde : le maréchal Philippe Pétain.

Étonnant destin que celui de ce fils de cultivateurs de pommes de terre du nord de la France, né en 1856, qui, après une formation d'officier à Saint Cyr, va connaître une carrière exceptionnelle : officier de troupe apprécié de ses hommes, officier d'état major, excellent enseignant à l'École de Guerre, général courageux ne craignant pas le danger et « faisant le coup de feu » avec ses hommes, sauveur de Verdun, attentif gardien de ses hommes qu'il refuse d'envoyer à la mort (ce qui est un comportement habituel de général Sédentaire), artisan de la victoire de 1918, généralissime de la IIIe République, maréchal de France, puis chef de l'État français. Il gravit les sommets, monte au firmament pour ensuite, avec la défaite, connaître l'infamie et l'indignité nationale dans le clan des perdants.

Dans ce destin, ce fils de paysans se comportera toujours comme un Primordial défendant farouchement son territoire, son clocher, la France, son empire colonial, ses vieilles traditions rurales. Il emploie avec énergie ses

19. Cest nous qui « soulignons ».

facultés intellectuelles pour protéger son pays. Pour le maréchal Foch, il est « *d'une élévation de sentiments, d'une droiture de caractère peu ordinaire, d'une intelligence très nette et très précise, d'une méthode rigoureuse, d'une conscience à toute épreuve, d'un sens tactique très juste et d'une connaissance approfondie de son arme*... »

Un Primordial typique que cet homme, très probablement du groupe O (groupe sanguin censuré), qui considère que les malheurs de la France sont venus de la transgression de ses vieux tabous, et qui va instaurer après la défaite de 1940 un régime politique fondé sur les principes fondamentaux de la vie de clan des sociétés tribales, traditionnelles, patriarcales et hiérarchisées : le respect des évidences (Travail), le totem (Famille) et la défense du territoire (Patrie).

À Montoire, le 24 octobre 1940, en s'opposant avec l'entêtement d'un Primordial à l'alliance que lui propose Hitler, en refusant une collaboration militaire qui aurait permis aux nazis de s'implanter en Afrique du Nord, le maréchal Pétain, comme Franco la veille, a sauvé l'Europe de la barbarie. « *Montoire* », dira le ministre allemand von Renthe-Finck, « *constitue la plus grande défaite de la politique allemande vis-à-vis de la France. Nous n'y avons rien obtenu et, s'il n'y avait pas eu Montoire, il n'y aurait probablement pas eu de débarquement allié en Afrique du Nord.* »

Lundi 23 juillet 1945, 13 heures, première chambre de la Cour d'Appel de Paris : « *"Faites entrer l'accusé !" Par une petite porte, précédé d'un garde et suivi de ses trois avocats, l'accusé Philippe Pétain paraît : petite tenue de maréchal de France, uniforme kaki dont les manches s'ornent de sept étoiles, médaille militaire, ceinturon de soie, gants blancs en peau de chamois. Le silence s'est établi, écrasant. Alors le Maréchal élève son képi à triple couronne de feuilles de chêne d'or et salue à la ronde. L'assistance retrouve en un instant l'image même qu'ont répandu à travers la France, de 1940 à 1944, des millions de photographies : toujours aussi droit, les yeux toujours aussi bleus, la moustache blanche aussi bien taillée. Soudain, d'un seul mouvement, ce public où Philippe Pétain compte tant d'ennemis se lève. Sans qu'aucun ordre ne leur ait été donné, plusieurs des gardes républicains se mettent spontanément au garde-à-vous. "Choc magnétique", "Événement stupéfiant", imprimera la presse. Jean Schlumberger, dans* le Figaro, *voit à ce presque nonagénaire vingt ans de moins que son âge. Et Joseph Kessel lui voit le front net, les joues roses, le torse droit*... »[20]

Le Primordial a fini par être vaincu par les Nomades et les Sédentaires.

---

20. DECAUX Alain, *Morts pour Vichy*, Librairie Perrin, 2000.

Charles de Gaulle (groupe Primordial O-)

En ces mois cruciaux de la fin du printemps et de l'été 1940 sont apparus au grand jour des hommes providentiels, des caractères forts et des esprits lucides. Les masques de l'hypocrisie et des faux-semblants de l'entre-deux-guerres sont tombés. L'heure est aux hommes d'exception. L'heure est à Charles de Gaulle (groupe Primordial O-) et à Winston Churchill (groupe sanguin non communiqué)

Le 14 mai 1940, après les neuf mois d'immobilisme de la Drôle de Guerre, l'offensive allemande enfonce le front français à Sedan. La route de Paris est ouverte.

Le 17 mai, le jour même où le (encore) colonel de Gaulle repousse avec ses chars les panzers allemands à Moncornet, le président du Conseil, Paul Reynaud, rappelle d'urgence à Madrid le maréchal Pétain, ambassadeur extraordinaire auprès du général Franco, son ami qu'il a connu au Maroc dans les années 1920. Reynaud lui propose, en ces instants graves, le poste de vice-président du Conseil : « *"N'y allez pas", lui avait dit Franco, "Vous êtes le vainqueur de Verdun, n'associez pas votre nom à la défaite que d'autres ont provoquée". "Je sais cela, général", répondit-il, "mais ma patrie m'appelle et je me dois à elle, peut-être est-ce là le dernier service que je pourrai lui rendre."* »

« *Le 12 juin, le gouvernement ayant quitté Paris, un conseil des ministres se réunit au château de Cangé, au voisinage de Tours. Le général Weygand* (qui a succédé au général Gamelin) *est entendu ; sa conclusion est formelle : militairement, la guerre est perdue ; plus on tardera à solliciter un armistice, plus étendue sera l'occupation allemande. Le Maréchal Pétain qui, depuis le 18 mai, fait partie du ministère, insiste dans le même sens* (...) *Le 13 juin, le conseil décide de demander à l'Allemagne ses conditions d'armistice.* (...) »

« *Le 18 juin, la journée se passe à Bordeaux* (où le gouvernement s'est replié) *à attendre la réponse de l'Allemagne. Les Allemands sont ce jour-là à Cherbourg, Rennes, Orléans, Bourges, Dijon et Vesoul. Leurs chars dévalent vers le sud, dépassant souvent les unités françaises en retraite. La Loire a été franchie et la ligne Maginot tournée. Il est à nouveau question du départ du président de la République et d'une partie des ministres pour Alger, mais le Maréchal Pétain déclare qu'il ne quittera en aucun cas le territoire métropolitain.* »

« *La radio de Londres annonce alors que le général de brigade Charles de Gaulle va adresser depuis la Grande-Bretagne une proclamation aux Français.* »[21]

---

21. CHASTENET Jacques, *Winston Churchill et l'Angleterre du XXe siècle*, Fayard, 1965.

Contrairement au maréchal Pétain à qui il ressemble par son profil métabolique, la façon de penser et le comportement, le général de Gaulle (1890-1970) refuse de rendre les armes et de cesser la lutte contre l'envahisseur. Pétain fut son maître et son protecteur au début de sa carrière, et, en ces heures dramatiques, il s'est sacrifié en faisant don de sa personne à la France. Et de Gaulle ne fait pas partie de ceux qui veulent poursuivre la guerre à tout prix dans le sud de la France et dans les colonies d'Outre-Mer, ce qui, avec une armée française anéantie n'ayant plus aucun ressort moral, aurait eu des conséquences catastrophiques pour le pays.

Pour ce spécialiste de l'emploi combiné des chars et de l'aviation fraîchement promu général, les jeux sont malheureusement faits : la partie est perdue ! Inutile de rêver aux chimériques combats à retardement dans le « réduit breton », en Afrique du Nord ou dans les colonies. La vraie bataille se trouve désormais là où des troupes demeurent intactes, où existe encore une aviation militaire en état de combattre. Ainsi, le 17 juin, le général est le seul homme politique français à s'envoler depuis Bordeaux pour l'Angleterre où un Churchill désespéré l'accueille avec sympathie.

Là se manifestent le bon sens et l'esprit pratique, précis et intuitif du Primordial qui refuse la domination du territoire et la mise en esclavage des Français. Plutôt mourir que de se soumettre ! À sa façon, le général de Gaulle va se comporter selon les caractéristiques de sa génétique de survie : un Nomade aurait négocié, transigé, pactisé avec l'ennemi et aurait même pu vendre le pays à l'ennemi ! Un Sédentaire, au risque de tout perdre, de capituler trop tard et dans les pires conditions, se serait entêté à poursuivre aveuglément la lutte. Lui, le Primordial, garde tout son bon sens et son esprit pratique et, pour contrer intelligemment l'envahisseur, choisit la révolte et refuse de se coucher, s'inspirant de son modèle, l'énergique Clemenceau (groupe sanguin censuré). Il va là où il y a encore de vrais hommes politiques et de vrais soldats, où est encore possible le rassemblement des volontaires en vue de la bataille décisive.

« *"Foudroyés aujourd'hui par la force mécanique", écrit de Gaulle, "nous pourrons vaincre dans l'avenir par une force mécanique supérieure. Rien n'est perdu parce que cette guerre est une guerre mondiale. La France a perdu une bataille. Mais la France n'a pas perdu la guerre."* »[22]

La veille, le maréchal Pétain, nouveau chef de l'État, a prononcé un discours au cours duquel, pour abréger au peuple français les souffrances de sa défaite, il a annoncé la fin des combats : c'est l'Armistice.

---

22. CHASTENET Jacques, *Winston Churchill et l'Angleterre du XXe siècle*, Fayard, 1965.

L'heure est à la vérité sans artifices. La parole n'est plus aux sophistes, aux rêveurs et aux idéologues des salons parisiens, aux philosophes idéalistes des organisations internationales, aux pacifistes d'avant-guerre — comme Aristide Briand (groupe sanguin censuré), Léon Blum (groupe sanguin censuré), Edouard Daladier (groupe sanguin censuré) qui ressemble tant à Mussolini, le « taureau du Vaucluse », le faux-dur de Munich, ou Edouard Herriot (groupe sanguin censuré), l'anticlérical admirateur de Lénine et de Staline. Le réveil est aux dures réalités. Il n'y aura désormais de place que pour les esprits forts, volontaires et énergiques. L'avenir est aux combattants et aux résistants.

C'est dans les mémoires de son fils[23], l'amiral Philippe de Gaulle, que l'on cerne au mieux les caractéristiques intimes du Primordial Charles de Gaulle. Très tôt, le père de Charles, de tradition monarchiste et lecteur de l'*Action Française*[24], lui fait découvrir les œuvres de Maurice Barrès[25], Henri Bergson et de Charles Péguy. Charles de Gaulle est d'abord un fidèle : fidèle aux valeurs de sa patrie et de sa famille qu'il assimile à une tribu, à un clan ; fidèle à sa religion ; fidèle à sa caste de petits nobles terriens dont la généalogie remonte jusqu'aux guerres franco-anglaises du Moyen Âge ; fidèle à l'armée française à laquelle il est viscéralement dévoué ; fidèle à ses amitiés et à ses engagements moraux : « *Il avait en effet, comme ses parents et grands-parents, un grand sens de la famille. Il répétait souvent l'un des Dix Commandements : "Tes père et mère honoreras afin de vivre longuement". Et il ajoutait : "C'est dire que lorsque tu sors de la famille et du clan, tu disparais. Elle est donc ton instrument de conservation."* »

Fidèle au catholicisme, ciment de l'unité et ferment de la France éternelle, de Gaulle est profondément croyant : « *"Le rôle de la France se confond avec un rôle chrétien. Notre pays ne serait pas ce qu'il est, c'est presque banal de le dire, s'il n'était pas d'abord un pays catholique… Si Dieu avait voulu que la France mourût, ce serait fait. Il ne l'a pas voulu, elle vit, l'avenir est à elle.* (…) *La France qui est la fille aînée de l'Église, voit l'avenir avec sérénité, avec fermeté, avec confiance. L'Église est éternelle et la France ne mourra pas. L'essentiel est qu'elle reste fidèle à ce qu'elle est et, par conséquent, fidèle à tous les liens qui l'attachent à notre Église."* »

Dans ce discours de de Gaulle devant la communauté française de Rome lors de sa visite au Pape le 27 juin 1959, si le lecteur remplace le mot « France » par « de Gaulle », il a en réalité la description du mental du Général !

---

23. GAULLE (DE) Philippe : *De Gaulle, mon père*, Librairie Plon, 2003.

24. Célèbre quotidien d'avant-guerre de la droite monarchiste française.

25. Écrivain français d'avant et d'après-guerre de 14-18 qui célébrèrent le culte du sol et de la race.

Considéré comme tatillon par ses supérieurs hiérarchiques, de Gaulle a une apparence nette et n'est jamais débraillé, car il a horreur du désordre, que ce soit dans sa manière de se vêtir, dans l'organisation de son travail, ou, comme Jacques Chirac plus tard, dans le rangement de son bureau. Il ne transigera jamais sur ses principes : « *À Londres, mon père n'apprit la déportation en Allemagne de sa nièce Geneviève que six ou douze mois après. Tout à fait à la fin de la guerre, Himmler* (groupe sanguin censuré) *lui a fait parvenir un message à son sujet. Il lui signalait qu'elle était son otage et lui faisait comprendre à demi-mot qu'elle pourrait éventuellement servir de monnaie d'échange dans le cas où il y aurait des choses à régler entre eux. Mon père a seulement répondu que les Allemands en général et les Nazis en particulier seraient personnellement tenus pour comptables de tout ce qui pourrait arriver aux Français.* »

Entré en 1908 à l'École militaire de Saint Cyr pour y préparer une carrière d'officier de l'Armée de Terre, il est affecté à sa sortie au 33e régiment d'infanterie de Arras, où son colonel est Philippe Pétain. Lieutenant au début de la Première Guerre mondiale, il est promu capitaine en janvier 1915. Blessé dès les premiers combats d'août 1914, il est à nouveau touché sur la Somme en 1915. En mars 1916, toujours au contact de l'ennemi, il est encore une fois blessé, puis fait prisonnier par les Allemands, soigné et interné. À partir de 1917, il tente sans succès de s'évader, à cinq reprises. Durant sa captivité en Allemagne, il se découvre des capacités manuelles et un état esprit de survie dignes de l'ingéniosité du chasseur-cueilleur préhistorique : « *Le 2 mars 1916, le voilà donc prisonnier après une bataille sans nom où il passe pour mort... Le capitaine de Gaulle n'est pas un prisonnier ordinaire. Il appartient à cette minorité qui refuse le mauvais sort et estime que la capture n'est qu'un incident momentané et que la guerre n'est pas achevée pour autant. Il entre alors dans une culture de l'évasion et va devenir, selon ses propres termes, un récidiviste obstiné.* »

« *L'homme du refus va commencer sa carrière, et la nécessité le transforme soudain en un tout autre homme. Lui qui détestait les travaux manuels, que je n'ai jamais vu jardiner ni bricoler, lui que j'ai vu un jour se mettre en colère devant une caisse de déménagement qu'il devait ouvrir avec des outils et qu'il a fini par abandonner à d'autres mains, lui qui exaspérait de devoir changer un plomb électrique, le voilà qui devient aussi adroit de ses doigts qu'un cambrioleur ! Il se met à fabriquer des fausses clefs, à teindre un uniforme pour en faire un costume civil, à fabriquer des laissez-passer, à desceller une pierre, à scier des barreaux... Les moyens matériels qui lui permettent de mettre en pratique tous ces procédés qu'invente son imagination jamais en repos, il se les procure par les conserves plus ou moins truquées qu'il reçoit par la Croix Rouge.* »

En effet, prisonnier de guerre depuis 1916, le Primordial qu'est de Gaulle cherche viscéralement à fuir : il tentera de nombreuses évasions et réussira à s'échapper cinq fois, mais il sera toujours rattrapé. Malgré sa jeunesse, son excellente forme physique, sa résistance naturelle au froid et à la faim, ainsi que les longues distances qu'il effectue à pied pour rejoindre la France depuis les hauts murs des forteresses éloignées d'où il s'est échappé, il ne parvient jamais au but. Les brimades, les mises au cachot, les privations alimentaires dont il est puni en retour, ne le font pas céder : il reste toujours à l'affût d'une idée nouvelle, d'un stratagème ingénieux qui lui permettraient de s'échapper à nouveau.

Un autre Primordial, futur général de l'armée française, aura des réflexes de survie identiques et le même comportement, c'est-à-dire fuir les camps de prisonniers allemands au cours de la Seconde Guerre mondiale et, plus tard, au cours des guerres coloniales, crapahuter dans les rizières d'Indochine, sauter en parachute sur la cuvette de Dien Bien Phu et souffrir dans les djebels d'Algérie : le général Marcel Bigeard (groupe sanguin O).

C'est donc un homme d'une trempe d'acier dont la jeunesse et le dynamisme n'autorisent encore aucune compromission ; un homme de conviction dont l'arrogance cache la timidité, qui va rejoindre les combattants de la Grande-Bretagne, désormais seule à s'opposer aux volontés de domination mondiale d'Hitler. En prenant ce chemin, l'obscur général O « à titre provisoire » trouve, au bon moment et au bon endroit, son destin prophétique !

Laissant les siens derrière lui, dont sa « fée » (son épouse Yvonne) et ses enfants qui se débrouilleront pour le rejoindre plus tard en Angleterre, le Général quitte la France le 17 juin car il sait que sur place la partie est perdue, que les tenants de la capitulation l'ont emporté : le maréchal Pétain vient d'être nommé à la tête de l'État. Or il connaît bien le Maréchal et il sait que, dans des conditions aussi catastrophiques, le « Vainqueur de Verdun » n'est plus assez compétent : il est trop vieux ! Comme d'ailleurs le général Weygand, autre vainqueur de la Première Guerre, qui vient d'être rappelé de sa retraite du Levant pour succéder à l'incapable général en chef Gamelin (groupe sanguin censuré). Il faudrait, à la tête du pouvoir, des hommes jeunes, volontaires et connaissant les règles de la guerre mécanisée moderne telle que la pratiquent les généraux allemands ; une armée de métier aux côtés de celle issue de la conscription. Mais, en France, de Gaulle est seul et l'unique solution est le repli en Angleterre. « *Un homme de haute stature est debout, isolé de l'assistance. Il se dresse comme la statue du commandeur, impassible, marmoréen, monolithique, annonçant le châtiment et tentant d'indiquer le seul chemin du salut.* »[26] Le Primordial a su trouver, dans ces circonstances exceptionnelles, sa voie de Prophète.

26. Paroles de Robert Aron, citées par CLERC Christine, *Tigres et tigresses*, Librairie Plon, 2006, p. 45.

De Gaulle part à bord d'un petit bimoteur militaire de quatre places, depuis l'aéroport de Bordeaux: « *Une obsession m'assaillait: qui allais-je retrouver en Angleterre? Car je ne pouvais imaginer que je me retrouverais seul! Cela m'aurait paru incroyable... Je me sentais dans le bon droit, l'honneur et l'intérêt de la Patrie étant devant moi, la honte de la capitulation et de la lâcheté sur mes talons... Je m'en suis remis à Dieu.* »

Quand il arrive en Grande-Bretagne, il constate qu'il est le seul homme politique et militaire de haut rang à avoir choisi cette voie. Cela sera sa chance car il n'aura pas de Sédentaires ou de Nomades pour le chapeauter! Au contraire, c'est l'affolement et le retour précipité vers la France vaincue qui atteint le cercle des fonctionnaires français de Londres: l'ambassadeur, les diplomates et militaires français en poste, paniqués, veulent tous être rapatriés. Grâce à Winston Churchill qu'il avait déjà rencontré, le Primordial de Gaulle va alors prononcer à la radio l'acte fondateur de toute une époque de l'histoire contemporaine française: « *Je vais vous donner quelques minutes demain soir à la radio dans le programme de la BBC... À tous les Français, la France a perdu une bataille! Mais la France n'a pas perdu la guerre!...* »

La suite n'appartient plus aux groupes sanguins, mais à l'Histoire.

En conclusion le destin de Gaulle peut illustrer parfaitement celui du Primordial: il a su, dans des circonstances historiques exceptionnelles, saisir sa chance et prendre sa voie prophétique. En effet, pour résumer, de Gaulle est un fidèle qui ne renie pas son milieu d'origine. Au contraire, comme de nombreux Primordiaux, il défend son territoire avec acharnement, que ce soit sa famille, son pays, sa religion. Dans son mental et son comportement, il a tout du Primordial: un militaire qui s'épanouit dans un milieu protégé, l'armée française. Il y conçoit une armée de métier capable non pas d'envahir l'étranger, mais de défendre son sol, celui de ses ancêtres. Marié à une fée qui le fixe dans son comportement affectif, très attaché à sa famille, arrogant, narcissique, tatillon, rigoureux, ordonné, il ne supporte pas la moindre indiscipline de vie. Toutefois, il est peu intéressé par l'argent et paiera toujours plus tard ses frais personnels à la Présidence de la République. Pendant de nombreuses années avant la Seconde Guerre mondiale, il ronge son frein et se prépare moralement au prochain combat qui se prépare avec l'Allemagne. Au moment où se précise la défaite militaire de 1940, il est de ceux qui gardent toute leur lucidité: il abandonne les défaitistes et va rejoindre les forces militaires qui sont encore capables de résister. Par ce choix, il est au rendez-vous de l'Histoire.

Le général Douglas MacArthur (groupe sanguin O)

Quelques mois plus tard, en 1942, à des milliers de kilomètres de l'Europe, en Extrême-Orient, un autre général Primordial va se dresser contre l'envahisseur japonais pour protéger son pays : le général Douglas MacArthur (groupe sanguin O)

Cette fois, il ne s'agit pas du fils d'un pays vaincu. Avec MacArthur, ce sont les tout puissants USA, avec leurs forces morales, militaires et économiques, qui vont, grâce à lui, chasser les Japonais.

À l'instar de Cimon se sacrifiant pour épargner Sparte, de Léonidas (Simonidès) aux Thermopyles mourant pour sauver Athènes, de Roland donnant sa vie pour son suzerain Charlemagne, ce sont souvent les Primordiaux qui défendent, avec l'énergie du désespoir, la tribu, le clocher, le pays quand ceux-ci se trouvent en grand danger. Mus par une énergie et une volonté de fer, ils le font au péril de leur vie, prêts à faire le sacrifice de leur personne et résignés à mourir pour le bien du groupe. Pour protéger leur clan, face au danger, ils deviennent des hommes arrogants et imperméables à la peur.

> *« Passant, va dire à Sparte que ceux qui reposent ici sont morts pour obéir à ses lois. »*
>
> *Léonidas aux Thermophyles*

Le 7 décembre 1941, les forces aéronavales japonaises ont simultanément attaqué toutes les colonies européennes dans le Pacifique afin d'en chasser les colonialistes britanniques, hollandais et étasuniens, et de créer un nouvel empire japonais dirigé par l'Empire du Soleil Levant, sous la domination de l'empereur Hiro-Hito (groupe sanguin A).

En quelques semaines, les forces armées britanniques et hollandaises sont vaincues et leurs territoires occupés par les troupes japonaises ; la colonie de Hongkong est prise le jour de Noël ; Singapour tombe deux mois plus tard ; et les Indes hollandaises de Java et de Sumatra sont balayées. Leurs administrateurs coloniaux sont remplacés par les militaires japonais, tandis que les fonctionnaires, leurs familles et les planteurs blancs sont enfermés dans des camps de concentration. Les empires coloniaux européens se sont donc effondrés en quelques mois sous la violence des Japonais. À leur place, ces derniers veulent créer une sphère de co-prospérité : la « Plus Grande Asie », nouvelle structure coloniale nippone.

Les Étasuniens, plus puissants que les Hollandais et les Britanniques, voient leur marine de guerre détruite à Pearl Harbour, aux îles Hawaï que les Japonais n'envisagent toutefois pas de conquérir. Par contre, ils comptent bien chasser les Étasuniens des Philippines, occupées depuis la fin du 19e siècle, où ils débarquent début 1942. Après la conquête des Philippines, les Japonais veulent conquérir l'Australie. Pour la défense de cet immense archipel, les Étasuniens n'ont que de faibles forces militaires: les USA, au moment de l'attaque japonaise, ne sont pas aptes au combat. En effet, les troupes sont sous-équipées et il leur manque tout l'armement moderne pour chasser l'envahisseur. Il leur faut donc se replier et se réfugier dans la forteresse de Bataan, au large de la capitale, Manille. La situation est désespérée. Mais, à leur tête, il y a le général MacArthur...

« *C'était un homme fait d'étonnants paradoxes, noble et ignoble, attachant et révoltant, arrogant et timide, aux facettes changeantes, extrême en tout, allant du ridicule au sublime. Jamais soldat plus déconcertant ni plus exaspérant n'a porté l'uniforme. Il plastronnait volontiers, refusait de reconnaître ses erreurs et s'efforçait de les dissimuler par des astuces ou des mensonges puérils. Doté cependant d'un grand charme personnel, d'une volonté de fer et d'une grande hauteur d'idées, ce fut probablement le militaire le plus doué qu'aient produit les Etats-Unis.* »

« *Il semblait défier la mort sur les champs de bataille. À maintes reprises, il s'exposa délibérément au feu de l'ennemi... Sa croyance en un Dieu de miséricorde était sincère, bien qu'il semblât ne vouer un culte qu'à lui-même. Il n'allait jamais à l'église, mais il lisait la Bible tous les jours et se considérait comme l'un des deux grands défenseurs de la chrétienté, l'autre étant le pape.* »[27]

MacArthur possède en effet les nombreuses caractéristiques du Primordial, que l'on retrouve également chez d'autres chefs de guerre Primordiaux, et en particulier chez de Gaulle, Pétain et Bigeard. Ils ont tous une « façade », une « gueule » irréprochable qui impose le respect, l'admiration et l'obéissance.

Ce sont également des hommes aux mœurs simples, profondément et sincèrement croyants, qui mentent mal (soit qu'ils ne peuvent pas mentir, soit qu'ils mentent de façon si puérile que la simplicité de leur âme est aussitôt démasquée). Ils ne remettent pas en question l'ordre social dans lequel ils ont grandi. Au contraire, la société, le clan, la tribu peuvent compter sur eux pour les défendre de toute agression extérieure ou de toute remise en question de l'ordre établi... à moins qu'ils ne finissent par se révolter contre leur

---

27. MANCHESTER William, *MacArthur, un César américain*, Little Brown & Company, Boston (Robert Laffont, Paris, 1981 pour l'éditions française).

excès de servitude : prisonniers du système, ils n'ont alors, comme tout esclave, que trois possibilités : mourir à la tâche, se révolter ou fuir. En outre, leur enfance, quel que soit leur niveau social, a souvent été marquée par une ambiance familiale protectrice, où l'influence de la mère dans la formation morale, l'esprit pratique et le respect de la hiérarchie, est essentielle.

Un autre aspect fondamental du Primordial que l'on retrouve chez MacArthur comme chez Pétain pendant les combats de Verdun, chez de Gaulle en 1940 et chez Bigeard en Indochine et en Algérie, c'est le respect de la vie. Ce sont des « chefs économes » respectant la vie de leurs hommes et ne les envoyant pas inutilement à la boucherie, à une mort inutile (ce qui serait plutôt le caractère des stratégies frontales, à la Clausewitz, propres aux Sédentaires). « *Remarquablement économe de la vie humaine pendant ses campagnes, les pertes totales de MacArthur depuis l'Australie jusqu'au jour de l'armistice avec le Japon furent inférieures à celles de la bataille des Ardennes, et dix fois moindres que celles de l'Amiral Nimitz dans le Pacifique central.* » Il serait plus juste de dire « vie américaine » que « vie humaine » car, pendant la campagne du Pacifique, le soldat japonais fut plus considéré comme un gibier, et traité comme tel, que comme un humain !

C'est donc un grand chef de guerre que les Japonais ont en face d'eux, à la tête des troupes enfermées à Bataan. Le général MacArthur va résister avec ténacité et tenir tête aux assiégeants japonais. Sur ordre du président Roosevelt, il s'échappera en vedette rapide des griffes japonaises, pour rejoindre l'Australie, d'où il partira à nouveau à la reconquête des territoires perdus, avec des troupes prêtes au combat et bien équipées. Il dirigera alors la reconquête des Philippines, participera à la mise à mort des forces militaires japonaises puis à la reconstruction du pays. Magnanime, il le dirigera ensuite à la manière d'un proconsul romain, lui octroyant une constitution démocratique très libérale. Son empereur, le belliqueux Sédentaire et conquérant Hiro-Hito, à la différence de son homologue et ancien allié Hitler, ne fut pas condamné par l'Histoire et pour l'éternité.

L'empereur japonais Hiro-Hito (1900-1989) – groupe sanguin A

L'empereur japonais Hiro-Hito (1900-1989), du groupe sanguin A, aurait eu le même comportement conquérant et les mêmes ambitions de domination mondiale qu'Hitler, son allié, au cours de la Seconde Guerre mondiale

Début août 1945, lorsque les deux bombes atomiques étasuniennes tombèrent sur les villes japonaises de Hiroshima et de Nagasaki, la roue de l'histoire du monde avait déjà tourné et l'humanité se trouvait désormais divisée en deux blocs ennemis : le bloc communiste dirigé par Moscou et le bloc capitaliste occidental mené par les USA. La Guerre Froide vient de commencer. Pour le proconsul du Japon MacArthur, le plus grand stratège de tous les temps depuis Alexandre le Grand et Napoléon, elle devient dès lors le premier objectif et la défense de l'Occident la priorité absolue.

Pour ce Primordial aux idées simples, il n'y a, dans cette situation, que deux options possibles : celle des bons — c'est-à-dire des Étasuniens et de leurs alliés ouest-européens — et celle des méchants — donc des communistes soviétiques et de leurs satellites est-européens et chinois… De même, il n'y a que deux attitudes à adopter : la fermeté ou la lâcheté.

Pour MacArthur, la Guerre Froide se jouera dans le Pacifique, et non en Europe. Tous les efforts doivent y être concentrés. D'ailleurs, selon lui, le continent européen est trop compliqué à comprendre. Il méprise l'Europe, ses guerres fratricides et ses divisions politiques qui ont provoqué la mort inutile de tant de braves soldats américains. De toute façon, comme l'écrivait William Manchester, « *il haïssait tout un continent : l'Europe. Les Européens n'arrivaient pas à comprendre pourquoi : Charles de Gaulle le comprenait mieux qu'aucun Américain ne l'a fait, et les Anglais étaient littéralement fascinés par lui.* »[28]

Face au danger communiste que représente la Guerre Froide, le Japon ne doit en aucune manière basculer dans le camp adverse, comme la Chine et la Corée voisines. Il faut impérativement qu'il reste sous influence occidentale, qu'il demeure capitaliste dans ses structures économiques. C'est pour cela que la responsabilité de l'Empereur dans les causes de la Seconde Guerre mondiale sera atténuée au cours du procès qui s'ouvrira au Grand Tribunal de Tokyo (l'équivalent japonais du Tribunal de Nuremberg).

Pendant le second conflit mondial, les troupes japonaises se sont en effet comportées, vis-à-vis des populations civiles des pays occupés et de leurs prisonniers, de façon encore plus cruelle que les troupes allemandes. L'odieux massacre des trois cents mille Chinois à Nankin avait été organisé pour terroriser Tchang Kaï-Chek ; la destruction de Manille fut un acte gratuit ; et le non-respect des conventions de Genève par rapport aux prisonniers de guerre provoqua la mort de nombreux soldats étasuniens et australiens. En Chine, dans les anciennes concessions de Shanghai, Tien-tsin et Canton, en Indonésie, aux Philippines et dans les îles occupées du Pacifique-Sud, les Japonais se firent craindre partout pour leur cruauté à l'encontre des populations autochtones.

Toutes ces fautes doivent être jugées. Quel sort faut-il réserver à l'Empereur ? MacArthur, qui est le maître souverain du Japon, n'en réfère à personne à Washington, pas même au président Truman. Il décide que Hiro-

28. MANCHESTER William, *MacArthur, un César américain*, Robert Laffont, Paris, 1981.

Hito ne sera pas jugé. Il est convaincu que, pour conserver l'alliance du peuple japonais, il ne faut pas ternir l'image de son empereur. Ce dernier sera donc considéré, à partir de 1945, et contrairement à Hitler, comme non responsable et non coupable de la guerre d'agression provoquée par le Japon.

Dans son livre[29], David Bergamini est le premier historien à soutenir la thèse, détonante pour l'époque, selon laquelle Hiro-Hito, loin d'être le personnage effacé que l'on s'est plu à décrire après la guerre, aurait joué un rôle majeur dans la politique de domination du Japon avant et pendant la Seconde Guerre mondiale. Pour étayer ses dires, l'auteur a eu accès à des archives privées et aux journaux intimes tenus par les chefs de l'administration impériale. Le résultat de leur analyse est convainquant : c'est bien l'empereur qui fut à l'origine des grandes orientations militaires japonaises durant les années 1930 et 1940. C'est donc lui qui a eu à choisir entre les différentes options guerrières, l'attaque soit vers le nord, vers la Sibérie soviétique, la Mandchourie et la Corée ; soit vers le centre, vers la Chine ; soit vers le sud, vers les possessions européennes et américaines du Pacifique, des Philippines, de la Malaisie, de l'Indochine et de l'Indonésie, riches en pétrole et en matières premières.

En monarque du groupe sanguin A, l'empereur Hiro-Hito s'est comporté comme le Sédentaire Hitler, à savoir comme un conquérant désireux d'étendre par la violence la surface de son royaume. Mais la Guerre Froide l'a sauvé et sa responsabilité, pour le salut même du Japon, fut endossée par d'autres serviteurs et militaires loyaux, qui acceptèrent d'être condamnés à sa place et de mourir, alors qu'ils n'avaient fait que lui obéir.

David Bergamini, de nationalité étasunienne, est né au Japon, où il a passé sa petite enfance. Ensuite, un an avant la guerre sino-japonaise de 1937, ses parents et lui vécurent en Chine. Là, il fut témoin de la cruauté des troupes japonaises vis-à-vis des populations civiles chinoises : « *En septembre 1938, nous étions assis, mon père et moi, à l'entrée d'une grotte qui servait de temple aux moines bouddhistes de la montagne chinoise sacrée de Luchan. Nous regardions à la jumelle les lignes de front de la Chine occupée. De notre observatoire nous pouvions tout juste repérer les soldats japonais. Ils effectuaient un raid de représailles contre un village chinois, passant les habitants à la baïonnette et brûlant systématiquement toutes les cases. Le lendemain, nous allions voir affluer une nouvelle vague de réfugiés, des orphelins pour la plupart* (...). »

---

29. BERGAMINI David, *La conspiration de Hiro-Hito*, Fayard, 1973.

« Je ne sentais plus aucune sympathie pour la cause japonaise. Le peuple doux et courtois au milieu duquel j'avais passé les premières années de ma vie s'était monstrueusement transformé. Les soldats japonais ne se contentaient pas de faire la guerre, ils frappaient les gens au visage, arrachaient le pain de la bouche des affamés, violaient les petites filles, éventraient les femmes enceintes, lançaient en l'air les bébés qu'ils rattrapaient sur la pointe de leurs baïonnettes… Le général chinois qui habitait notre rue en imputait la responsabilité à leurs dirigeants. Il affirmait que le Japon était dirigé par un empereur indigne qui espérait conquérir le monde. J'acceptai cette explication car elle était simple (…). »

« Vingt ans après la fin de la guerre, pourvu de diplômes des universités de Dartmouth et d'Oxford, je terminai un livre sur la philosophie des sciences quand mon agent m'avertit que la maison d'édition William Morrow désirait publier un livre concernant la participation du Japon à la Seconde Guerre mondiale, fondée sur d'authentiques documents japonais (…). »

« Cette perspective me séduisit… car les questions que je me posais depuis mon enfance continuaient à me hanter : comment un peuple aussi artiste, intelligent et charmant avait-il pu entrer en guerre et s'attaquer sauvagement à la moitié de l'Asie… ? »

« Douglas MacArthur II, neveu du général et ancien ambassadeur à Tokyo, m'avait donné une lettre d'introduction à la cour impériale. Je m'en servis pour approcher l'aristocratie nippone et l'entourage de Hiro-Hito : charmants, rusés, astucieux, jamais embarrassés, c'était parmi eux que se trouvaient les véritables dirigeants du pays… Deux des courtisans me rapportèrent un certain nombre d'histoires inédites concernant Hiro-Hito, empereur du Japon depuis 1926. Ces faits n'ayant jamais été imprimés, je les considérai d'abord comme des commérages de cour et je les écartai. Mais par la suite ils prirent une importance considérable lorsque je les replaçai dans leur contexte (…). »

« Toutes ces anecdotes concernant l'empereur me démontrèrent que, loin d'être une dupe passive comme on avait essayé de le faire croire, Hiro-Hito était le puissant protagoniste de l'histoire du Japon. Ses chambellans lui reconnaissaient une intelligence extraordinaire. Jusqu'en 1945 il s'était tenu au courant de tous les détails du gouvernement. Sur le plan civil, militaire et religieux, il possédait le pouvoir absolu mais on prétendait qu'il ne l'exerçait qu'en apparence et qu'il se contentait de signer les décisions de ses ministres d'Etat. Au contraire, il ressortait des ces nouveaux témoignages qu'il assistait aux délibérations de ses conseillers et qu'il les orientait vers des décisions acceptables pour lui… »

David Bergamini découvre peu à peu que Hiro-Hito a gouverné, jusqu'à sa défaite, et comme ses prédécesseurs, en appliquant la politique du « gouvernement derrière le rideau » : « *Entre les années 40 et 1900 de notre ère, le Japon a mis au point une forme de gouvernement théocratique que le Japonais se plaisent à nommer "gouvernement de derrière le rideau"… Les empereurs dirigeaient en coulisse, en déléguant leurs pouvoirs séculiers et leurs responsabilités devant leurs sujets, à une famille de premiers ministre, les Fujiwara… Le prince Ko noyé, qui se suicida en 1945, fut le dernier descendant de la dynastie qui accepta d'endosser les responsabilités de l'empereur.* »

Il s'aperçoit surtout que, face à MacArthur, Hiro-Hito a été plus subtil que lui et qu'il l'a dupé lorsque les deux hommes se sont rencontrés pour la première fois après la défaite du Japon : « *À la suite des entrevues qu'il accorda aux journalistes, Hiro-Hito prit rendez-vous chez MacArthur. La première rencontre historique eut lieu le 27 septembre à dix heures du matin dans les locaux de l'ambassade américaine. Hiro-Hito avait répété pendant deux heures devant son conseiller Kido, le rôle qu'il entendait jouer. Il était prêt à adopter une attitude "extrêmement humble", voire ridicule s'il le fallait, pour gagner la sympathie de MacArthur. Il pouvait se le permettre car, selon une antique tradition japonaise, il était admis qu'un individu fasse l'imbécile en attendant sa revanche. Ainsi, depuis des décennies, tous les hommes de l'armée japonaise s'habituaient à prendre des allures de rustres stupides afin de paraître faibles et indisciplinés aux yeux de leurs ennemis occidentaux. Les instructeurs militaires apprenaient aux soldats à traîner les talons à la parade. Hiro-Hito qui avait porté l'uniforme pendant des années comprenait parfaitement cette mystique samouraï et une attitude effacée, une tenue négligée, lui seyaient parfaitement.* »

Le Primordial plébéien se fait abuser par le Sédentaire aristocrate : « *Général MacArthur, je suis venu me soumettre au jugement des puissances que vous représentez, comme le seul responsable de toutes les décisions politiques et militaires prises* **par mon peuple** *et de toutes les actions entreprises dans la conduite de la guerre.* »[30]

« *Cette courageuse prise de position qui pouvait le conduire à la mort, m'a ému jusqu'au fond de l'être* », écrivit plus tard MacArthur. « *Il était empereur par droit de naissance mais je sus à cet instant qu'il était le premier gentilhomme du Japon par son propre mérite (…).* »

30. C'est nous qui « soulignons ».

« Dès son retour au palais, Hiro-Hito fit part à Kido du résultat de son entrevue avec le général. "Et c'est MacArthur qui a fait toutes les avances", conclut-il avec satisfaction (...). »

Dans les mois qui suivront, du 3 mai 1946 au 12 novembre 1948, les Étasuniens organiseront le procès des fauteurs de guerre, qui ressemblera à une parodie de justice. Au cours de ce procès, sur ordre de MacArthur, le cas de l'empereur ne sera jamais abordé : Hiro-Hito ne sera à aucun moment cité, ni comme accusé, ni même comme témoin. Les « coupables » désignés subiront leur sort sans proférer une seule parole contre leur empereur. Le général MacArthur recommanda au gouvernement des USA d'accorder l'immunité à l'Empereur et de maintenir le système impérial nécessaire au bon fonctionnement de l'occupation militaire étasunienne du Japon. La Guerre Froide s'intensifiant, la monarchie de la déesse Soleil put dissimuler ses responsabilités en échange de sa collaboration à la politique anti-soviétique des USA.

Lors de son décès le 7 janvier 1989, après soixante-trois ans de règne, des réactions de protestation se sont élevées partout dans le monde contre le défunt : son rôle dans la Seconde Guerre mondiale avait fini par être mieux connu et susciter des controverses qui n'existaient pas au moment de la défaite. Le Sédentaire asiatique avait été plus subtil que le Sédentaire allemand !

Le Sédentaire Hiro-Hito, du groupe sanguin A, était parvenu à dominer le Primordial vainqueur MacArthur, du groupe sanguin O.

•

LES DEUX NOMADES QUI SE PRIRENT POUR DIEU : FRANÇOIS MITTERRAND ET MAO TSÉ TOUNG

Le premier fut surnommé « le Florentin », par allusion à Machiavel dont il se flattait de s'inspirer. Le second étudia Sun-Tsu pour prendre le pouvoir par la force des armes et se comporta de façon diabolique pour le conserver. Deux destins parallèles dans des temps et des espaces différents, mais avec des points communs liés à leur origine génétique : celle de leur groupe sanguin B. Le masque de B est l'ambivalence.

François Mitterrand (1919-1996)

Président de la République française de 1981 à 1995, François Mitterrand est né le 26 octobre 1916 à Jarnac, en Charente. Son père était un commerçant vinaigrier. Mitterrand est éduqué dans la foi catholique et reçoit une formation littéraire et classique. Après son baccalauréat, il est envoyé à Paris afin d'y poursuivre des études de Droit. Il vit en pension dans une institution religieuse tenue par les Frères maristes.

Étudiant quelque peu turbulent, il participe à l'agitation des années 1930. Déjà, dès son plus jeune âge, il se sent prédisposé à un destin exceptionnel et est prêt à toutes les conquêtes. Marqué par sa formation chrétienne, il s'engage sans réserve, en tant que militant de droite, dans les passions de son époque. Des photos de presse font état de sa participation à des manifestations estudiantines contre le pouvoir en place.

Séduisant et cultivé pour certains, excellent orateur pour d'autres, Mitterrand se découvre très vite des dispositions à manipuler les hommes. Mais il n'atteindra le pouvoir suprême, la présidence de la République, qu'au terme d'un difficile parcours démocratique, lent et besogneux, parsemé d'embûches et de chausse-trapes. Heureusement, sa fidélité en amitié lui vaut des soutiens indéfectibles sur toute l'étendue de l'échiquier politique et social. Ses amis lui donnent le surnom de « Florentin » en référence à son art de l'esquive. Pour tous ceux qui l'ont connu ou côtoyé (politiques, journalistes, écrivains et artistes), Mitterrand demeure un personnage romanesque des plus passionnants, digne de la *Comédie Humaine* de Balzac.

En 1942, s'étant échappé d'un camp de prisonniers dans des conditions restées encore très mystérieuses (à la manière d'un Nomade ?), Mitterrand renonce à la sécurité, à l'inaction et à l'anonymat au sein de sa famille installée en zone « libre » dans le Midi de la France : il prend le train pour aller là où se trouve alors le pouvoir … à Vichy. Comme nombre de jeunes ambitieux de sa génération, il entre au service du maréchal Pétain et assure un emploi modeste dans un service s'occupant de la réinsertion des prisonniers. Le 16 août 1943, il reçoit la Francisque des mains du Maréchal.

Toutefois, à l'instar de François Mauriac qui critiquait le milieu de la bourgeoisie bordelaise des Chartrons, célèbre quartier dont il regrettait secrètement de ne pas être issu, Mitterrand, fils de vinaigrier, comprend vite qu'il ne fera jamais partie du puissant milieu des producteurs de Cognac. Son destin naturel ne s'inscrit pas dans la filiation avec ses ancêtres, mais dans une rupture avec la tradition familiale. Dans cette France républicaine qui, depuis le siècle des Lumières et à l'exception de quelques intermèdes monarchiques, a été dirigée moralement par l'état d'esprit du progressisme et de la gauche, l'avenir pour un jeune Rastignac n'est évidemment pas à la droite et ni au nationalisme.

Début 1943, donc, prévoyant la faillite du nazisme après la défaite des Allemands en Russie, Mitterrand, en bon opportuniste, sent tourner le vent. Il change alors de camp et se rapproche des milieux de la Résistance. Il dit d'ailleurs avoir mené diverses opérations clandestines sous le surnom de Morland, ce qui lui permettra de se trouver en première ligne pour évoluer dans les milieux radicaux et socialistes de la IVe République.

Ainsi, après la Libération, Mitterrand, à peine âgé de vingt-huit ans, appartient au pouvoir. Il devient successivement Ministre des Anciens Combattants, Ministre de la France d'Outre-Mer, Ministre de l'Intérieur dans le cabinet de Mendès France en 1954 (au moment où débute la guerre d'Algérie) et Ministre de la Justice sous le gouvernement de Guy Mollet. Le brillant ministre ne cache pas son espoir d'accéder à la présidence du Conseil, le poste le plus important sous la IVe République, avant ses quarante ans !

Mais un menhir O se dresse devant ses ambitions. Cette personne est un Primordial incorruptible, un homme hostile à toute concession et à toute compromission, un général arrogant prêt à tout pour défendre son territoire : de Gaulle.

La prise du pouvoir par le Général en 1958 oblige Mitterrand à entrer dans l'opposition : la voie royale est occupée par un dirigeant politique qui a bien plus de poids que lui ! En 1959, Mitterrand organise un faux attentat contre sa voiture, avenue de l'Observatoire, à Paris. Suscitant lui-même sa propre agression, il veut se faire passer pour une victime du nouveau régime, dans l'espoir de regagner les faveurs de l'opinion publique. Le stratagème est éventé, mais, grâce à ses amitiés indéfectibles, l'affaire est heureusement étouffée, quand d'autres politiciens auraient vu signer leur arrêt de mort. Sa chance politique est bien là !

Il comprend que, pour acquérir une stature nationale, il lui faut se mesurer à une autre stature nationale de premier plan. La force de Mitterrand, c'est son opposition haineuse et acharnée à de Gaulle, qu'il méprise et qu'il admire à la fois. En effet, d'un côté, le Nomade admire en de Gaulle sa carrure indestructible de dirigeant politique mondial, bien qu'il le critique et jalouse les réformes qu'il adopte ; et de l'autre côté, Mitterrand méprise le Primordial, car il ne peut concevoir qu'un O puisse résister à ses ruses, à ses séductions, à sa subtilité : quand un B détient le pouvoir, dans ses conceptions, un O ne peut être que dominé et servile ! Le modèle historique de Mitterrand est, et ce n'est pas un hasard, un autre Nomade célèbre : Talleyrand.

Candidat contre de Gaulle aux élections présidentielles de décembre 1965, Mitterrand se présente comme le champion contre l'immobilisme social français et le conformisme « catho-facho » gaulliste. C'est ainsi qu'il réunit les partis de gauche autour de son nom, sous l'étiquette de la FGDS (Fédération de la Gauche Démocrate et Socialiste). Il réussit à mettre le Général en ballottage et échoue au second tour avec un résultat honorable d'environ 45% des bulletins. Ce succès lui permet son 18 Brumaire : le 12 juin 1971, au congrès d'Épinay-sur-Seine, il rafle à Alain Savary, avec l'aide de ses complices, la direction du nouveau parti socialiste créé sur les ruines de l'ancienne SFIO.

L'avenir est, depuis le début de l'après-guerre, à la mentalité progressiste : partout dans le monde, le modèle socialiste progresse et semble sortir moralement vainqueur de la Guerre Froide. La mode est au « progrès », au socialisme ; la référence est aux hommes des révolutions du 19e siècle ; les rêves sont aux mirages d'une société aux lendemains radieux. Le modèle occidental moral, social et économique n'est donc plus la référence, ni la réponse des nouvelles démocraties issues de la décolonisation. Les Étasuniens perdent leur prestige au Viet Nâm, tandis que les Français l'ont perdu en Indochine et en Algérie ; l'Allemagne, vaincue, amputée, partagée en deux après Yalta, est définitivement déconsidérée et ne peut exister que comme monstre économique ; les travaillistes anglais décolonisent à tour de bras et la monarchie britannique n'inspire plus ni admiration ni soumission. Au contraire, les Khmers Rouges au Cambodge font rêver d'un nouveau paradis sans classes et sans monnaie. L'Union Soviétique, dominée par son complexe militaro-industriel et dotée d'une marine de guerre qui n'a jamais été aussi puissante, apparaît très menaçante aux yeux des Occidentaux. Les pays africains se détachent de leurs anciennes métropoles pour suivre l'exemple des démocraties populaires soviétiques, à la manière des Yougoslaves ou des Nord-Coréens. Le maoïsme inspire jusqu'au Seychelles ! La mode intellectuelle et l'air du temps sont à la lutte des classes, à la révolution culturelle chinoise et à la nationalisation des biens. Le concile Vatican II révolutionne l'Église en jugeant l'expérience communiste dans le monde comme « globalement positive ». Le marxisme-léninisme est la nouvelle bible…

Jésus et Mahomet sont remplacés par Marx et Lénine. Trotski et Boukharine sont leurs apôtres. À chaque pays, ses rêves de gardes rouges et de révolutions culturelles. Jean-Paul Sartre est porté aux nues et Raymond Aron méprisé. La psychanalyse explique tout par le sexe; le péché, c'est l'argent. Les Nomades savent alors où se trouve leur bonne étoile. Il faut suivre le vent d'est qui insuffle le sens de l'Histoire.

Pour Mitterrand et sa bande, c'est le moment propice pour partir à la conquête du Pouvoir, vaincre les forteresses Sédentaires, instrumentaliser les Primordiaux esclaves des bourgeois et moraliser la politique en purifiant les hommes.

Mitterrand veut atteindre son objectif en entraînant et en manipulant les masses Primordiales ! Pour cela, il s'inspire du mythe du Front Populaire de 1936 et se réfère à la société d'avant-les-deux-guerres, celle des romans de Zola, Guesde et Jaurès. Il va jusqu'à imiter Léon Blum en s'affublant d'un chapeau et d'une écharpe, et brandir son petit livre rouge, son coran idéologique : les 110 propositions socialistes.

Mitterrand incarne désormais tous les espoirs de la gauche non communiste. Après un échec de justesse aux élections présidentielles de 1974 qui suivirent la mort de Georges Pompidou, il gagne celles du 10 mai 1981, tirant parti de l'impopularité du président Giscard d'Estaing.

Mitterrand entame alors un « règne » de quatorze ans, pendant lequel il sera obligé de jouer en permanence les équilibristes entre les forces et les courants d'idées contraires qui caractérisèrent la période précédant l'effondrement du communisme soviétique.

De cette très longue présidence, l'opinion ne retient de positif que l'abolition de la peine de mort en octobre 1981 ! En effet, son Ministre de la Justice, l'avocat Robert Badinter, abroge la peine capitale et met la France au diapason de l'Europe. Cette mesure symbolique est curieusement la seule dont les Français aient gardé un bon souvenir.

Car, dès l'arrivée au pouvoir de la gauche française (à l'opposé du pragmatisme de Tony Blair) et après la chasse aux sorcières contre les tenants de l'ancienne majorité qui s'en suivit, l'application des 110 propositions, la nationalisation des banques et des grandes industries ont des conséquences catastrophiques pour le pays.

Très vite, l'économie montre des signes de faiblesse. Dès 1983, le président est contraint de changer de cap et confie le gouvernement à Laurent Fabius, son fils spirituel, « *d'une autorité faussement nonchalante, d'une science extrême de la séduction, avec le génie de neutraliser l'adversaire en l'enfermant dans un embrouillamini de gentillesses et de perfidies, d'une manière incomparable, enfin, de paraître planer au-dessus de la mêlée pour mieux la dominer.* »[31]

La progression du chômage, la spéculation financière et l'immense corruption, qui atteint alors tout le pays et l'appareil de l'État socialiste jusqu'à l'entourage présidentiel, entraînent un retournement de l'opinion. L'impopularité de la gauche frise les sommets. Mitterrand limite habilement les dégâts en divisant pour régner, en manipulant les hommes et les partis et, surtout, en poussant sur le devant de la scène un opposant d'extrême droite : Jean-Marie Le Pen.

Malgré cette tactique de division, les nouvelles élections ramènent, comme prévu, la droite au gouvernement : Jacques Chirac, chef de l'opposition, devient le Premier ministre de Mitterrand. C'est là la première cohabitation de la Ve République entre un président et un Premier ministre de bords opposés. La France est alors un pays qui a progressivement perdu ses repères historiques et qui vacille devant un avenir où elle ne compte plus dans le concert des Nations.

Mais, face au président Mitterrand, Chirac ne fait pas le poids ! Ce dernier avait pu à son avantage se mesurer avec le président précédent, Giscard d'Estaing. Avec le Nomade Mitterrand, le Primordial Chirac sera toujours méprisé, rabaissé à sa juste place. Le moindre faux pas du Premier ministre est exploité, relayé par une presse toujours servile et soumise aux plus puissants. Et la presse ne s'y est pas trompée : Mitterrand est réélu en 1988.

Sous la pression de l'opinion, le président, dont les sondages de popularité se sont à nouveau effondrés, appelle à la tête du gouvernement son ennemi intime : le populaire Michel Rocard. En trois ans, ce Primordial, qui avait fait l'erreur d'ambitionner et de vouloir marcher sur les plates-bandes d'un Nomade, pacifie la Nouvelle-Calédonie et instaure la CSG (un impôt sur l'ensemble des revenus) ainsi que le RMI (une allocation de survie destinée aux victimes de la crise économique). C'est bien là le comportement typique d'un Primordial désintéressé et authentique, et très apprécié malgré ses erreurs et son parler obscur, qui, pour être efficace, doit être guidé par une structure protectrice. Ainsi, pour paraphraser Marie-France Garaud, l'égérie de Pompidou, qui disait de Chirac qu'il s'agissait « *d'un bon cheval prêt à sauter tous les obstacles, à condition d'être bien monté* », Rocard peut être défini comme « *un chien fidèle qui doit être toujours tenu en laisse.* » Et Serge July, ancien directeur de *Libération*, de souligner : « *Mitterrand est peut-être trop complexe. En période de crise, seuls les hommes simples*

31. NAY Catherine, *Les Sept Mitterand*, Paris, Grasset, 1988, p. 153.

parviennent à être populaires. » Son analyse était très juste : en période de crise, avec les Primordiaux Reagan, Gorbatchev, de Gaulle, Pétain, Bigeard, MacArthur, Chirac, Diana et Jacqueline Kennedy, les peuples ont toujours été en confiance ! En politique, rien ne paraît mieux convenir qu'un Primordial compétent ! Compétent et honnête, car s'il triche, le peuple s'en rend immédiatement compte : le Primordial ment si mal qu'il se fait toujours prendre.

Au contraire, avec Mitterrand, rien ne sera jamais simple : « *Dès le soir de son élection, il savait que les hommes qu'il choisissait pour le servir dans l'enthousiasme des premiers mois auraient vite les reins brisés et qu'il devrait alors se tourner vers d'autres qui présenteraient une image contraire. Et lui, prendrait appui sur les uns et les autres pour se renforcer de leur victoire, et — c'était là la preuve de son génie —, se grandir de leur défaite.* »[32] Ici est mis en évidence le double visage du Nomade.

Citons Jacques Attali, le conseiller privé de Mitterrand. À l'automne 1980, Rocard ambitionne d'être le candidat socialiste à la prochaine présidentielle. Attali lui organise une entrevue avec Mitterrand qui dévoile son mépris : « *Rocard se rendit un matin rue de Bièvre, vers les 11 heures. François Mitterrand m'ayant demandé de venir une heure plus tard, je croisai, en repartant, un Rocard enchanté de son entrevue : "Enfin, nous nous sommes compris ! J'ai pu lui expliquer tout ce que je veux faire. Je ne suis pas certain qu'il sera candidat contre moi." Quelques minutes plus tard, François Mitterrand me fit un tout autre récit de l'entretien : "D'abord, comme d'habitude, je n'ai rien compris à ce qu'il m'a raconté. Et comme je m'ennuyais beaucoup en l'écoutant, je me suis mis à jouer avec une feuille de papier, que j'ai froissée. J'en ai fait une boule avec laquelle j'ai joué avec ma règle. J'ai fait une fausse manœuvre et la boule de papier est tombée sur le sol, entre mon bureau et lui. Et bien, savez vous ? Il s'est mis à quatre pattes pour la ramasser…"* » Le Nomade au pouvoir cherchera toujours à rabaisser le Primordial !

Dans toutes les situations d'homme à homme, Mitterrand a des rapports étranges avec ses proches : « *Dès qu'ils émettaient un avis contraire au sien, on le devinait soupçonneux, appliqué à jauger si le contradicteur — qu'il connaissait depuis des années — ne remettait pas en cause le lien personnel d'absolue soumission, ne rompait pas le serment d'allégeance, et si l'opposition qu'il lui manifestait sur un point particulier n'était pas chargée d'une contestation plus vaste visant sa personne elle-même. Il soumettait son interlocuteur à une pression si forte qu'elle le contraignait à choisir entre ses idées et la fidélité qu'il devait à l'homme avec qui il osait débattre.* »[33]

32. Plutarque cité par NAY Catherine, *Les Sept Mitterand*, Paris, Grasset, 1988.

33. Plutarque cité par NAY Catherine, *Les Sept Mitterand*, Paris, Grasset, 1988.

En politique internationale, le président français prend goût à la grande diplomatie : « *Cette scène internationale dont il découvre les tours et les détours l'enchante. Dès les premières conférences de presse, il s'attarde avec un bonheur évident à évoquer ses rencontres avec ses homologues étrangers. Il découvre la volupté de parler à la première personne, de dire "je" au nom de la France : "J'ai apprécié les indéniables qualités de Mme Thatcher ..., J'ai eu des entretiens avec plusieurs dirigeants de l'Alliance Atlantique, notamment le président Ronald Reagan ..., J'ai reçu la proposition du prince Fahd ..." (...) Il a pris rapidement goût à cet opium des princes, la grande diplomatie. D'autant qu'il n'y fait pas mauvaise figure. Il s'aperçoit très vite qu'il n'est pas inférieur à ses interlocuteurs. "La certitude qu'il avait le droit, par ses qualités personnelles, de décider souverainement avec sa seule conscience et sa seule intelligence, pour juger en dernier ressort de ce qu'il devait accomplir, s'était trouvée renforcée par ses rencontres avec les chefs d'État étrangers", écrit un de ses proches. "Les conférences internationales, les tête-à-tête l'avaient convaincu qu'il les dominait intellectuellement ; il en avait tiré la fierté pour lui-même certes, mais d'abord pour la France, persuadé qu'il devait beaucoup de ses capacités de synthèse et de clarté, qui l'imposaient dans les discussions, à la culture de son pays."* » [34]

À la culture de son pays, certes, mais aussi à son groupe sanguin : « *Lorsqu'il téléphonait à un chef d'État étranger ou lorsqu'il devisait avec lui, la médiocre habileté de ses interlocuteurs le frappait. Il lui semblait parfois qu'il n'avait pas quitté le conseil général. Et pourtant, la scène était désormais l'Europe ou le monde. Il avait ainsi acquis en quelques mois un orgueil qu'il ne pouvait plus complètement masquer même s'il s'efforçait de le faire derrière un visage impassible. Et les petites vulgarités de ses adversaires politiques quand il rentrait en France lui semblaient encore plus dérisoires et méprisables.* »[35]

Fidèle aux préceptes de Sun Zu en politique internationale — vis-à-vis de Michael Gorbatchev lors du putsch de Moscou de 1991, par exemple —, comme en politique intérieure, il n'hésite cependant pas à « retourner » ses amitiés et trahir par une position ambiguë : « *À l'étranger, Michael Gorbatchev bénéficia quasi immédiatement du soutien américain et britannique, alors que le président français François Mitterrand, plus embarrassé et méfiant envers Eltsine, préférant déclarer dans un premier temps vouloir attendre les intentions des nouveaux dirigeants, reconnut de facto le gouvernement issu du putsch.* » [36]

34. NAY Catherine, *Les Sept Mitterand*, Paris, Grasset, 1988, p. 174.

35. NAY Catherine, *Les Sept Mitterand*, Paris, Grasset, 1988, p. 175.

36. GRATCHEV Andrei, *Le Mystère Gorbatchev*, Éditions du Rocher, 1996, p. 331.

En 1993, première année de récession depuis la Libération, c'est le retour de la droite avec, cette fois, Édouard Balladur. Bénéficiant d'une popularité inattendue, le gouvernement modernise intensivement l'économie et accélère les privatisations. Mitterrand est neutralisé par la droite et par sa maladie cachée.

Car là réside le vrai problème qui éclaire tout le reste : les secrets bien gardés du président. Un sage chinois, Lao Tzeu, a écrit que si l'on veut avoir un ami parfait, alors on n'aura pas d'ami. On ne voit que les qualités de l'ami, et les défauts de l'ennemi : nul n'est parfait et chaque être cherche toujours à présenter à son interlocuteur sa meilleure facette. Pour analyser le comportement de Mitterrand sous l'angle des groupes sanguins, il faut donc écouter et lire ceux qui l'ont approché.

Jean-Edern Hallier fut l'un de ses pires détracteurs, après avoir été longtemps son admirateur. Cet homme est l'opposé de Mitterrand et, ensemble, ils représentent la caricature de la haine entre les Sédentaires et les Nomades.

En effet, Hallier a toutes les caractéristiques et les travers du Sédentaire : excessif dans ses paroles et dans ses actes, insolent, il ose défier un pouvoir qu'il méprise et traite le président d'usurpateur. Il le menace de le faire chanter et de divulguer au monde sa double vie. En cette époque de moralité où nombre de socialistes sont des Luthériens reconvertis à l'air du temps, cette révélation sur la duplicité du personnage aurait été un coup fatal.

Il faut (re)lire *L'honneur perdu de François Mitterrand*[37] pour saisir cette hostilité irrémédiable entre les deux hommes, qui vient de la profondeur de leur code génétique et des temps les plus reculés de l'humanité.

« *Redoutable polémiste* », selon l'expression du président Chirac, authentique lettré et provocateur, il use de l'insulte et de l'irrespect à l'encontre des Grands de ce monde. D'abord adversaire du président Giscard d'Estaing (*Lettre ouverte au colin froid*), c'est un homme de gauche depuis la fondation en 1970 de son journal *L'Idiot international*. Il reprochera assez vite à Mitterrand sa jeunesse de droite. Ensuite, il fulminera contre deux graves affaires dissimulées aux Français : son cancer de la prostate et, surtout, sa fille illégitime, Mazarine. Désirant rendre publique l'existence tenue secrète de la seconde famille du président, et révéler ainsi au monde la roublardise de cet homme qui s'est fait élire pour sa vertu présumée et son honnêteté face aux puissances de l'Argent, Hallier fait l'objet d'écoutes téléphoniques illégales par les services secrets de l'État.

37. HALLIER Jean-Edern, *L'honneur perdu de François Mitterrand*, Éditions du Rocher, 1996.

Citons à ce propos Daniel Gamba, gendarme mobile et garde du corps du président : « *Dans toute cette histoire, Jean-Edern Hallier fut notre victime. Indéniablement, il avait un faible pour sa propre publicité. Il aimait faire parler de lui et y consacrait beaucoup d'énergie. Après son soutien apporté à la candidature de François Mitterrand, il avait caressé des espoirs de grandeur, et sa déception fut si amère qu'il l'exprimait de façon désespérée. (...) Nous, les soldats, nous sommes contentés de faire notre métier, dans l'optique fixée une fois pour toutes de la sécurité, qui doit se garder du scandale. Jean-Edern Hallier devenait très gênant, puisque malgré nos "conseils", il refusait de se taire. (...) Il n'était pas physiquement en danger et nous ne pouvions pas le menacer, mais il fallait qu'il s'en persuade. Il nous a suffi de semer des anomalies dans sa vie. On ne peut pas imaginer, tant qu'on en est pas victime, du pouvoir de ce harcèlement : sortir de chez soi et trouver deux pneus crevés à sa voiture ; recevoir des coups de fil anonymes à n'importe quelle heure du jour et de la nuit, croiser souvent le même inconnu dans la journée sans que cela ne puisse être dû qu'au hasard, etc. Les proches remarquent aussi des choses bizarres. (...) Cette méthode est couramment pratiquée et certaines personnes en France en sont sans aucun doute les victimes. Ensuite, son esprit faisait le lien entre les nouveaux phénomènes troublants de sa vie et nos menaces voilées. La pente est si naturelle que la peur s'empare de quiconque n'est pas formé aux méthodes de l'espionnage et du contre-espionnage.* »[38]

Le 12 janvier 1997, prématurément vieilli, Hallier décède fort opportunément, à l'âge de soixante et un ans, d'une brutale crise cardiaque, lors d'une de ses promenades solitaires à vélo, à Deauville, sur la côte normande. Les deux ennemis se sont suivis de peu dans la tombe... Lequel fut finalement la victime de l'autre ?

Un autre aspect typique du Nomade en Mitterrand est son obsession de la Mort, des gisants et des cimetières. À son accession au pouvoir, le premier acte symbolique qu'il pose, tout vêtu de deuil (chapeau noir, écharpe grise et manteau noir), est d'aller dans la crypte du Panthéon. Là, il se recueille seul, mais devant cinquante millions de télé-voyeurs, au pied des tombes de Léon Blum, Jean Moulin et Victor Schoelcher. Les morts l'intéressent ; les cimetières, les tombeaux des rois de France le fascinent. D'ailleurs, il ne cesse de les visiter et il les connaît par cœur, à tel point que certains écrivains et journalistes ont parlé à son propos de « boulimie mortuaire ». Sa première décision politique, dès 1981, n'est-elle pas d'abolir la Mort en abrogeant la peine capitale ? Car tout Nomade est obsédé par la Mort. Le Nomade est un déraciné qui enterre ses morts au gré de ses migrations ; il n'a pas de lieu fixe où honorer ses ancêtres. En outre, le culte des défunts est une tradition des

38. GAMBA Daniel, *J'ai protégé Mitterrand*, Parie, JC Lattès, 2003.

sociétés sédentaires : les Nomades s'inscrivent dans l'espace et la mémoire orale de leurs ancêtres leur sert de cimetière. Cette visite au Panthéon, en mai 1981, est un baptême funèbre car le président est obsédé par la Grande Faucheuse. Son règne de quatorze ans sera un tête-à-tête avec cette dernière.

En 1981, les Français avaient voté Mitterrand parce que la gauche s'est toujours fait passer pour vertueuse face à une droite qui passait pour corrompue et incompétente. Le peuple voulait un président honnête car il en avait assez des mensonges, ceux de la maladie de Pompidou et ceux du laxisme de la vie privée de Giscard d'Estaing. Dès lors, pour le président Mitterrand, il allait falloir cacher sa double vie sexuelle, sa double famille et sa maladie.

En politique, il existe des « porte- » : le porte-parole du gouvernement, les porte-serviettes ministériels, le porte-drapeau, etc. En publiant tous les six mois, depuis l'Élysée, le vrai-faux bilan médical du président, le docteur Gübler, en tant que médecin personnel de Mitterrand, sera son porte-mensonge. Au sujet de son cancer, le président en effet n'a jamais menti : c'est un de ses valets qui s'en charge à sa place, et ce pendant de très nombreuses années. Là encore se révèle le caractère des Nomades trop intelligents pour se faire prendre à mentir : il faut laisser cette faiblesse aux Primordiaux qui mentent mal, ou aux Sédentaires qui ont le repentir du mensonge. (Le Docteur Gübler et Lord Moran, le médecin de Churchill, seraient-ils du groupe sanguin A ?) Car, avec le Nomade, mentir n'est pas mentir. Comme dans la dialectique socialiste et marxiste des goulags et des pays asservis, c'est juste affirmer une vérité différente qui n'est pas celle de l'interlocuteur à qui l'on s'adresse. Cela sert, entre autres, à démasquer les traîtres et à affirmer le faux pour connaître le vrai, comme pendant la révolution des Cent Fleurs dans la Chine communiste des années 1950. Mentir n'est pas un moyen de défense réservé à ces méprisables Primordiaux ou à ces naïfs Sédentaires, mais bien une stratégie longuement mûrie pour continuer à garder le pouvoir par tous les moyens, même les plus illégaux et les plus immoraux.

Ainsi se comporta également le Nomade Mao Tsé Toung, secondé par son fidèle lieutenant, le Primordial Tchou En Laï. Cette attitude est commune à tous les Nomades au pouvoir à travers le monde : une fois au sommet hiérarchique, ils deviennent indéracinables en politique et ne quittent la barre qu'à leur mort. Il n'y a que des dictateurs Primordiaux et Sédentaires, comme Gorbatchev ou Pinochet, qui se font renverser par les démocraties !

Mitterrand cache également sa double vie et sa seconde famille aux Français. Citons à ce propos Pierre Tourlier, le chauffeur de Mitterrand : « *Même pendant la période chargée de la campagne électorale pour la présidentielle de 1981, la vie privée de François Mitterrand était réglée de la même façon qu'auparavant. Chaque soir, nous passions à Saint Germain des Prés pour rentrer ensuite rue de Bièvre. Pendant la journée, François Mitterrand utilisait beaucoup le téléphone. Il appelait Anne Pingeot, évidemment, mais il ne passait pas une journée sans qu'il téléphone à Danièle. Ce couple était bâti sur un respect mutuel. Il avait besoin de l'écouter, de savoir si elle allait bien. C'était pour lui un refuge, une complicité indispensable, le fruit d'une histoire commune qui a duré plus de cinquante ans. Avec Anne, les choses étaient différentes. Il s'agissait d'une véritable passion amoureuse. François Mitterrand, dans cette relation, pouvait se montrer jaloux comme un enfant. Il y avait trente ans d'écart entre eux. C'est une jolie femme, très jolie. Et dans les dernières années, plus encore, François Mitterrand se montrera très jaloux à son égard.* »[39]

Mitterrand, libertaire, donjuanesque, a toute sa vie aimé les femmes. Selon son vieil ami Rolland Dumas, « *sa femme idéale est brune, pas trop jeune, plutôt actrice ou anonyme, mais pas danseuse. Il était obnubilé par Juliette Binoche : le genre de femme un peu turbulente, originale, qui n'a pas une beauté classique, mais beaucoup de charme. Il privilégiait l'intelligence, l'originalité.* » Genre sultane ou Geisha, en quelque sorte !

Il est également possible d'expliquer l'extrême résistance de Mitterrand à son cancer par la nature de son groupe sanguin. En effet, selon son médecin personnel, la découverte « officielle » de son cancer remonte aux premiers mois de son arrivée au pouvoir en 1981. Les spécialistes de la prostate consultés alors constatent tous l'étendue des lésions et la gravité des atteintes métastatiques : ils ne pronostiquent pas une longue survie au Président. Contre toute attente, ce dernier tiendra au-delà des espoirs les plus fous puisqu'il dirigera le pays pendant deux septennats. Une survie qui peut s'expliquer par l'extrême endurance des Nomades…

Cette citation de Mitterrand, s'adressant à ses ministres, résumerait-elle en lui le personnage : « *Il faut trancher sur le vif… Il faut être brutal. Soyez cruels même !* »

Mao Tsé Toung (1893-1976)

« *Je dédie ce livre à ma femme Lillian et à tous ceux qui chérissent la liberté. Je voudrais qu'il aide à ne pas oublier les terribles conséquences qu'a eues la dictature de Mao et à comprendre comment des gens de bien et de talent en sont venus à trahir leur conscience et à sacrifier leurs idéaux afin de pouvoir rester en vie.* »[40]

39. TOURLIER Pierre, *Conduite à gauche*, Denoël, 2003, p. 98.

40. Dr ZHISUI Li, *La vie privée de Mao racontée par son médecin*, Librairie Plon, 1994, p. 639.

« Afin de pouvoir rester en vie ! » Ainsi écrit le médecin personnel de Mao, qui côtoya le dictateur pendant près de vingt-cinq ans. Nul autre dictateur n'a été observé de si près par un homme qui fut, non pas son confident, mais son témoin. À part Fidel Castro, aucun autre dirigeant de l'histoire contemporaine n'a régné aussi longtemps et sur un peuple aussi grand, ni entraîné son pays dans une catastrophe aussi épouvantable. Sa soif du pouvoir, sa peur de la trahison et du poison ont plongé la Chine tout entière dans le chaos. Son dogmatisme idéologique et ses intrigues pour conserver le pouvoir en divisant les hommes ont mis son pays dans un état de révolution permanente, état qui ne pouvait survivre que par la terreur.

Au cours de sa lutte révolutionnaire contre les capitalistes chinois et les Japonais dans les années 1930, Mao, fils de petit propriétaire terrien de la profonde Chine, perdit plusieurs enfants, un frère et une épouse, tous victimes de la guerre et des révolutions. Faisant passer ses ambitions politiques avant tout et ne connaissant pas la compassion, il était généralement insensible à la souffrance de ceux de son entourage soumis. De plus, il n'hésitait pas à infliger des souffrances aux masses populaires pour atteindre ses objectifs politiques et idéologiques.

En politique, comme dans sa vie personnelle, il rejetait sans scrupules ceux qui avaient cessé de lui être utiles. Mao a instauré la terreur comme principe de gouvernement. D'ailleurs, la peur de mourir n'est pas étrangère au comportement servile adopté par ceux qui l'ont approché : « *Souvent le Dr Li trouvait Mao plongé dans un livre d'histoire. Mao adorait les chroniques chinoises mêlant la stratégie à la fourberie. Il était devenu un expert dans l'art d'attendre le bon moment, des feintes et des retraits tactiques, des attaques obliques. Il encourageait les autres à se confier, à avouer leur jeu sur le ton de la confidence, afin de pouvoir ensuite mieux les attaquer. Ses plus proches collaborateurs étaient en général incapables de savoir s'il les approuvait ou s'il s'apprêtait à les frapper. Selon le Dr Li, Mao était un grand acteur. Il était capable de condamner un proche avec une histoire si convaincante que la victime se retirait en bredouillant des remerciements.* »[41]

Comme Mitterrand, Mao a une origine provinciale et a souffert de ce mépris qu'ont les bourgeois pour leurs inférieurs, souffrance inspirant les plus grandes haines. De même, c'est un amoureux de la poésie et de l'Histoire. Mais, contrairement à Mitterrand, Mao naît à la campagne : il est le fils de petits paysans libres, dans un contexte bien plus hostile. Autodidacte, il se cultive en dévorant les théories marxistes, mais forge sa personnalité dans la guerre et dans la clandestinité. Son maître à penser n'est pas Machiavel, mais Sun Tsu, un guerrier de l'antiquité chinoise et fin stratège des guerres civiles

41. NATHAN Andrew, préface de *La vie privée de Mao*, Plon, p. 17.

de l'époque des « Royaumes combattants ». Avant Confucius, Marx et Lénine, ses références sont Sun Tzu et Lao-Tseu.

> *« L'art suprême du général consiste à briser sans combattre la résistance de l'ennemi sans combattre. »*
>
> *Sun Tzu*

Mao, un poète guerrier… obsédé par le sexe et par les femmes, et qui impose aux Chinois la continence révolutionnaire. Un polygame, comme tous les Nomades : « *Mao passait une bonne partie de son temps au lit ou au bord de sa piscine privée, nu, restant des jours sans s'habiller. Il aimait les plats baignant dans l'huile, se rinçait la bouche avec du thé et couchait avec de jeunes villageoises. Il ne prenait jamais de douche ni de bain, préférant se frotter le corps avec des serviettes chaudes, habitude qui m'empêcha d'enrayer une épidémie d'infections gynécologiques chez ses compagnes.* »

« *Il exerçait un contrôle souverain sur les horaires et le calendrier. La cour travaillait au rythme de Mao, nombre de ses activités avaient lieu la nuit après minuit. Il voyageait beaucoup, convoquant des réunions du parti là où il séjournait. Il espérait triompher de la vieillesse et de la mort grâce à des pratiques sexuelles taoïstes. Les femmes lui étaient servies à la carte, comme de la nourriture. Bien que la propagande officielle préconisât des mœurs puritaines, la vie sexuelle de Mao tenait une place centrale à la cour. Les services politiques du parti et de l'armée, gardiens de la moralité de la nation, recrutaient des jeunes femmes d'origine prolétarienne certifiées, et d'un physique agréable, pour danser avec le chef de la nation et devenir ses éventuelles partenaires au lit. Eblouies par cet honneur, certaines des élues présentaient ensuite leurs sœurs.* »

Le Nomade du groupe sanguin B vibra d'une profonde haine envers les Primordiaux (« les Bureaucrates ») et les Sédentaires (« les Droitistes »). L'idéologie qui porte le nom de « maoïsme » préconisait l'abnégation et la frugalité, et définissait la valeur d'une personne en termes de vertus politiques. Elle refusait à l'ennemi de classe la condition d'homme : à l'opposant étaient inéluctablement destinées l'élimination physique et la mort.

Mao fut un fin politique qui, à plusieurs reprises, su s'effacer pour ensuite revenir aux commandes de la Chine après avoir démasqué ses détracteurs, observé les siens et piégé ceux qui voulaient s'emparer du pouvoir. À nouveau au sommet, ses ennemis étaient impitoyablement abattus car Mao ne se sentait ni lié à qui que ce soit, ni engagé vis-à-vis de ses promesses antérieures. Il adopte une stratégie du repli en cas de danger, typique des Nomades qui n'attaquent qu'en force, fuient en cas de faiblesse, frappent à coup sûr et avec cruauté, et inspirent une crainte irraisonnée dissuadant toute trahison.

> *« En tuer un pour en terroriser mille. »*
>
> *Sun Tzu*

Mao disait : « *Je laisse toujours mes adversaires attaquer les premiers, ensuite seulement je riposte. J'ai trois règles : premièrement, je suis un adepte du philosophe Lao-Tseu. Moi, le père, je ne prends jamais l'initiative de l'action. Quand je suis attaqué, je bats en retraite, je ne fais rien, je garde le silence. Nous donnons à l'ennemi l'impression qu'il a marqué quelques points. Si nous rétorquions immédiatement, l'ennemi n'oserait pas montrer son vrai visage. Il faut attendre qu'il soit à découvert. Ensuite, nous ripostons, en lui disant ce qu'il a fait.* »[42]

Ou encore : « *Nous ferons sortir les serpents de leurs trous, ensuite nous frapperons. Ma stratégie consiste à laisser croître les plantes vénéneuses avant de les arracher une à une. Qu'elles deviennent de l'engrais.* » Mao est un chef d'État qui, par crainte de la trahison et de l'empoisonnement, sait utiliser à la perfection ses espions.

> *« Savoir à l'avance permet au souverain avisé, au bon général de frapper, de conquérir et de réaliser des choses hors de portée des hommes ordinaires. Seul l'espionnage permet de savoir à l'avance et rien n'est plus important pour un souverain que la qualité de ses espions. Il revient dix mille fois moins cher de payer grassement les meilleurs espions que d'entretenir chichement une petite armée. »*
>
> *Sun Tzu*

42. Dr ZHISUI Li, *La vie privée de Mao raconté par son médecin*, Librairie Plon, 1994.

Ainsi, en appliquant des principes typiquement chinois vieux de plusieurs millénaires, Mao déconcerte ses ennemis, chinois ou étrangers, habitués aux théories « sédentaires » de Clausewitz : « *Mao est un initiateur, le créateur d'une stratégie subtile qui fait alterner effet de surprise, moments de tension et de relâche, où il est passé maître. Les longues périodes de stabilité lui inspirent de la méfiance, et jamais le changement ne s'opère assez vite à son gré ; enfin, il a le sens politique et il est doué d'une grande patience : il sait arriver à ses fins par petites étapes. Tchou En Laï aime veiller à l'exécution détaillée d'un plan — ce que déteste Mao — et les problèmes l'enchantent à la mesure de leurs difficultés. Il va droit à l'essentiel, rejette le chimérique, dissimule s'il le faut. C'est quand le mouvement pendulaire de la révolution s'approche de la position d'équilibre qu'il donne le meilleur de lui-même.* »[43]

À côté de Mao, son fidèle second Tchou En Laï (Zhou Enlai) a joué un rôle considérable. Face à un Nomade au pouvoir, un Primordial ne fait génétiquement pas le poids. Là se manifeste l'extrême intelligence de Zhou qui a compris que son destin était de servir fidèlement son maître, sans jamais chercher à le trahir. C'est ce qui différencie le Premier ministre de Mao de ceux de Mitterrand : ceux-là n'avaient pas pris conscience qu'il était inutile de se mesurer face à un Nomade aux canines limées — ses conseillers en communication lui firent limer ses canines de carnivore —,car on ne peut récolter contre lui que défaite et mépris.

À Mao les visions planétaires, les grandes orientations, la stratégie subtile inspirée de Sun Zu. À Zhou la mise en œuvre, l'application des décisions du Grand Timonier, sans jamais tricher, écrasant impitoyablement, avec le sourire et dans la douceur, les ennemis de la Révolution. Ce fidèle serviteur ne cessa de jongler, pendant toutes ces années de terreur idéologique, entre les « droitistes » sédentaires et les « gauchistes » nomades avec son proverbial sourire connu et célébré dans le monde entier !

« *Plus qu'aucun autre dirigeant chinois, Zhou Enlai était resté fidèle à Mao, si fidèle en fait, que Lin Biao avait dit un jour qu'il était un domestique obéissant. Zhou était plus que loyal : il était soumis à tel point que c'en était parfois gênant. J'étais présent, le 10 novembre 1966, en pleine révolution culturelle, lorsqu'il était venu voir Mao pour organiser le septième rassemblement des Gardes Rouges sur la place Tien anmen. Tout en faisant part de son idée à Mao, Zhou sortit un plan, l'étala par terre, et s'agenouilla sur le tapis pour lui montrer l'itinéraire que suivrait le cortège. Debout, une cigarette aux lèvres, Mao regardait Zhou ramper au sol.* »

43. SNOW Edgard, *La longue révolution*, Paris, Stock, 1973.

« Je trouvai cette position humiliante pour Zhou, et j'étais très gêné de voir un homme de cette importance, le Premier Ministre de la Chine, se comporter ainsi. Ce spectacle procurait visiblement à Mao un plaisir pervers. C'était dans ses relations avec Zhou qu'apparaissaient le mieux les contradictions de sa personnalité de dictateur. Il exigeait de lui une loyauté absolue, et s'il ne l'avait pas obtenue, il l'aurait immédiatement congédié. Zhou était tellement fidèle et soumis que Mao éprouvait du mépris pour lui. »[44] C'est une attitude qui rappelle étrangement celle de Mitterrand pour son Premier ministre Rocard…

> *« Il faut bien connaître ses alliés, car un jour, ils peuvent devenir des ennemis. »*
>
> *Sun Tzu*

Cependant, avec beaucoup de prudence, Zhou tenta de modérer Mao qui sombrait dans un délire paranoïaque, mû par le souci d'épargner au petit peuple les souffrances liées aux bouleversements sociaux de la Révolution culturelle et à la guerre entre les « droitistes » de Deng Xiao Ping et les « gauchistes » dirigés par Qian Qing, la troisième femme de Mao.

Ainsi, lorsque Zhou mourut en 1975, quelques mois avant le Grand Timonier, le peuple chinois lui rendit un hommage muet : une vague de reconnaissance, des fleurs et de pleurs sur sa tombe, là où il n'y eut qu'un lourd silence réprobateur lors de la mort de Mao.

Avec le recul du temps, comme pour tous les régimes dirigés par des khalifes, que reste-t-il du règne des Nomades au pouvoir ? Quoi qu'il en soit, ils finissent comme des dieux, momies vivantes déifiées, laissant après leur mort le souvenir de divinités idéalisées, généreuses et immaculées.

Mitterrand et Mao furent deux Nomades énigmatiques, séducteurs et polygames. Par leurs promesses politiques non tenues et poussés par le sentiment de n'être redevable à personne, ils ont fait rêver, chacun à leur manière, le monde, leur peuple et leur époque. Pour accéder au pouvoir, tous deux ont rompu avec leur milieu social d'origine et transgressé les interdits de leur temps. Ils ont mené leur vie et leur combat politique de la façon la plus subtile qui soit, craignant sans cesse la trahison, prêchant le faux pour connaître le vrai, provoquant l'agression pour ensuite se faire passer pour la victime, dissimulant sans cesse leurs véritables sentiments. Ne faisant

44. Dr ZHISUI Li, *La vie privée de Mao raconté par son médecin*, Librairie Plon, 1994.

confiance qu'à eux-mêmes, ils ont suscité par leur comportement les plus grandes soumissions, les plus grandes craintes et les plus grandes haines. Mais ils ont su, au-delà de leur mort, rester des personnages hors de commun, vénérés comme des dieux.

« En politique, il existe des idées justes et des idées fausses. Et ces idées fausses sont souvent présentées comme des idées généreuses. »

Prince Otto de Bismarck

LES DEUX PRIMORDIAUX DÉCHIRÉS PAR UNE SÉDENTAIRE, OU LE DRAME DE CHARLES, DIANA ET CAMILLA

Le samedi 9 avril 2005, Charles et Camilla se marient ; la presse comme le monde entier jugent la cérémonie réussie. Les époux, tous deux divorcés, se sont unis civilement vers 13 heures 30, à la mairie de Windsor, devant quelques invités triés sur le volet, mais en l'absence remarquée de la Reine. Ensuite, ils se sont mutuellement promis fidélité, lors de la bénédiction nuptiale menée par l'archevêque de Cantorbéry Rowan Williams, dans la chapelle St George du château de Windsor.

La réussite de cet événement ne paraissait pas acquise, tant le comportement de ces deux vieux amants avait soulevé depuis si longtemps nombre de polémiques. Mais, malgré le manque de faste et le peu de convives aux cérémonies, Camilla peut être fière, car elle touche enfin à son but : un jour, elle, la mal-aimée de la famille royale, du peuple britannique et de la presse people, sera reine. Accéder au trône, quelle plus belle réussite pour une roturière au comportement de Sédentaire ? Reine et, de surcroît, éperdument aimée par un Primordial complètement soumis.

Qu'importe si, pour le mariage de Charles et de Diana vingt-quatre ans auparavant, un million de sujets avaient salué le passage de la calèche des fiancés. Qu'importe si cela avait été une cérémonie digne de la royauté britannique et suscité la fierté de tout un peuple qui se reconnaissait dans les jeunes mariés. Qu'importe les années de souffrance silencieuse et solitaire, les amours cachées, le mépris que la famille royale a toujours affiché envers elle. Qu'importe… car c'est elle qui a gagné dans ce féroce combat entre femmes, pour la domination de celui qu'elle a toujours aimé.

Leur amour a défrayé la chronique, a secoué la monarchie britannique et a perturbé le peuple qui leur a attribué indirectement la mort de sa fée, la princesse Diana. Mais, aujourd'hui, elle est la duchesse de Cornouailles, et, si un jour Charles monte sur le trône, rien ne s'opposera juridiquement à ce qu'elle devienne reine de Grande-Bretagne. Camilla a beau répéter à tous, les larmes aux yeux, qu'elle n'a jamais voulu être souveraine, personne ne la croit.

C'est en juin 1970, sur le terrain de polo de Windsor Great Park, que Camilla Shand rencontre le prince Charles (groupe sanguin O). Elle tente immédiatement de le séduire, sans gêne, avec le culot typique de son profil génétique : celui des Sédentaires. Il pleut, Charles est seul, à côté de son poney favori, avec son air habituel, triste, sérieux et solitaire. Camilla traverse le terrain et va franchement vers lui, naturelle et décontractée. « *Elle portait des bottes Wellington vertes, des pantalons de velours côtelé et une veste babour*, se souvient un témoin. *Le genre de fille qui ne va jamais chez le coiffeur et dont on ne sait jamais si elle a remis sa culotte.* »

Elle se plante devant Charles. « *Je m'appelle Camilla Shand.* » Charles, interloqué, se détend. C'est la première fois que quelqu'un s'adresse à lui avec autant de simplicité et de familiarité, et cela lui plaît. Cette fille le surprend par sa spontanéité, lui qui n'a affaire qu'à des gens obséquieux, contraints et courbés. Il va prendre plaisir à bavarder avec elle pendant deux heures. Fait nouveau pour cet homme qui, à vingt-trois ans, ne connaît toujours rien aux joies de l'amour : il est heureux pour la première fois de sa vie.

Depuis sa naissance en 1948 et jusqu'à cette rencontre, l'existence de Charles n'a jamais été placée sous le signe de la gaieté. Éduqué loin de ses parents l'élevant sans amour à la manière rigide des Windsor, il est devenu un adolescent replié sur lui-même et a appris à cacher ses émotions et à souffrir des contraintes liées à sa fonction de prince héritier. Aussi sera-t-il naturellement attiré par une vie solitaire, loin de la cour, sur ses terres écossaises à Balmoral où il pêche, chasse à courre, monte à cheval et jardine. Il s'adonne et excelle à la peinture minutieuse, patiente et précise de l'aquarelle. Toujours net sur sa personne, tiré à quatre épingles et portant souvent le kilt traditionnel des Écossais, Charles se comporte comme un Primordial au milieu de ses terres, attitude qu'il gardera tout au long de sa vie.

Et c'est une fille au caractère opposé, et complémentaire, qu'il rencontre. Une fille typiquement anglaise, qui préfère les chevaux, la chasse et la nature aux mondanités et aux boutiques de mode. Elle lui apporte la fantaisie qui lui manque et lui fait découvrir cette liberté de vivre et de penser qu'il n'a jamais connue auprès de ses parents. Pour Charles, c'est le coup de foudre.

Pourtant, Camilla, qui ne répond en rien aux canons de la mode, n'est pas vraiment jolie et a les cheveux coiffés à la diable : « *Elle descend, jurerait-on, tout juste de sa monture, après une chevauchée sur les terres du manoir.* » Citons ici Kitty Kelley : « *Joan Collins, la vedette de télévision, déclara vouloir jouer dans une série télévisée sur la famille royale : "Je jouerai Camilla. Je suis capable de m'enlaidir pour avoir ce rôle." La presse dressa un portrait peu flatteur de Camilla : "un laideron qui ressemble à un cheval". Le* Herald *écossais persifla : "Elle fume, elle plaisante comme un homme et, après une journée à cheval, elle est capable d'aller dîner sans prendre de bain."* »[45]

Habillée sans grande élégance et bien que n'ayant qu'un an de plus que Charles, elle paraîtra toujours plus vieille que son âge réel. Mais tout en elle respire la joie de vivre et la simplicité de ses vingt-quatre ans. Elle n'a pas

45. KELLEY Kitty, *La maison Windsor*, Presse de la Cité, 1997.

froid aux yeux, et il y a déjà bien longtemps qu'elle a dit adieu à sa virginité, comme toute Sédentaire qui se moque du qu'en-dira-t-on. C'est une fille des sixties et c'est donc avec naturel qu'elle a abordé Charles en lui demandant : « *Nos grands-parents étaient amants ! Cela vous tente ?* » Et pourquoi cela ne le tenterait-il pas de se déniaiser, avec une personne aussi sympathique ?

C'est ainsi que, tout naturellement, le Primordial Charles découvre en Camilla l'élément complémentaire à sa personnalité. Il trouve en elle, l'initiatrice, le caractère dominant et protecteur qui lui manque. Camilla, c'est l'amour de sa vie.

Mais, pour l'instant, Charles n'est pas l'amour définitif de la vie de Camilla. Bien que flattée par l'intérêt que lui porte le prince, elle n'a d'yeux que pour le séducteur au comportement de Nomade, le bel officier de la Garde Royale, Andrew Parker Bowles, filleul de la reine. Don Juan et libertin, Andrew fait chavirer le cœur de toutes les filles de la bonne société londonienne. Il aurait d'ailleurs été auparavant l'amant d'Anne, la sœur de Charles. Camilla tombe aussitôt sous son charme : entre un garçon trop sérieux et conformiste, et un brillant aventurier qui fait rêver les filles, elle a choisi son camp ! Elle cède à la tentation du mirage, oublie le prince et se marie en 1973. Effondré, Charles essaie de l'effacer de ses souvenirs en menant une vie de « play-boy » nocturne, où la farandole des prétendantes d'une nuit va faire les gorges chaudes de la presse.

Entre deux conquêtes, Charles va pourtant trouver refuge à la campagne, chez Camilla, totalement délaissée par son coureur de mari. Pour une femme qui cherche la stabilité, un Nomade ne sera jamais une valeur sûre. Elle finit par comprendre qu'un Primordial l'est davantage. Alors commence pour elle le véritable amour. Un amour où il faudra toujours se cacher de la reine contrariée par l'attachement de son fils pour une telle aventurière.

Afin d'éviter une situation identique à celle de son oncle le roi Edouard VIII, d'échapper aux ragots, de sauver la réputation du trône et de contrer cette jeune femme dont les manières lui rappellent Wallis Simpson, la reine Elisabeth, Primordiale impériale, décide immédiatement de trouver une épouse à son fils.

Elisabeth II a toujours été une reine froide, méticuleuse, qui n'a jamais écouté ni ses humeurs ni ses sentiments. Depuis son enfance, elle n'a eu de cesse d'étouffer ses penchants naturels au nom « de la raison d'État ». Pour protéger la monarchie, elle n'a pas hésité, déjà dans les années 1950, à briser le bonheur de sa jeune sœur Margareth en lui refusant le mariage avec le beau et séduisant, mais malheureusement divorcé, Peter Townsend. Elle ne désire pas que le même problème se repose à chaque génération !

« *Elisabeth II n'a jamais donné d'entretiens à la presse et ses idées politiques sont grandement inconnues, en dehors de quelques membres du gouvernement qui ont des conversations privées avec elle. Assez conformiste par le choix de ses robes, la Reine l'est moins pour ses manteaux aux couleurs affirmées et ses célèbres chapeaux décoratifs, qui lui permettent d'être facilement vue dans une foule. Bien qu'elle assiste à beaucoup d'événements culturels conformément à son rôle public, dans sa vie privée on dit que la Reine a peu d'intérêt pour la culture ou les arts. Ses loisirs principaux incluent les courses de chevaux, la photographie et les chiens, surtout les corgis. Dans les situations diplomatiques, Elisabeth II est extrêmement formelle et suit le protocole royal qui est très strict. Bien que certaines règles traditionnelles aient été allégées pendant son règne (s'incliner n'est plus exigé), d'autres comportements, comme l'attouchement, sont toujours déconseillés.* »[46] Elisabeth respecte le protocole royal à la manière des Primordiaux en ce qui concerne leurs tabous.

Pour la reine, l'emprise maléfique de Camilla sur Charles met en danger l'avenir de la monarchie britannique : face à l'adversité, Charles est trop influençable, fragile et ductile à souhait. Camilla pourrait le retourner contre les siens. Il faut donc lui trouver une épouse dont les qualités, la moralité et les origines princières soient en phase avec sa fonction de prince héritier et de futur roi. Une épouse qui convienne aux impératifs monarchiques : noble, jeune, jolie, soumise, malléable, anglaise, protestante et vierge ! Une Primordiale parfaite, en quelque sorte... Et cette perle rare, esclave et potiche de la monarchie, femme-alibi, victime sacrificielle qui devra accepter le ménage à trois, la cour va la lui dénicher et la jeter dans ses bras : c'est Diana.

Obéissant aux impératifs de l'étiquette et au devoir d'État, Charles est prêt à se résigner au mariage. Pour lui, cette union est « *une formalité nécessaire pour donner au trône un héritier, une corvée incontournable. Le tout est de jongler pour conserver une liberté de célibataire.* » Il se mariera donc et donnera des héritiers à la couronne, mais à condition de conserver sa maîtresse !

Comme tous les chasseur-cueilleurs Primordiaux placés au pied du mur, Charles est têtu. Il refuse de changer d'avis et ce n'est pas l'entourage de sa mère qui lui imposera l'inacceptable. En effet, il a déjà trop accepté contre son gré depuis son enfance ; il a été trop soumis, à l'étiquette, à son père très sévère et à sa mère absente. Il a été trop seul et trop peu aimé. Alors, il se révolte : « *Camilla n'est pas négociable.* » Il l'aime profondément, car elle seule l'a compris. De plus, elle a été la première femme à l'aimer et il retrouve en elle la mère protectrice qu'il n'a jamais eue. Diana pourra avoir toutes les

46. Wikipédia.

qualités du monde, elle aura beau l'aimer de toute son âme, il est trop tard : son cœur est déjà pris...

Le malheur de Lady D se profile donc, victime du système entre un époux qui, parce qu'il en aime déjà une autre, se comportera comme un goujat, et une belle-mère ne voyant en elle qu'un instrument pour neutraliser sa rivale : Camilla. Camilla et Elisabeth, les deux mères rivales qui se déchirent le même fils.

Rien ne prédisposait Diana Spencer, née le 1er juillet 1961, à devenir princesse de Galles, sinon ses origines familiales. Son enfance fut perturbée par la mésentente de ses parents qui s'entre-déchirèrent avant de divorcer. Elle est très tôt privée de sa mère qui se remarie et va vivre ailleurs. Élevée sans affection par son père qui a conservé la garde des quatre enfants, elle se réfugie auprès de sa nurse, Mary Clarke, qui lui sert de véritable maman. Diana est seule à pouvoir, avec son petit chat Marmelade et son cochon d'inde Peanuts, offrir quelque affection à son petit frère Charles, pour qui elle endosse le rôle de mère de substitution. Ces deux enfants abandonnés pleurent ensemble la nuit en pensant à leur génitrice absente. Alors, Diana reporte sur lui toute l'amour qu'elle dispensera plus tard à tous ceux qui souffrent et à tous les déshérités de la terre. Plus malheureuse sera-t-elle encore lorsque viendra le temps des pensions pour jeunes filles de l'aristocratie anglaise.

Les années passent et le caractère de Diana se précise : pas compliquée, facile à vivre, douce, mélancolique, réservée, affreusement timide, elle rêve du Prince Charmant. Peu intéressée par les études, qu'elle abandonne à l'âge de seize ans, et vulnérable à cause de son manque de culture, elle préfère les activités physiques intenses, comme la danse, le ski, la natation et le tennis. Aimant consoler les enfants, elle s'en occupe avec plaisir et se destine à des études de puériculture. Nette dans sa mise, franche et directe dans son comportement, elle est l'opposé de Camilla.

À ce moment-là se dessine et s'affirme son immense instinct maternel, typique des femmes Primordiales, que l'on retrouve également chez Jackie Kennedy. Contrairement à leur mère respective, les deux femmes feront tout pour protéger leurs enfants des souffrances du Destin.

Après de courtes études de cuisine et de français en Suisse, elle retourne à Londres et s'installe dans un appartement dont elle partage les charges avec trois amies : « *Elle demanda à chacune une participation aux tâches ménagères à effectuer, mais à vrai dire, c'est Diana qui s'en acquittait de presque toutes : elle adorait faire le ménage, elle avait toujours été la méticuleuse de la famille, passait des heures à laver, récurer, ranger les tiroirs, suspendre ses habits. Elle alignait ses chaussures par couleur, et faisait son lit chaque jour avec une précision militaire. Elle passait sans arrêt l'aspirateur et a appris à blanchir le linge, parce qu'elle aimait l'odeur des chemises fraîchement repassées. Comme Cendrillon, elle travaillait le cœur léger pour sa sœur aînée Sarah, qui la payait 2 dollars de l'heure pour faire le ménage chez elle.* (Sa sœur aînée serait-elle du groupe sanguin A ?). »[47]

Ainsi traverse-t-elle son enfance et son adolescence sans se faire remarquer, cadette d'une sœur qui attire tous les regards. C'est une Cendrillon des temps modernes que personne ne remarque et qui attend le jour où un prince portera les yeux sur elle.

Or les Spencer et les Windsor sont deux familles qui se sont toujours fréquentées de près. Charles s'est même un temps intéressé à sa sœur Sarah, qui, de son côté, préfèrera « *épouser un clochard par amour qu'un futur roi pour plaire à ses parents !* » Les deux familles s'entendent alors, « Queen Mum » en tête, pour présenter Diana à Charles, en l'invitant un week-end à Balmoral…

Le piège va se refermer sur elle, victime candide d'un complot dont Charles est le complice forcé. Le Mythe de la pauvre princesse va naître, elle qui depuis toujours a fait le rêve tout simple « *de se marier, d'aimer son mari et d'avoir des enfants.* » La malédiction populaire va également se reporter sur ce prince mal-aimé, « *conservateur vert, nostalgique du Devoir, de la tradition, de la hiérarchie et du sens de la cérémonie qui aura eu le malheur d'être la victime du Devoir et de la Raison d'État.* »

Charles et Diana : deux Primordiaux vulnérables ; Camilla : une Sédentaire, une reine usurpatrice aux yeux de la monarchie. C'est dans la génétique de leur profil psychologique qu'est l'explication de la suite de leur triste histoire. Charles se repliera au fond de sa caverne préhistorique (son château en Écosse), pendant que Diana s'étourdira dans une disponibilité sans limite envers tous les pauvres de la Terre, nouvelle mère Térésa laïque et aristocrate. Elle s'attachera à des amants qui, pour la plupart, se comporteront comme des goujats pour le prix de leurs confessions auprès d'une presse *people* toujours aux aguets. Elle n'oubliera pas pour autant ses deux garçons qu'elle surprotègera de son amour maternel. Camilla, quant à elle, aura trouvé en Charles l'être complémentaire qui l'entourera et qui la mettra sur un piédestal, alors que son mari ne cessait de la bafouer.

Jusqu'au dramatique accident d'automobile du pont de l'Alma à Paris… « *Adieu, rose d'Angleterre / Puisses-tu grandir à jamais dans nos cœurs / Tu étais la grâce qui s'installait / Là où les vies étaient déchirées / Il me semble que tu as vécu / Comme une chandelle dans le vent…* » Avec cette chanson

47. KELLEY Kitty, *La maison Windsor*, Presse de la Cité, 1997, p. 258.

jouée au piano par Elton John, c'est toute l'Angleterre qui pleura sa princesse morte. Princesse rebelle contre la monarchie qui l'avait couronnée d'éclats trop brillants, la foule pria pour elle. Ce jour-là, tous les blessés de la vie, les enfants malchanceux, les sidéens au regard désespéré et ceux à qui elle avait tendu la main pleurèrent leur princesse de la compassion.

Finalement, comme la Princesse Margareth avant eux et comme le roi George VII, Charles, Diana et Camilla furent les trois malheureuses victimes… du Lion Britannique.

•

VLADIMIR ILICH OULIANOV, DIT « LÉNINE » : LE FAUX-PROHÈTE DE LA HAINE ET DE L'ENFER

« *Moscou, le 22 janvier 1924.*

À 11h20, ce matin, le Président Kalinine ouvre brièvement la session de la réunion du Soviet de toutes les Russies, et il demande à tout le monde de se lever. Il n'a pas dormi de la nuit et des larmes s'écoulent sur son visage hagard. Une vague soudaine d'émotion — pas de bruit mais une étrange immobilité — s'empare de l'assemblée alors que personne ne sait encore ce qui vient d'arriver. La musique commence à jouer la marche funèbre soviétique. Mais elle est immédiatement réduite au silence par Kalinine qui murmure d'une voix faible : "J'ai à vous annoncer une terrible nouvelle à propos de notre cher camarade Lénine…" Dans les hauteurs de la galerie, un long gémissement se fait entendre, plaintif, suivi par une explosion de sanglots (…) »

« *"Hier", continue Kalinine d'une voix tremblante, "hier il a été atteint par une brusque attaque de paralysie, puis…" Il y a alors un long silence, comme si l'orateur n'avait plus la force de prononcer la phrase fatale. Puis, avec un effort qui secoua son corps : "… il est mort…"(…)* »

« *L'émotif tempérament slave prend alors immédiatement le dessus. Dans tout l'amphithéâtre éclatent des sanglots et des gémissements, non seulement bruyants et aigus, mais lugubres, plein de compassion, qui enflent et s'étendent.* »[48]

Vladimir Ilitch Oulianov est mort, à l'âge de cinquante-trois ans, le 21 janvier 1924 dans la datcha de Gorki où il s'était retiré depuis l'aggravation de sa maladie. La légende posthume exceptionnelle du plus grand prophète du 20e siècle n'a plus qu'à naître.

La nouvelle de sa mort parcourt la Russie et le monde à la manière d'une traînée de poudre. Partout, d'après le mythe soviétique, elle provoque le désespoir d'une foule d'admirateurs qui avaient foi en ses paroles. Le « *plus grand penseur que le mouvement ouvrier et révolutionnaire ait produit depuis Marx* », selon Hélène Carrère d'Encausse[49], laisse le monde orphelin. Mais, heureusement, en ce 21 janvier, ses deux fils spirituels, ses deux plus proches collaborateurs, Léon Trotski et Joseph Staline, sont là pour assurer sa relève et entretenir le mythe en son nom.

---

48. DURANTY Walter, *New York Time*, 22 janvier 1924.

49. CARRÈRE D'ENCAUSSE Hélène, *Lénine*, Fayard, 2005.

Jamais les peuples n'ont déifié une personne comme l'a été ce révolutionnaire que les thuriféraires du régime dépeindront plus tard comme un homme bon, simple, en complet-veston et au beau visage de grand-père bienveillant. Le jour de ses obsèques, le samedi 26 janvier, Lénine, le Père des peuples, est symboliquement entouré de Staline, le Fils, et de Trotski, le Saint-Esprit.

Le monde peut pleurer : il a perdu son demi-dieu. Toujours selon la légende, les moujiks de Gorki sanglotent en accompagnant sa dépouille qui s'en va vers Moscou, hissée sur un train spécial. Une mer humaine l'y attend, tandis qu'une double haie de soldats trace la piste mortuaire. Kalinine, Kamenev, Zinoviev, Staline, Enoukidzé et Tomski chargent le cercueil sur leurs épaules, suivis par une procession de milliers d'ouvriers, de moujiks et de militaires. Le tout est orchestré comme une cérémonie religieuse. La dépouille mortelle est déposée sur un catafalque au Kremlin, devant le congrès panrusse des Soviets. Le lendemain, jour des funérailles, l'événement acquiert un caractère sacré et magnifie le défunt. Les ouvriers ont construit en plein centre de la place Rouge un vaste mausolée en bois où Lénine, embaumé comme une momie, est exposé dans un cercueil de verre. Malgré le froid intense de l'hiver russe, la foule se presse pour venir rendre un dernier hommage au premier tzar rouge : plus d'un demi-million d'êtres humains piétinent durant des heures dans la neige glaciale.

Pour permettre la perduration du mythe, et contrairement à sa propre volonté, la momie de Lénine ne sera pas incinérée. Plus tard, elle sera inhumée, dans un mausolée en pierre de granit rouge et noir au pied du Kremlin, sur l'ordre de Staline. Une pyramide à trois étages tronqués, de forme aztèque (comme pour les sacrifices humains) et sans sommet est construite spécialement par l'architecte Alexei Chtchoussev... La pyramide d'un dieu cruel.

Tout sera fait dès lors pour amplifier à l'échelle planétaire le message du nouveau prophète. Car il annonce le triomphe du parti communiste soviétique sur le monde. Au nom de la lutte des classes et sous prétexte de la haine entre les hommes, il prévoit des cataclysmes, des massacres et de grands bouleversements terrestres. Il prédit une société égalitaire, la disparition de l'État et le paradis sur terre.

Gorki désigne en Lénine l'homme qui « *entre tous les plus grands hommes contemporains était la plus vive incarnation du génie.* » Sun Yatsen, à Pékin, proclame : « *Dans le souvenir des peuples opprimés, tu vivras des siècles, homme parmi les plus grands.* » Le savant indou Sahib Singh Sokhey prédit que « *le léninisme éclairera toute l'humanité.* » Le parti communiste anglais fait serment que « *le grand leader sera toujours là pour nous guider.* » Le parti communiste français salue « *le chef incomparable de la révolution universelle, contre lequel montèrent vainement les fureurs de la bourgeoisie.* » Stresemann, le Ministre pacifiste allemand des Affaires Étrangères fait connaître ses sincères regrets. Branting, ancien Premier ministre suédois, dit que « *la grande action de Lénine restera l'un des grands monuments de notre époque.* » À Prague, la presse encense Lénine, « *car il n'y a pas de force qui puisse éclipser le flambeau levé sur les ténèbres étouffantes du monde en démence.* »

De très nombreux « compagnons de route » auront la même attitude pendant longtemps. Malgré Berlin en 1948, Budapest en 1956, Prague en 1968, les Khmers Rouges, le Goulag sibérien et le Lao Gaï chinois, le paradis cubain, tous crieront et invoqueront : « *Lénine, Lénine, Lénine !* » Des affiches proclameront par millions que « Lénine a vécu ; Lénine vit ; Lénine vivra toujours ! » ... Et combien d'intellectuels, en France en particulier, d'André Gide à Sartre, furent sourds et aveugles devant les sophismes et les fruits de ses mensonges ? L'*a priori* sélectif d'hommes politiques, écrivains et intellectuels occidentaux pour son idéologie, les pousse à refuser de croire, après avoir refusé de voir... Stéphane Courtois cite dans *Le Livre noir du communisme*, le cas d'Édouard Herriot, ministre sous la IIIe République en France, niant la famine en Ukraine, après un bref voyage en Union Soviétique dans les années 1930 ; et plus encore récemment celui des journalistes de renom qui ont minimisé un temps le drame du peuple cambodgien.

Nomades de tous les pays, unissez-vous !

Vénérez la faucille-lune et le casse-tête marteau,

Les Breton, Aragon, Sartre et Malraux,

Tartufes danseurs, artistes, journalistes, philosophes et cinéastes,

Mangeurs de soutanes, cracheurs de bourgeois, penseurs iconoclastes.

Encore en 1981, Tartufe en chef, Simone de Beauvoir, s'était adressée, à Boukovski : « *Vous n'avez pas le droit de détruire les illusions des jeunes qui attendent beaucoup du socialisme.* » En Espagne, c'est en appliquant les théories de Lénine, de Trotski et de Staline que Dolorès Ibarruri, « la Pasionaria », proclamera en 1936 « *qu'il vaut mieux enfermer cent innocents que de libérer un seul coupable* » et « *qu'il vaut mieux mourir debout que de vivre à genoux* », se référant à une société soviétique où le peuple, à l'époque, mourait à genoux.

Nul n'est besoin ici de rappeler, dans les écrits de Lénine, tous les appels au meurtre, à la délation, à l'épuration à très grande échelle, à la terreur, à la famine organisée de tout un peuple ou de toute une classe sociale destinés à être éliminés au nom de l'Histoire, ou plutôt au nom de son interprétation de l'Histoire.

Pourquoi et comment un tel homme, fondateur du bolchevisme, prophète de l'utopie de la révolution mondiale, chantre de la terreur et de l'épuration, policier-conspirateur modèle, fut-il à l'origine de la mort de tant d'innocents ? L'explication la plus sérieuse à notre époque, celle qui paraît, avec le recul du temps et les documents des archives de l'ex-Union Soviétique, la plus scientifiquement plausible, est d'ordre médical. Lénine souffrait depuis très longtemps d'une maladie grave qui a fini par le tuer à un âge précoce : la syphilis tertiaire, une infection qui, par les atteintes au niveau du cerveau, peut rendre insidieusement fou.

Mourir d'artériosclérose selon la version officielle à cinquante-trois, c'est très jeune, même en 1924 et surtout chez une personne au mode de vie frugal qui a certes connu les privations de l'exil, mais qui n'a jamais travaillé de ses mains. Avant la Révolution d'Octobre, Lénine a passé la majorité de sa vie tel un paisible retraité, dans les bibliothèques de Suisse, de France, d'Angleterre et de Finlande, éloigné des classes laborieuses, à écrire des articles incendiaires et à conspirer ses projets révolutionnaires. Il faut donc se référer à certains symptômes qui ne trompent pas…

Lors de l'été 1921, au cours de fortes poussées de fièvre, Lénine est victime d'une première attaque cérébrale. Dès la fin 1921, il doit quitter, bien que légèrement atteint, la direction des affaires pour plusieurs semaines. La présence de deux balles de revolver logées dans son épaule — séquelles d'un attentat en 1918 — est un facteur aggravant. Dès 1922, il ne peut plus travailler qu'au ralenti. Staline profite de ses défaillances pour avancer ses propres pions. En mai 1922, une nouvelle attaque fébrile paralyse tout son côté droit et son rôle dans le gouvernement diminue. De plus en plus absent de la scène politique en raison de l'aggravation de son état, il est frappé d'une troisième attaque en décembre de la même année. Il est alors définitivement écarté du pouvoir et remplacé par Staline et Trotski en mars 1923. Il se retire dans une confortable datcha à Gorki (ex-Nijni Novgorod) et se met à présenter de graves troubles de la mémoire, des difficultés d'élocution et une impossibilité à suivre une conversation soutenue et prolongée. À partir de son séjour à Gorki dans la dernière année de sa vie, il n'aura plus aucune influence réelle sur la vie politique de son pays : la maladie lui fait perdre le pouvoir, lui qui voulait guider l'humanité.

« *Le 21 janvier, à six heures du matin, la température s'élève tout à coup. L'attaque est implacable. De terribles soubresauts agitent tout le corps. Lénine meurt au bout d'une demi-heure, sa main dans la main de Kroupskaïa, sa femme.* »

« *On ne le verra plus, petit, trapu, nerveux, le cou trop court, le geste trop saccadé, tourner comme une toupie, sur une estrade ; on ne l'entendra plus, durant les interminables soirées de camarades, deviser infatigablement, de sa voix enrouée, avec des mimiques sans grâce, volontiers impératif et catégorique, jamais indulgent, sur l'avenir de l'homme. Ce grand tourmenté contre lui-même, d'une exigence toujours exacerbée pour trouver le mot le plus juste ou le théorème le plus rigide — a enfin trouvé le repos.* »[50]

La cause officielle de la mort de Lénine est attribuée à de l'artériosclérose, mais des vingt-sept médecins qui interviennent pour le soigner, seulement huit souscrivent à cette conclusion sur le rapport d'autopsie.

En effet, les paralysies consécutives à de l'artériosclérose ne donnent habituellement pas de fortes poussées fébriles. Cette attitude prudente des médecins de l'époque provoque, à partir de cet instant, des doutes sur le diagnostic réel de la maladie. Peu après sa mort, des documents concernant une syphilis apparaissent. Jusqu'à l'utilisation de la pénicilline à partir de 1945 dans le traitement des maladies infectieuses, la syphilis était une maladie très répandue. De nombreux hommes célèbres en furent atteints : Nietzsche dut être enfermé dans un asile psychiatrique pour une syphilis mal soignée ; des peintres comme Van Gogh et Toulouse-Lautrec ; des écrivains comme Alphonse Daudet, Flaubert, Maupassant et Baudelaire ; des hommes politiques comme, selon certaines hypothèses, Mussolini et Hitler ; des psychopathes ultra-violents comme Al Capone… Il n'est donc pas étonnant que Lénine en fut atteint lui aussi. Des rapports rendus publics à la suite de la chute de l'URSS, ainsi que les mémoires des médecins de Lénine à l'époque lors de son exil en Suisse, suggèrent également qu'il a été traité contre la syphilis dès 1895. En 1923, ses médecins lui prescrivent du Salvarsan, l'unique médicament (avec les sels de mercure et l'iodure de potassium) qui soit disponible à cette époque pour soigner cette affection. D'autres documents, datant de son décès, laissent entendre que le légiste qui pratiqua son autopsie avait reçu l'ordre de prouver que Lénine n'était pas mort de la syphilis. Enfin, un diagnostic posthume par deux psychiatres et un neurologue publié dans l'*European Journal of Neurology* affirme démontrer que Lénine est bien décédé des suites de cette maladie.

La syphilis, devenue rare à notre époque et de ce fait méconnue du grand public, a été remplacée de nos jours par d'autres affections. Mais, à la fin du 19e siècle, elle était très courante. Les troubles mentaux qui en résultaient pouvaient apparaître à n'importe quel moment dans l'évolution de la maladie : aussi bien dans les périodes primo-secondaire ou tertiaire, que, plus

---

50. CONTE Arthur Conte, *Lénine, Staline*, Librairie Perin, 1970.

généralement, comme complication tardive ou même très tardive (huit, dix, vingt ou trente ans après l'infection primaire).

Les manifestations cliniques de cette syphilis évoluée se traduisent habituellement par des défaillances psychiques que l'on retrouve également chez Al Capone et chez Hitler, vingt ou trente ans après la déclaration de la maladie : c'est la psychose syphilitique. Le tableau le plus fréquent est un état d'affaiblissement intellectuel graduel, lent, irrémédiable, combiné à une baisse du rendement dans le travail, une irritabilité, des troubles de l'humeur et de la mémoire (dysmnésie), un ralentissement de la pensée (bradypsychie) et un esprit obtus. Le déficit de l'intelligence n'est pas complet, le sujet se rendant compte de la dégradation progressive de son état. Il peut constater par lui-même une diminution de son sens critique et de sa capacité mémorielle, et a conscience de ses troubles de l'humeur et du comportement. Il subit des périodes d'euphorie alternant avec d'autres de dépression et de délires de grandeur (mégalomanie), l'ensemble évoluant vers la démence ou des troubles neurologiques divers.

Avant d'atteindre le stade ultime de la folie complète, ces patients ont un comportement assez typique. Ils présentent d'abord une excitation intellectuelle, que l'entourage attribue à un caractère difficile. Longtemps, on les considère comme des « nerveux », car ils ont une surproduction d'idées et une exaltation affective pouvant au début, dans certains cas, les faire passer pour des génies, comme si le cerveau fournissait en un temps très court tout ce qu'il aurait pu produire en des périodes normalement plus longues chez un être sain. Ils calment alors leurs angoisses dans des actions intenses : ils rejettent les lois de la société, se construisant un ordre moral qui leur est propre en réaction à l'ordre établi. Leur émotivité est nulle. Ils n'ont dès lors plus conscience des conséquences de leurs actes et leur esprit critique disparaît, ainsi que leurs sens de la pitié et de la compassion.

L'ensemble évolue vers une irritabilité continuelle, un état de violence permanent dans l'adversité et les perversions, dont, en particulier, celle d'aimer voir ou faire souffrir autrui. Ils peuvent devenir des individus profondément méchants. Conscients de leur attitude, ils font un « transfert », utilisant des rituels obsessionnels comme l'obsession de la propreté, la hantise des microbes et des parasites, le besoin de se laver les mains à tout instant et d'inspecter son verre ou son assiette plusieurs fois avant de les utiliser, la peur d'être contaminé par le moindre contact et de respirer le moindre microbe, etc. On observe d'autre part une libération des instincts, c'est-à-dire les tendances égoïstes, les pulsions érotiques et les comportements instinctifs primitifs où se déchaînent l'agressivité, la gloutonnerie et les relations charnelles effrénées.

Le thème le plus caractéristique de ce délire mégalomaniaque est le suivant : le malade croit posséder des milliards, être maître du monde. Certains, comme le décrit le célèbre neuropsychiatre Henri Ey, déclarent uriner des diamants, être prêts à épouser vingt-cinq mille femmes ou à s'attribuer des rôles politiques extravagants. L'évolution de la maladie peut dégénérer en une méningo-encéphalite, avec des complications, comme l'ictus apoplectique ou l'ictus épileptiforme, ce qu'a dû présenter Lénine à ses derniers instants.

Il est alors possible d'interpréter les écrits et les décisions du dirigeant soviétique concernant cette classe rurale aisée des campagnes russes de l'époque, les Koulaks, qu'il exterminera totalement en quelques années, avec l'aide de son complice Staline :

« *Camarades, le soulèvement koulak dans vos cinq districts doit être écrasé sans pitié. Les intérêts de la révolution tout entière l'exigent, car partout la lutte finale avec les koulaks est désormais engagée. Il faut :*

1. *Pendre pas moins de cent koulaks richards, vampires connus. Et je dis pendre de façon que les gens les voient.*
2. *Publier leurs noms.*
3. *S'emparer de leurs grains.*
4. *Identifier les otages comme nous l'avons indiqué dans notre télégramme hier.*
5. *Faites cela de façon qu'à des centaines de verstes à la ronde, le peuple voie, tremble, sache et s'écrie : ils étranglent et continueront d'étrangler les koulaks vampires (...)* »

On voit ici un désir de « pureté » chez Lénine, par l'épuration et la terreur. Une terreur qui se déploie dans le temps et qui est organisée, théorisée et justifiée pour l'établissement du paradis sur terre. Comme l'écrit Dominique Colas, dans *Le Livre Noir du Communisme*, chez Lénine, « *la violence est la vérité de la politique, son condensé, le révélateur des rapports de force, l'épreuve où se séparent révolutionnaires et opportunistes, l'ordalie matérialiste.* »

> *« La force seule peut résoudre les grands problèmes historiques. »*
>
> *Lénine*

Vingt ans plus tard, Hitler n'aura rien à inventer : il aura eu un bon modèle et il s'en inspirera amplement, avec ses complices, pour appliquer les mêmes méthodes, non pas sur les Russes « *puces* » (les voyous, selon Lénine) et sur les Russes « *punaises* » (les riches), mais sur les juifs, les Tziganes, les Slaves et sur tous les « *impurs* » non-aryens.

En conclusion de ce chapitre sur Lénine, il nous semble nécessaire d'insister sur le danger que représentent pour les peuples et les démocraties les hommes politiques qui croient posséder en eux-mêmes, à l'instar d'Hitler, de Mao, de Staline, de Pol Pot le Khmer Rouge et d'autres, un destin de Prophète et une mission universelle. En raison de leur maladie, de leurs délires et de leur désir, comme tout prophète, de bonheur pour l'humanité, ils ont causé au 20e siècle le malheur et la mort de millions d'hommes. Il ne nous a pas été possible de prendre connaissance du groupe sanguin de Lénine auprès des archives soviétiques, dans la mesure où, de son vivant, il n'était pas connu. Toutefois, quel que soit son groupe sanguin, Lénine a orienté, à cause de sa maladie inavouée, sa vie non pas vers le bien et le bonheur de ses proches, mais vers les pleurs, la souffrance et le malheur. Remarquons à ce propos qu'il est plus facile de mettre en prison un voyou comme Al Capone que de se prémunir des hommes politiques soi-disant providentiels qui ont détenu le pouvoir et qui ont été atteints des mêmes perversions que lui !

À cause de la loi du 2 août 2002, nous n'avons pas pu nous procurer auprès des archives nationales françaises les groupes de nombreux personnages historiques, ce qui aurait pu conforter les hypothèses concernant le lien intrinsèque entre mental et groupe sanguin. Il faudrait qu'il soit légalement possible à l'historien et au médecin d'obtenir le groupe des collaborateurs de Hitler (Himmler, Goering, Speer, Hess, etc.) pour ainsi comprendre leur comportement face à leur maître. De même, dans l'intérêt de l'Histoire, il serait intéressant de connaître le groupe des grands dirigeants et des souverains européens qui ont régné au 20e siècle, ainsi que ceux de la plupart des hommes politiques de la IIIe République en France et des principaux gouvernants européens de l'entre-deux guerres. Dans la foulée, vérifier si le groupe sanguin de Freud correspondait à son profil de Nomade et si Einstein avait celui du Sédentaire ou du Nomade se révélerait très porteur. Enfin, il serait bon de se pencher également sur les groupes de Bismarck, Trotski, Roosevelt, Churchill et de bien d'autres.

Cette loi française du 2 août 2002, votée au départ à partir de nobles sentiments (protéger les personnes des indiscrétions liées à leur vie privée), débouche en définitive sur un effet pervers qui n'existe pas dans des pays comme les USA, là où sphère publique et sphère privée ont tendance à fusionner. Ainsi, cette loi peut devenir le moyen de masquer la turpitude de certains, turpitude qui peut déboucher sur des hommes aussi catastrophiques que Lénine et Hitler.

Quelle sera la grande démocratie qui, en lettres d'or dans sa Constitution, inscrira enfin la nécessité d'un examen médical impartial et indépendant pour tout candidat à la magistrature suprême ? Un jour, pour tout homme politique désireux d'accéder au Pouvoir public, il faudra, comme dans les autres circonstances de la vie en société, une loi imposant aux candidats la preuve médicale de leur aptitude à servir le bien public, et de faire connaître aux électeurs leur passé médical et leur groupe sanguin.

Dans l'intérêt du bien public, tout homme politique désireux d'avoir une vie publique ne doit rien avoir à cacher de sa vie privée.

Chapitre 4

MALADIE UNIQUE OU MALADIE QUADRUPLE ?

Bas les masques

En latin, « *persona* » a le sens précis de « masque de théâtre ».

Nous espérons, au fil de ses pages, avoir convaincu le lecteur du bien-fondé de notre théorie. Mais, plus encore, nous souhaitons, car c'est l'un des buts premiers de notre ouvrage, qu'arrivé à ce stade, il a acquis le réflexe, face au premier interlocuteur venu, de se poser les questions suivantes : quel est son groupe sanguin ? quel est celui de son conjoint ? quels sont ceux de ses parents ? quels sont ceux de ses enfants ? quels sont ceux de son patron et de ses subordonnés ?

Le stade suivant est de s'interroger et de voir si le comportement (le masque) de cet interlocuteur correspond à l'archétype de son groupe sanguin (l'être profond). Autrement dit, de vérifier s'il existe une différence entre son être et son paraître. Car, grâce à la connaissance du groupe sanguin, il sera dorénavant possible au lecteur de savoir, parmi l'une des quatre voies, celle à laquelle le destin nous prédestine, et dans quelle direction il ne permet pas d'aller sans risquer de se fourvoyer.

Cette méthode, rappelons-le, est le fil d'Ariane qui amène à connaître le vrai chemin, le modèle génétique servant de guide auquel se référer : le modèle d'Adam (la voie du Primordial), celui de Caïn (la voie du Sédentaire), celui d'Abel (la voie du Nomade) ou celui de Seth (la voie du Prophète).

En appliquant cette démarche réflexive, le lecteur constatera alors qu'afin de s'accommoder à la société, au quotidien et à l'environnement, nous ne sommes pas toujours nous-mêmes, mais souvent une apparence de nous-mêmes. Nous jouons, dans la vie courante, un rôle sans nous en rendre compte, simplement pour survivre et nous adapter.

En effet, face à une nouvelle connaissance, le réflexe habituel est de se demander : quel est son métier ? Dans quel quartier habite-t-elle ? Comment est-elle habillée ? Où part-elle en vacances ? Qui fréquente-t-elle ? L'apparence, le masque, donc… Car il est extrêmement difficile de savoir qui elle est vraiment au plus profond d'elle-même. Cependant, avec les groupes sanguins, il est maintenant possible de l'entrevoir.

Le point de repère, c'est l'archétype : celui du groupe sanguin. Procèdent d'Adam, le Primordial de l'archétype O, les personnes du groupe sanguin O ; de Caïn, le Sédentaire de l'archétype A, celles du groupe sanguin A ; d'Abel, le Nomade de l'archétype B, celles du groupe sanguin B ; et de Seth, le Prophétique de l'archétype AB, celles du groupe sanguin AB.

La personne du groupe sanguin O, au plus profond d'elle-même, est génétiquement programmée pour le don et l'amour désintéressés au service des autres. Pragmatique mais vulnérable, elle vit au contact des réalités authentiques, même si les circonstances l'obligent à se comporter autrement, consciemment ou pas. La personne du groupe A est prédestinée à la dominance, au commandement, à la protection et au pouvoir sur les êtres ou sur les choses matérielles. Programmée au devoir, elle risque de s'éloigner des hommes et des réalités. Le naturel de la personne du groupe B l'oriente vers les échanges, les contacts humains, la négociation, la politique, les transactions, l'hédonisme, le plaisir, même si la vie la pousse à adopter un comportement différent. Enfin, la personne AB est une romantique, totalement détachée des contingences matérielles, même si la vie l'oblige à dessécher son cœur et à se dépêtrer d'un quotidien éloigné de ses rêves.

La maladie est le résultat du conflit inconscient entre le mal-paraître et le mal-être ; entre le masque et le moi profond qui souffre de ne pouvoir se réaliser vraiment. Elle est provoquée par l'inadaptation à la vie, à l'environnement, à l'ignorance de ce que l'on est réellement et de ce que la Transcendance a décidé pour nous par le biais de la génétique.

Nous laissons voir le masque, l'armure, mais à l'intérieur de nous vit un prisonnier de cette apparence qui doit s'en libérer afin de devenir lui-même au risque que la carapace finisse par l'étouffer. L'arrogance est le masque, la carapace protectrice du Primordial, l'insolence est celui du Sédentaire, l'ambivalence celui du Nomade, et l'indifférence celui du Prophétique. À partir du moment où l'on sait ce que l'on est réellement et ce à quoi nous sommes prédestinés, il est alors possible de trouver ses repères, puis de s'épanouir. De jeter le masque et de respirer.

Les exemples de ces personnes mal dans leur vie, dans leur peau et dans leur corps, pas à leur place, dans la mauvaise fonction, mariées à un conjoint incompatible sont innombrables : un Prophétique AB forcé d'exercer un métier de négociations, d'échanges, de séduction ou d'autorité ; un Nomade B ou un Sédentaire A dans l'obligation de se soumettre à la médiocrité ; et un Primordial O devant diriger, commander, réprimer, décider et trancher.

Ils le feront, contraints par la vie et ses vicissitudes, mais au prix de la souffrance, des angoisses, des interrogations, voire de la maladie. Ce tourment finit à la longue par déboucher sur une crise morale. Celle-ci est un moment de vérité, une rupture avec le passé, la réaction de survie, le chemin vers l'autoguérison ; l'initiation, c'est la découverte de ce que l'on n'est pas ; c'est la prise de conscience de ce que l'on devrait être. Viennent alors la révolte contre le masque et le désir d'authenticité. La crise ne doit pas être combattue par les antidépresseurs, mais par un (r)éveil, car elle est une chance, une initiation.

Tout ne peut pas être ramené au complexe d'Œdipe ou à la lutte des classes marxiste, au grouillement des reptiles du subconscient freudien ou à la haine raciale. Il ne peur y avoir de place que pour le Nomade, pour la Psychanalyse, pour Marx.

C'est le moment où le Primordial baisse les bras, se révolte, fuit ou se tue à la tâche. La charnière où le Sédentaire se redresse pour ne plus se comporter comme un lâche. Le temps où le Nomade veut enfin connaître l'hédonisme que son masque lui a toujours refusé. L'instant où le Prophète refuse d'avoir à survivre dans la médiocrité et se décide à se surpasser.

La maladie vient quand le Primordial O craque parce qu'il en a trop fait et que, à cause de sa soumission naturelle, il ne peut se révolter ; quand le Sédentaire A se couche devant la dictature du Primordial, cède à la séduction du Nomade ou est déconsidéré par le Prophétique ; quand le Nomade B étouffe, prisonnier anonyme de la ville et privé de la fête, du rêve, de la séduction, de l'échange, du secret, des arguties et de la diplomatie ; quand le Prophète AB n'a plus rien à annoncer et qu'il a renoncé au Sacré. Le Nazaréen l'a dit : « *On ne peut servir deux maîtres à la fois.* » On ne peut en effet à la fois servir le masque et l'archétype...

Cette approche permet de voir si le sujet paraît en phase avec les lois de la Vie, de vérifier s'il est en harmonie ou non avec ce que la Nature et la Transcendance ont prévu pour lui. Notre archétype permet de savoir comment nous comporter, ce que nous avons à faire et ce pour quoi nous sommes destinés. Notre archétype est notre référence pour vivre et pour guérir.

Mais il nous montre aussi ce que nous ne devons pas faire, ce pour quoi nous ne sommes pas programmés ! Cette idée de programmation implique que nous ne sommes pas tout à fait libres. Vérité difficile à entendre dans un monde et une époque qui prônent la liberté totale et toutes les libertés... Cette liberté s'avère en fait être une liberté conditionnelle ! Car sommes-nous si libres qu'on le prétend ? Sommes-nous libres de refuser de nous nourrir, de boire, de dormir et de vivre, sans payer le prix de la maladie ou du suicide ? Non, nous ne sommes pas libres dans nos choix les plus profonds, ceux de nos instincts de survie. D'ailleurs, la biologie met en évidence une programmation des cellules qui savent ce qu'elles ont à faire et qui obéissent à un plan préétabli : comme s'il ne pouvait exister de programme sans programmateur ! Comme si, à l'échelon de l'Univers, nous étions programmés par des forces supérieures supra-humaines. Les textes sacrés ne cessent de l'annoncer à toutes les pages !

Notre liberté est factice, artificielle, intellectuelle, prétentieuse et orgueilleuse. Elle est celle du masque, de l'apparence, de l'irréel que l'on peut, en fonction du moment ou en fonction de la mode, retirer, jeter, modifier, remplacer, alors que l'être profond, lui, reste intangible. Notre liberté, c'est de reconnaître que nous ne sommes pas libres, que nous ne sommes pas les Maîtres de l'Univers ; Notre seule liberté, c'est de nous intégrer à notre juste place dans la hiérarchie de la Transcendance.

Notre destin n'est pas celui du masque, de l'orgueil, de l'apparence, mais bien de l'authentique : notre destin est de fusionner dans la dynamique des forces du Ciel et de la Terre.

Notre destin, c'est, finalement, en cas de souffrance et quel que soit notre archétype, de retourner au comportement d'Adam, le premier Homme, celui qui s'intègre, qui comprend, qui aime, qui donne et qui fusionne. C'est d'aller nous réfugier vers l'archétype du Primordial, celui des origines. Comme l'animal blessé qui se blottit dans sa tanière. Ou comme la plante qui, afin de survivre, sacrifie d'abord son fruit, puis sa fleur, et enfin, en cas de souffrance extrême, sa feuille, pour pouvoir ensuite renaître de ses racines.

À l'opposé, en cas d'épanouissement, il nous faut nous diriger vers l'archétype de AB, vers l'archétype du Prophète qui est celui du cheminement de l'Homme. Il est là pour nous montrer la voie qui conduit au Messie, à savoir l'élément immatériel, le Cinquième Élément.

Car la Transcendance indique le chemin de notre seule liberté dont la boussole est l'archétype génétique, le vrai repère, l'authenticité, ce à quoi il faut toujours se référer en cas de crise ou de maladie. Le point d'arrivée, le seul chemin, la seule liberté, la Transcendance nous le montre : c'est d'aller vers le Messie, c'est-à-dire nous diriger vers le Sacré, le sacré contenu dans l'Homme.

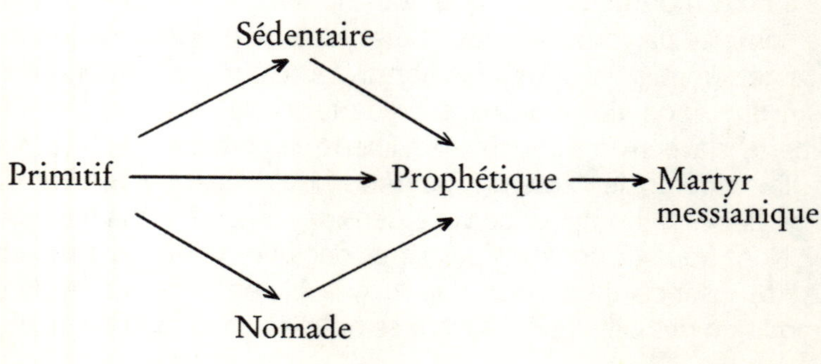

Le Sacré, comme dans les lieux inspirés, différencie les temps forts, les temps chargés, des espaces vides, des temps morts. Il représente le culte des morts, de l'après-vie. C'est aussi le sens de la hiérarchie ; le règne de la qualité et non pas de la quantité ; le refus de la consommation ; la valeur du jeûne, de l'épreuve, du surpassement ; l'humilité devant la Transcendance ; Lascaux, les Temps Messianiques ; la Nature, la Création.

La Nature, elle, ne ment jamais. Elle est dans la Durée, dans le Réel. Elle n'a pas de choix, ni d'idéologie. Elle est l'incarnation de l'Archétype global, l'Archétype de tous les archétypes ; de la Transcendance. C'est pour cela qu'elle n'est pas malade, qu'elle ne se dérègle pas. Elle survit au monde animal, et elle survivra à l'Homme après sa disparition. Car l'Homme disparaîtra. À trop jouer au jeu du masque, il se suicidera parce qu'il à oublié son Archétype, ce à quoi la Nature l'a destiné. L'humanité court à sa perte, au nom de sa liberté. La liberté de faire n'importe quoi, sans limite... La liberté au nom de la Liberté, la science pour la Science, la science sans Conscience, la tentation de la profanation. La tentation de rouvrir le Livre de la Connaissance ; la tentation de connaître les Secrets réservés aux Dieux ; la tentation de la Transgression, en modifiant le double serpent, la double hélice, du code génétique.

Le Mythe d'Adam et Ève va se répéter,

Les hommes à nouveau seront chassés du Jardin d'Éden.

À cause du Masque, du Faux, de l'Artifice,

Du triomphe de la transgression et de la subversion des idées.

Par oubli de l'Archétype originel.

Par orgueil.

•

Exemples vécus : les groupes sanguins dans la pratique médicale quotidienne

UN COUPLE O – A

Un couple de quadragénaires se présente à mon cabinet. Il entre le premier : grand, beau gosse, musclé et sûr de lui. Sa femme le suit : mince, assez petite, chétive, habillée « nature », les traits fatigués et le teint pâle. Il s'assied à la droite, face au bureau. C'est pourtant elle qui consulte, car elle désire un bilan à cause de la fatigue excessive qu'elle ressent et qui l'épuise.

À l'examen, rien de bien précis ne ressort : tout paraît normal, à part cette fatigue proche de l'épuisement. Combien d'enfants ? « *Trois, Docteur, ils sont bien fatigants, personne ne m'aide, je dois tout faire à la maison, en plus de mon travail ; au bureau, je suis secrétaire.* » Je questionne ensuite le mari sur son état de santé. Il répond qu'il se porte très bien et qu'il ne fait qu'accompagner sa femme.

Je lui conseille d'aider son épouse qui semble complètement surmenée. Il refuse en arguant d'un travail très prenant : « *J'ai trop à faire : je suis le patron d'une entreprise de collecte de fonds. Fourgons blindés, adjoints musclés, il faut maîtriser !* » Je le regarde, il est bien dans sa peau. Je lui demande alors son groupe sanguin. « *A+, Docteur.* » Évidemment… tout s'explique : il est A et sa femme O, c'est donc elle qui décompense !

Il va falloir que j'écrive un livre pour leur expliquer tout cela, car ce n'est pas au cours d'une simple consultation que l'on peut faire le tour de la question !

L'AMI MÉDECIN O

Il y a longtemps, nous avons fait nos études ensemble. Ensuite, la vie nous a séparés. Il exerce la médecine, comme moi, mais il s'est spécialisé dans les oreilles. Dans ce métier, il faut être minutieux et précis, travailler avec une loupe et un microscope, opérer et, surtout, ne pas faire les choses à moitié.

Je le recroise. Il a bien vieilli, mais ne fait pas son âge et n'a aucune ride. Toujours net et bien habillé : bien peigné, tout de blanc vêtu, les chaussures cirées. Sa passion, c'est un ligament situé dans l'oreille, dont personne jusqu'à présent ne comprenait l'utilité. Lui, il l'a trouvée. Il y travaille sans cesse, rédige des publications, assiste à des réunions et à des congrès, multiplie les expériences, vérifie inlassablement les résultats, mesure, décompte, rencontre des collègues. Des passionnés, à son image, des professeurs Nimbus du monde entier qui ne vivent que pour ce ligament, ce muscle stapédien, gros comme une tête d'épingle. Des O qui lui ressemblent, en somme.

Je l'aime bien. En plus, grâce à lui, je le connais, ce petit trésor logé dans nos oreilles. À le fréquenter, je dois probablement en savoir plus que plupart des médecins... sur ce ligament ! Bon exemple de O avec qui, de toute façon, il est toujours très facile de s'entendre !

LA SECRÉTAIRE AB

La quarantaine passée, elle a du charme : mince, grande, blonde, le regard pâle, les yeux bleu clair peu maquillés. Elle est d'apparence discrète, efficace et paraît cultivée. Lors de l'entretien, elle m'explique tout ce qu'elle sait faire : elle tape à la machine et sait utiliser le traitement de texte. Pour vivre, elle fait des petits boulots, essentiellement dans le commerce et la vente au porte à porte.

Je poursuis la conversation en lui expliquant mes recherches sur les groupes sanguins et leur profil mental. « *Docteur, je suis AB !* » « *AB, comme Jésus Christ ! Vous êtes une crucifiée ! Vous n'êtes pas à votre place, ni dans votre quotidien, ni dans la société !* » Et elle commence à pleurer.

Dans notre monde, y a-t-il beaucoup de AB heureux ? Il n'y a que l'Art, l'Enseignement ou l'Exemple pour les sauver.

LE GÉNÉRAL O

Il vient inspecter les troupes. Il ne dispose pas de beaucoup de temps et doit régler le maximum de problèmes pendant son court séjour.

Naturellement, il porte l'uniforme, mais il a mis sa tenue la plus simple, dépourvue de ses décorations : un képi, deux étoiles sur fond gris, et rien d'autre (pas les feuilles de chêne argentées scintillant comme une couronne). Il fait jeune et a encore tous ses cheveux. Malgré un léger surpoids, il n'est absolument pas négligé.

Le général parle peu, mais écoute beaucoup. Attentif aux autres, il a le regard franc et regarde son interlocuteur droit dans les yeux, qu'il a clairs et bienveillants. Comme il met en confiance, il est possible de lui parler à cœur ouvert et de lui dire avec sincérité ce qui ne va pas. Il écoute, avec patience, le temps nécessaire, sans jamais écourter l'entretien. Il va au fond des choses, essaie de saisir le problème au mieux et de trouver la meilleure solution, celle qui concilie les impératifs opposés. En définitive, il impose le respect. On aimerait être son ami, car il est proche de son interlocuteur. On sent qu'on peut compter sur lui, que son autorité est légitime.

Un général O, pour les Hommes d'abord, pour la guerre ensuite. Un Primordial, en somme !

LE COLONEL A

C'est un homme jovial, souriant, bien dans ses rangers. Il a le regard direct, la poignée de main ferme, la voix forte et chaleureuse. Bavard et heureux de vivre, il vient vers vous, avec le sourire et d'un pas décidé. Mais, au garde à vous, ses hommes sont bien alignés ! Aucun ne bouge, pas un murmure, car le colonel sait commander ! Ils obéissent, marchent au pas, le regard fixe. Il est leur chef indiscuté.

C'est normal : c'est un colonel A, sûr de lui, typiquement Sédentaire.

LE SOUS-OFFICIER O MARIÉ À L'INSPECTRICE DES IMPÔTS A

Un samedi soir, je suis au restaurant avec ma femme. La salle est pleine. On nous propose une table en partie occupée par un client solitaire. Nous acceptons. Tout de suite, le courant passe entre nous : l'ambiance est chaleureuse, la cuisine est bonne, la confiance est de mise et la conversation s'engage naturellement.

L'homme en face de nous est un homme jeune et ouvert qui préfère discuter que passer sa soirée seul. On parle de tout, de nos professions, et, forcément, des groupes sanguins.

Il est très O, et nous le confirme : grand, musclé, mince, jeune malgré une quarantaine entamée, net, bien habillé, les chaussures cirées, parfumé et très courtois. Il est dans l'Armée. On sent l'homme de devoir, d'obéissance sans faille, de disponibilité. Quand il aborde des sujets sérieux, il sait se faire obéir.

« *Et avec qui êtes vous marié ?*

– *Mon épouse est inspectrice des impôts !*

– *Son groupe sanguin ?*

– *Elle est A.* »

Moment de silence et de recueillement. Une inspectrice A, elle doit se faire respecter ! « *Ah, Docteur, elle les fait trembler ! Je ne voudrais pas être à leur place, avec elle, c'est l'épée de la justice qui passe !* »

Le couple s'entend néanmoins à merveille. C'est lui qui s'occupe de leurs enfants quand il est à la maison, car elle prend son métier fort à cœur. En plus, le ménage, l'ordre, ce n'est pas son fort ! « *Vous verriez son bureau, il y en a partout, il n'y a qu'elle pour s'y retrouver.* »

Je lui explique que leur différence tient à la nature même de leur groupe : lui, en tant que O, sera toujours méticuleux et ordonné ; elle, qui est A, dirigera toujours — au travail comme à la maison —, mais ne sera jamais apte à ranger ou à surveiller les leçons. « *Je comprends mieux à présent* » dit-il, « *Je saurai dorénavant m'y prendre, inutile de vouloir la changer ! Docteur, quand écrirez-vous un livre à ce sujet ?* »

LA CONSULTATION DU JOUR

Une femme. Quarante ans. Il y a trois mois, elle a accouché de son troisième enfant. Elle a une surcharge pondérale qu'elle estime à dix kilos : elle pèse soixante-trois kilos et aimerait retrouver sa ligne d'antan. Malgré son léger surpoids, elle garde tout son charme et une allure jeune : son front est lisse et son visage exempt de rides. Elle a un look très distingué et a dû être très belle par le passé. Elle a souffert d'une poussée de diabète pendant sa grossesse, mais tout est rentré dans l'ordre à présent. D'ailleurs, tout sera parfait lorsqu'elle aura perdu ses dix kilos.

On parle agréablement et on aborde la problématique des groupes sanguins et de l'alimentation : « *Je suis O.* » Je lui dis alors que ses points faibles sont : la thyroïde, le diabète, la chute des cheveux et l'intolérance à l'alcool. « *J'ai horreur du sucre et surtout de l'alcool, qui me coupe aussitôt les jambes et me déconnecte le cerveau.* » Elle me dit qu'elle est mariée à un A ; je l'en félicite car, en principe, ils doivent bien s'entendre. « *Nous formons un couple parfait, nous nous entendons très bien.* » Toujours en regard à son archétype, j'insinue que son point faible est un manque de confiance en elle. « *Oh, Docteur, mais vous lisez dans les astres, vous êtes un devin ! J'ai effectivement besoin d'être protégée, rassurée, car je manque un peu de confiance en moi.* » Quant à son métier : « *J'étais secrétaire, mais j'ai dû arrêter. Maintenant, je m'occupe de ma petite famille : les trois enfants et mon mari. Je ne regrette pas d'avoir fait ce choix. C'est parfait comme cela.* »

Le schéma du bonheur tranquille.

Mari A, épouse O.

L'analogique marié à l'analytique !

Ils se complètent.

S'ils ne portent pas de masque, cela ne peut que marcher.

LE COMMERCIAL A QUI JOUE MAL AU B

Il est dans les affaires, réalise des transactions, trafique un peu, tente quelques coups tordus, achète, revend et spécule. Parallèlement, il commence à avoir une mauvaise réputation qui provoque l'éloignement de son entourage. La confiance des autres s'écroule et il doit tout reconstruire. D'autres amis, d'autres affaires, ça sent un peu le brûlé.

Mon ami A, comprends que tu n'es pas fait pour cela ! Cède le terrain à B, reviens dans le droit chemin, tu n'es pas destiné aux transactions troubles. B saura mieux y faire, car, pour gagner, il n'aura pas besoin de tricher. Et quand bien même tricherait-il, lui, il ne se fera pas prendre, contrairement à toi. Car B est fait pour cela ! Pas toi, A !

LE COMPÈRE O QUI SE LANCE DANS DES AFFAIRES TOUT AUSSI LOUCHES QUE SES ASSOCIÉS

Ils sont trois, dans le bâtiment, pour accumuler le maximum d'argent en un minimum de temps. Arrive alors l'inévitable : la faillite frauduleuse et les procès. Et, dans cette affaire, c'est O qui écope pour les autres. Il se fait attraper par le fisc, l'Urssaf, les avocats de la partie adverse … Pauvre O qui y perd sa chemise, lui qui s'était engagé pleinement, en avait tant rêvé. Les autres, plus malins, ne s'étaient pas mouillés : ils l'avaient fait mordre à l'hameçon. Par contre, lui, s'était lancé à corps perdu dans les affaires et était le responsable. Ainsi, celui qui devait le plus y gagner est à présent sur la paille.

O, lis ce livre et comprends que, lorsqu'on est O, il faut rester O. O, tu seras toujours le sacrifié au nom des autres, celui qui paie pour autrui. Naïf, vulnérable et innocent comme le petit mousse sur le navire, tu n'es pas fait pour les trafics. Retiens-toi d'aller chasser sur les territoires qui ne sont pas les tiens…

CONSTATION CURIEUSE

Elle est A, mais a depuis toujours eu un comportement de B. Elle a les courbes d'excitabilité de B et porte même à son cou la croix du Sud, c'est-à-dire le symbole du Nomade dans l'hémisphère Sud.

Le masque a submergé la profondeur. Que faire ? La rétablir dans A, ou la traiter réellement comme une B ?

PIERRE, 56 ANS

Patron de plusieurs sociétés différentes, il est à la tête de près de cent personnes. Dans sa tâche, il se fait seconder par six adjoints en qui il a mis toute sa confiance. Il les a choisis et les voit tous les jours lors de la réunion du matin. Depuis de nombreuses années maintenant, ses affaires tournent bien. Pour cela, il s'y consacre totalement, se déplace sans cesse, est partout, dirige. Il est très respecté, aussi bien par ses proches que par ses interlocuteurs, ses clients, ceux avec qui il est en affaire. Dans sa vie personnelle, Pierre reste très lié à ses sœurs, à sa famille, à ses proches ; il veille sur eux et se préoccupe de leur sort. Fidèle en amitié, il aime ceux qui lui ressemble et n'éprouve aucune jalousie. Pierre est A et se comporte comme un Sédentaire. Son père était A ; sa mère, O ; il est donc A(ao).

Mais Pierre est dans l'immobilier, le bâtiment, les BTP. Dans ce milieu, il faut parlementer, négocier, connaître des réseaux, rencontrer beaucoup de monde et, surtout, ceux qui ont l'argent, qui ont le pouvoir, qui donnent les marchés. Alors il s'adapte aux mœurs, à la règle du jeu, au métier, aux hommes qui le font travailler. Comme il n'est pas bavard, on ne sait jamais ce qu'il pense. Avec un comportement mesuré et un regard inexpressif, il sait garder les secrets. En fait, dans sa vie professionnelle, il est obligé de porter le masque du Nomade, de B.

Pierre a une charmante femme, une O discrète et pas compliquée. Il peut compter sur elle, et souvent s'absenter. Il est également père d'un fils qu'il aime plus que tout et pour qui il multiplie les marques d'affection : il se met à genoux devant lui, joue et fait le fou. L'enfant, qui est adorable, adore son père. Pour lui, c'est le dieu de son enfance heureuse. Vis-à-vis de son fils, Pierre est O.

Mais attention, Pierre, la roue de la vie tourne vite : tu vieilliras et ton enfant unique grandira. Il deviendra un jeune homme qui croira, peut-être à tort, un jour, que tout lui est dû. Alors, Pierre, qui es-tu ? Dieu t'a fait A, tu es devenu B par nécessité, ton fils te rend O. Mais, avant tout, n'oublie jamais que tu es A. Et, quand l'adversité, l'âge et ta succession poseront problème, jette les masques et reviens à ton archétype, à ton authenticité. Reviens à l'archétype du Sédentaire A.

G…, DIRECTRICE D'UNE ÉCOLE MATERNELLE DE TRÈS BONNE RÉPUTATION

Elle vient régulièrement me consulter pour surveiller son état général. Tout va bien, et, malgré une vie professionnelle très chargée, elle garde la forme. Elle me demande souvent des conseils. La Médecine, c'est d'abord du bon sens, avant toute chose, même avant la Science.

Nous en venons à parler de sa mère. Âgée de quatre-vingt-un ans, elle souffre d'une diverticulose colique et a tout le temps mal au ventre. Je la questionne sur ses habitudes alimentaires. Apprenant qu'elle mange de la viande à tous les repas, je recoupe les informations (ventre malade, excès de viande) et en déduis qu'elle est A. « *C'est bien cela, Docteur, elle est effectivement A.* » Pour que sa mère guérisse et qu'elle se prémunisse de complications certaines, il faut qu'elle se remette au vert, qu'elle redevienne fructo-végétarienne, comme le lui indique son archétype. Je demande à ma patiente si sa mère est une femme autoritaire. « *Eh bien oui, Docteur, elle a toujours aimé diriger, toute sa vie, et même papa. Il était diabétique, le pauvre.* » À cette évocation, j'avance l'idée que son père était un O, ce qu'elle confirme immédiatement.

Alors je lui explique toute la dialectique des groupes sanguins. « *Vous voyez, le sucre, c'est très mauvais pour les O, davantage que pour les autres groupes car, chez le O, il se comporte comme un poison pour les cellules. Mais les cellules se défendent et ne veulent pas le laisser entrer à l'intérieur. Le sucre reste donc à l'extérieur des cellules du corps, dans la lymphe, dans le sang. À la longue, le sucre s'y accumule et le sang devient trop sucré, la glycémie s'élève, ce qui pousse le sang à rejeter le sucre en dehors du corps, par les urines qui deviennent à leur tour sucrées. Malgré l'élimination urinaire, le sucre finit par attaquer les nerfs et les vaisseaux. Votre papa, qui était O, était sous la dominance d'une femme A, trop autoritaire. Cela explique peut être son diabète.* »

Ma patiente me rappelle son groupe sanguin et avoue son scepticisme par rapport à ma théorie : « *Je suis A, moi aussi, et pourtant, je ne me reconnais pas, dans la description que vous me faites du A : je n'ai pas le caractère fort, dominant, de maman.* » C'est normal ! Étant donné que son père était O, elle ne pouvait être que A(ao). D'ailleurs, c'est pour cela qu'elle reste mince, comme la plupart des O. Par contre, sa dominance s'exerce ailleurs : dans son école, en la dirigeant si bien et en dominant les enfants et les problèmes de l'enseignement. G… vit avec J…. Ils s'entendent très bien. Un O, évidemment…

CONSTATATIONS FRÉQUENTES

B a souvent peur de la Mort, peur de la nuit

C'est lui qui s'inquiètera en cas de diagnostic nécessitant de multiples investigations.

C'est lui qui panique avant une opération.

C'est l'enfant qui rêve des loups et des prédateurs.

C'est l'obsédé des cimetières et des gisants.

Un couple de O est vulnérable

Face à l'adversité, tous deux ont tendance à se replier, à fuir ; alors qu'il faudrait faire face, aucun des deux ne se sent capable comme A de montrer les dents, comme B d'argumenter, ou comme AB de rejeter en prenant de la hauteur.

Le facteur rhésus négatif

Il semble atténuer les caractéristiques des groupes.

LA GRENOUILLE VOULANT RESSEMBLER AU BŒUF

C'est l'histoire de O la Primordiale qui se comporte comme une A, qui porte le masque de la Sédentaire A. Autrement dit, l'histoire d'une O mal dans son archétype et dans sa peau, et qui prend le masque de l'arrogance.

Un patient accompagné de sa femme se présente à la consultation. Pas très grand, chétif, légèrement voûté, il semble avoir la cinquantaine. Il possède un regard doux et direct, ce qui lui confère un air gentil. « *Docteur, je vous amène mon mari pour que vous lui fassiez un bilan.* » C'est lui qui vient me voir, mais c'est elle qui parle pour deux ! Elle s'est mise en face de moi, à droite, alors que lui est en retrait, à gauche. Elle a la voix rauque d'une fumeuse, mais qui porte. Petite, râblée, musclée, elle a une silhouette plutôt masculine : un corps de lutteuse et des cheveux coupés court, à la garçonne. Cela contraste avec son mari qui est légèrement efféminé et dont la voix est douce. C'est un peu la femme du couple. Il est déprimé ; sous antidépresseurs, il a l'air ailleurs. J'ai l'impression qu'il se laisse mener. Je pense qu'il doit être A, et plus précisément A(ao), et elle O. Pourtant, c'est elle l'homme de la famille. Ensemble, ils ont deux enfants : des durs, des rugbymen confirmés, qui ont des ceintures de karaté.

En fait, c'est la personnalité de la femme qui m'intéresse surtout. Car c'est en la soignant que son mari ira mieux : elle est le verrou à faire sauter. Peut-être ne l'a-t-il pas suffisamment décadenassée ! Il est le A détrôné, castré, émasculé.

Je lui explique quelques principes : O, c'est le Primordial, celui qui vient en premier, qui est à l'origine de l'Humanité, de la famille, du groupe ; qui donne sans compter, qui partage, qui aime. Il ne domine ni dans la vie, ni dans le couple. Mon discours la contrarie et elle se crispe à l'évocation des termes « primordial », « bon sauvage » et « innocence ». Elle préfère ceux de « dominance », « supériorité ». Je comprends mieux la situation : elle ne s'aime pas ; elle rejette le O qu'elle a en elle et voudrait être A pour dominer. Elle refuse son archétype et veut en embrasser un autre, que la Transcendance ne lui a pas destiné. C'est ce qui la rend malade et c'est ce qui détruit son homme.

Au fil de la consultation, elle devient le centre des discussions. En effet, elle a tous les symptômes du O qui décompense : hypothyroïdie, surconsommation tabagique (deux paquets de cigarettes par jour), insomnies, rétention d'eau, malaise, douleur au dos (elle va d'ailleurs très fréquemment chez l'ostéopathe pour essayer de s'en soulager). De plus, elle manque de netteté et sa mise est négligée. Sans parler de cette obésité qui la déforme, lui ôte toute féminité et tout charme. C'est le masque révélé.

Les enfants dominent le père, le rabaissent n'ont plus de respect pour lui. Alors qu'il devrait être leur modèle, leur suzerain, il n'est bon qu'à apporter son salaire, payer les études et se taire. Normalement O est fragile, vulnérable et a besoin d'être protégé par A, le Sédentaire, le roc, le roi. Dans ce cas précis, la souffrance et la maladie se sont installées car le mari et la femme ne sont pas en phase avec leur archétype génétique.

L'axe O-A est l'axe du devoir, de la bonne hiérarchie, des couples qui durent, des structures sociales qui résistent à l'adversité. C'est l'axe du Confucianisme. Mais, quand il est inversé, il devient l'axe de la subversion, des révolutions, de la souffrance, de l'échec, de la rupture avec les lois de la Vie et du Cosmos.

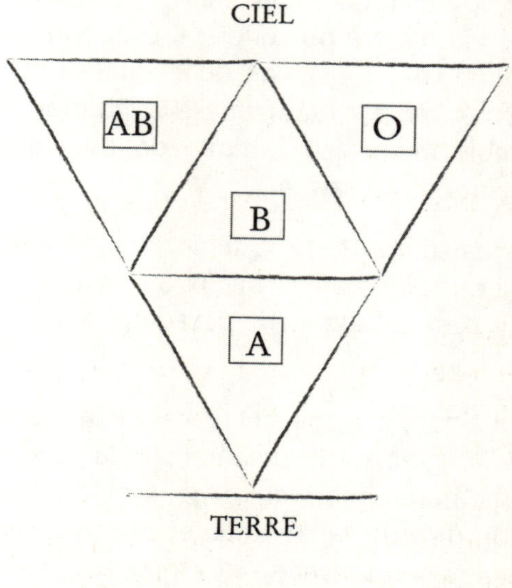

LE TÉMOIGNAGE PERSONNEL D'UNE FEMME AB

« *La vie que j'ai menée jusqu'à présent ne m'a pas rendue heureuse. Je n'ai pas pu construire ce qui est au plus profond de mon cœur. Mon rêve aurait été d'avoir des certitudes, un pied à terre, une maison à moi. Mais je n'ai cessé de bouger, sans me fixer, toujours à la recherche de quelque chose, de la paix intérieure. Je n'ai malheureusement jamais su quelle orientation prendre. J'ai toujours eu la sensation de "galérer".* »

« *Quand il s'agit de prendre une décision importante, qui m'implique personnellement, je ne peux agir de suite : j'hésite des mois durant, pesant le pour et le contre, sans parvenir à choisir entre les deux solutions. Mais face à un événement imprévu, j'agis dans l'instant et spontanément.* »

« *Je traverse des périodes avec des avis différents, quelquefois positifs, quelquefois négatifs. Je suis très indécise et cherche longuement les meilleures réponses. Confrontée à une situation interdite, en rupture avec mon naturel de pureté, je me sens fautive. Des maladies, qui sont longues à guérir, surviennent alors.* »

« *J'ai besoin d'être guidée, sinon je risque de faire n'importe quoi. Par contre, je sais très bien prendre les décisions pour les autres.* »

« *En période de profonde remise en question, je déprime de n'avoir rien pu faire de ma vie jusqu'à présent. J'ai alors envie de tout détruire, de tout casser, par désespoir. Une fois la lucidité et le calme revenus, je le regrette.* »

C'était le témoignage d'une AB dans la vie de tous les jours. Quand elle aura trouvé le but de sa vie, elle sera guérie.

CONSULTATION AVEC UNE PATIENTE EN PHASE AVEC SON ARCHÉTYPE

C'est la dernière patiente de la matinée. J'ai le temps, on va pouvoir s'attarder.

À quarante-deux ans, elle vient d'accoucher et désire retrouver la forme et la silhouette d'avant sa grossesse. Elle vit à proximité, sur une petite île anglaise : en une demi-heure de ferry, elle se trouve sur le territoire français. Elle me consulte parce que les médecins français ont encore dans le monde une très bonne réputation. Pour combien de temps... ?

Elle présente un léger surpoids qu'elle devrait perdre assez vite avec un régime adéquat et, surtout, adapté à son groupe, à ses goûts, au climat du pays dans lequel elle vit. Elle habite dans une contrée chaude, sous les tropiques. Ses besoins nutritionnels sont complètement différents, voire quasiment opposés à ceux des pays froids. Que l'on cesse enfin de parler de régimes équilibrés ! Cela ne veut rien dire !

Je lui explique tout cela. Elle m'écoute avec intérêt et me pose beaucoup de questions. Son anglais est châtié, très *british*. Elle a dû faire des études et doit avoir un statut social très élevé. Ses lèvres sont sensuelles, tout comme le timbre de sa voix. Sa démarche est lente, lascive, et ses manières distinguées. Elle s'écoute parler et y prend visiblement du plaisir. Je l'imagine gourmet en tout et jouisseuse de la vie. Vêtue de blanc, en tissu léger bien coupé et en fibres naturelles agréables à porter, elle est élégante. Jusqu'à ses quarante ans, la maternité n'a pas dû être sa priorité.

Je lui demande son métier et elle me répond, avec un air quelque peu hautain, qu'elle est avocate. Quand je pose la question de savoir quel est son groupe sanguin, elle me répond : « *I am B+, Doc'*. » Une B en phase avec son archétype. Normal. Elle a été programmée, par le destin, par sa génétique. Les dieux sont avec elle : elle devrait perdre du poids sans difficulté.

CONSEILS D'UNE A MARIÉE À UN O POUR D'AUTRES FEMMES DANS LA MÊME SITUATION

« *Si vous vivez à cent pour cent avec votre caractère, c'est le* clash *assuré ! Il faut prendre des gants, ne jamais être catégorique, savoir présenter le problème, ne pas imposer, jeter une idée et la laisser germer.* »

« *Un grand principe, qui est essentiel : être cool, ne pas chercher à diligenter, ce qui n'empêche pas d'exister, de garder son caractère et ses opinions. Pour la gestion matérielle, je laisse faire mon mari : c'est lui qui paie, qui finance, qui gère les problèmes du quotidien.* »

« *En société, le secret, c'est de réprimer son naturel pour ne pas choquer en voulant dominer le groupe. De plus, il vaut mieux se taire, ne pas se mettre en avant. Dans la vie professionnelle, en revanche, et surtout si vous occupez un poste à responsabilité, éclatez-vous ! Laissez enfin parler votre nature et ça passera. Ma position de cadre me permet de rester moi-même. Je ne fournis aucun effort pour obtenir ce que je veux de mes subordonnés.* »

« *Par contre, c'est à la maison et dans le couple qu'il est nécessaire de marcher sur des œufs : si ton caractère est plus dominant que celui de ton mari, il faudra de la patience et de la diplomatie pour éviter les affrontements.* »

« *Avec de la douceur, tu obtiendras beaucoup d'un O, même s'il faut pour cela argumenter et lui prouver la justesse de ton propos, le bien-fondé de ton projet. En tout état de cause, il ne faut jamais être catégorique, ne pas le braquer, même quand tu es persuadée d'avoir raison.* »

« *Néanmoins, pour que l'échange dans le couple soit sain et sincère, il faut arriver à faire comprendre au mari quelle est ta vraie nature : sans être réellement opposés, nous sommes complémentaires, nous ne fonctionnons pas de la même manière. Il faut arriver à lui faire aimer ce qu'il y a de différent en moi par rapport à lui, lui faire sentir que, différents, nous sommes plus forts et plus unis à deux que seuls, chacun de son côté.* »

« *De toute façon, à présent, après plusieurs années de mariage, nous ne faisons plus rien sans être d'accord tous les deux. J'ai appris à réfréner ma vraie nature à la maison, pour que mon mari puisse exister, et surtout qu'il puisse jouer son rôle de chef de la famille. Ma profession, quant à elle, me permet de vivre pleinement ce que je suis. En résumé, il faut lui faire accepter ma vraie nature, et moi la sienne, nos efforts paieront et le temps fera le reste.* »

Chapitre 5

LES QUATRE INCARNATIONS DE LA TRANSCENDANCE DANS L'UNIVERS

La Transcendance — que Voltaire et autres Nomades ont nommé « le Grand Architecte de l'Univers » — organise l'Incarnation de la Vie selon quatre stades, quatre orientations, quatre manifestations visibles.

Dans la tradition chinoise, on retrouve cette philosophie où la manifestation de l'Invisible se matérialise par la Théorie des cinq éléments, le cinquième étant l'observateur lui-même (l'élément Terre) qui analyse les quatre autres.

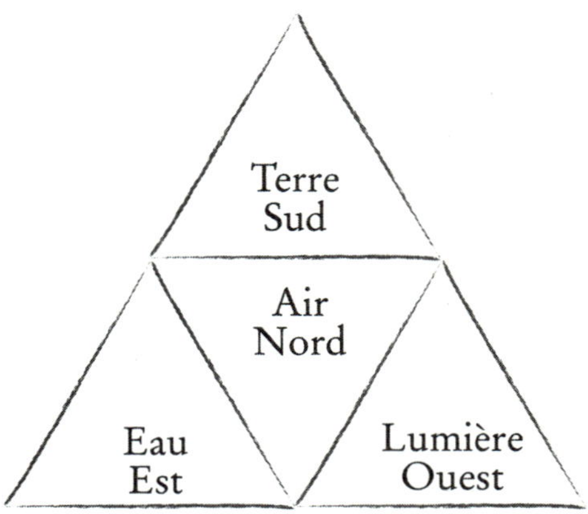

Sur les cartes anciennes d'avant la Renaissance, ainsi que sur les planisphères orientaux d'époques antérieures, le monde est représenté à l'envers du nôtre : le Sud en haut (alors que nous représentons le Nord en haut !) et le Nord en bas. Dans ces conditions, l'Est est à droite du schéma et l'Ouest à gauche, comme sur toute planisphère traditionnelle ou sur tout schéma ésotérique.

Dans l'espace, cette incarnation de la Transcendance se réalise selon quatre principes : le Sud par rapport au Zénith du soleil ; le Nord à l'opposé ; l'Est au Commencement, au Matin de l'Univers ; l'Ouest au Coucher, à la Fin de tous les cycles. Dans le temps, elle se réalise selon trois principes : le Passé, le Présent et l'Avenir. Elle s'incarne donc dans le chiffre 7, qui symbolisera toujours toute matérialisation du Subtil dans la Matière, comme les sept notes de musique, les sept jours de la semaine, les sept péchés capitaux, les sept couleurs de l'arc-en-ciel, les sept shakras, etc.

Or l'Est correspond au Primordial O et à la Terre ; le Sud, au Sédentaire A et à l'Eau ; le Nord, au Nomade B et à l'Air ; l'Ouest, au Prophétique AB et à la Lumière et au Feu des Alchimistes.

Quelles que soient les matérialisations de la Transcendance, on aura toujours quatre types de manifestation : le Primordial O au début de toute incarnation ; le Sédentaire A au zénith, à son apogée ; le Nomade B à sa décadence ; le Prophétique AB à l'origine de son prochain renouveau.

O, le Primordial, l'énergie de tout commencement ; A, le Sédentaire, la force de la certitude ; B, le Nomade, les conséquences du doute, de la remise en question ; AB, le phœnix qui renaît des cendres.

•

L'ARCHÉTYPE UNIVERSEL O : LA GÉNÉRATION

L'archétype Universel O est au début. C'est celui qui donne naissance, *sus generis*, comme Adam le Primordial, comme toute génération, comme la Genèse, comme les organismes micro-cellulaires, comme les racines du végétal et de toute chose, comme le pôle métabolique de la tripartition des êtres vivants. Comme l'Archétype humain du Primordial O. Comme la référence du groupe sanguin O.

O, c'est le début de toute manifestation, la fin de l'hiver et le début du printemps.
O évoque le lion biblique, le léopard des Amérindiens, le tigre des Asiatiques.
Il est l'élément Eau, la matière primordiale, l'alimentation carnée, la matière alchimique,
Comme, dans la cellule, le magnésium, le potassium et le soufre naissant.

Mais le manque de O, c'est le repli sur soi, la perte de confiance,
L'excès de prudence, le retour aux origines, la régression vers l'enfance,
Le retour à la maison, le recul dans la tanière, l'impuissance,
L'insuffisance de développement, la coquille qui se referme, la castration.

L'excès de O, c'est au contraire, le débordement, l'agitation,
Le trop-plein de racine, de vitalité, de croissance, de multiplication.
C'est l'anarchie, l'absence de chef, de coordination.
C'est l'explosion de la mitose, des cellules, des actes, de la vie, de la reproduction.

•

L'ARCHÉTYPE UNIVERSEL A : LA CONSTRUCTION, LA NÉGUENTROPIE, L'ANABOLISME

L'Archétype A, c'est l'ensemble du règne végétal qui recouvre la planète :
La lumière, le soleil, la feuille suspendue à la tige.
A, c'est la fin du printemps et le début de l'été, dans l'année comme dans la vie.
C'est le cerveau et c'est le rein ; le noyau cellulaire qui domine la cellule, l'ectoderme.
A, comme l'archétype A, comme la référence du groupe sanguin A.
Comme l'hydrogène, les photons, le sodium, le calcium, la lumière.
Comme l'élément Terre des Alchimistes.
Comme l'alimentation fructo-végétale du Sédentaire.

A évoque le Veau d'Or, le Bœuf casanier, pacifique et herbivore, le Buffle, le Zébu,
Des civilisations de l'Inde Brahmanique, de l'Égypte Pharaonique, des rizières de l'Orient,
Et de tous ces peuples agricoles, sédentaires monothéistes, contemplatifs et végétariens ...
Ce n'est qu'avec l'essence et les tracteurs que le bœuf a cessé d'être utile,
Et de tirer la charrue, lui, le compagnon millénaire de l'Homme et de son destin ;
Et qu'il a été transformé, pour notre malheur et pour le sien,
D'animal sacré en bête d'abattoir, en viande de boucherie comme pain quotidien.

A comme la céréale, le mariage de la graine, de l'eau et de la lumière ;
A comme le Blé pour les Européens, le Riz pour les Asiatiques,
Le Mil pour les Africains, le Maïs pour les Amérindiens.

A comme le pain Azyme ; et B, le vin, le raisin fermenté.
A comme la Chair ; B comme le Sang.
O, la matière ; A, la lumière.
À O ce qui est en bas ; à A, ce qui est en haut.
O à l'Extrême Orient, au commencement ; A au Zénith, au Sud, à l'épanouissement.

O comme la multiplication cellulaire, comme la mitose ;
A comme la structuration, la hiérarchisation, la spécialisation des organes du corps, leur différenciation.
O comme métabolique ; A comme conscience.
O comme l'action ; A comme la contemplation.

O comme Autorité ; A comme Pouvoir.
O, la référence du groupe sanguin O ;
A, la référence du groupe sanguin A.

L'axe O-A, c'est la plante qui pousse, l'enfant qui se structure,
La poussée vers le ciel, l'énergie de la vie dans la Nature,
La force contre la gravitation et contre la tendance à la chute,
L'axe du Devoir, du Renoncement à l'indolence et à la facilité.

O-A, c'est l'instinct maternel, la progestérone,
La jeune fille vierge, la Vierge Marie,
L'Égypte de Pharaon, l'Inde du Gange, la Chine éternelle,
La Rome des premiers temps, le début de toute grande civilisation,
L'origine de tous les Empires, leur ascension jusqu'à leur apogée.

Ce sont les voies romaines, la force des légions, l'Empire respecté,
Le lime, la Grande Muraille, des constructions en pierre faites pour durer,
La paix intérieure, les frontières étanches, l'ordre dans la société,
La *Pax Romana*, les idéogrammes chinois, les pays construits pour l'éternité.

O-A, le couple complémentaire.
C'est Charles et Camilla, Raïssa et Mikhaël, la bonne verticalité.

La défaillance de A entraîne la velléité, la lâcheté, la démission, l'abandon.
Mais l'excès de A, c'est au contraire l'Absolutisme, la Dictature, l'Autocratie,
L'abus de Pouvoir, l'immobilisme, le gigantisme des constructions, la tyrannie,
La fin de l'écoute des autres, le coup de force, l'intolérance, l'aveuglement,
L'éloignement de la réalité, la méconnaissance des faits, le refus de discuter,
La colonisation, l'Empire figé, la dénégation de toute évolution, la crainte de réformer,
Le Pouvoir déconnecté de sa base et qui finira par s'effondrer.

L'excès de A, de Sédentarité, d'autorité, de construction, d'anabolisme,
C'est le besoin de B, de Nomadisme, de destruction, de catabolisme,
La nécessité des réformes, du doute, de la remise en question
Qui sauveront la société sédentaire de sa sclérose et de la révolution.

•

L'ARCHÉTYPE UNIVERSEL B : LA DESTRUCTION, L'ENTROPIE, LE CATABOLISME

B est le début de l'obscurité qui apparaît dans la lumière.
Il est l'automne qui vient après l'été,
Le règne animal qui se nourrit du végétal.
B est la fleur, son parfum et sa couleur,
Qui attirent l'abeille pour la fécondation.

B est la Tentation du Serpent ; c'est la séduction,
Le paraître, les échanges, l'intelligence, la coordination.
B est Abel, l'archétype humain B, du Nomade.
Le nomadisme est la référence du groupe sanguin B.

B, c'est l'élément Air des Alchimistes. C'est la balance de la justice
Qui échange, équilibre le haut et le bas, la gauche et la droite, l'avant et l'arrière,
Le pôle rythmique de la tripartition des êtres vivants,
Le cœur, les poumons, les lipides, les glandes endocrines,
Les hormones, les œstrogènes et la circulation sanguine.

B, c'est le marchand, l'Argent, les décorations sur la poitrine
Et les diamants qui scintillent pour la séduction.

B est en analogie avec tout ce qui est fermenté,
La transformation des aliments comme les idées.
Il est catalyseur, pourrissement, comme le levain, comme le vin, comme l'ivresse.
B, c'est la nouveauté, le masque, l'apparence, la permissivité.
B, c'est Vénus, le culte d'Aphrodite, Olympie et ses jeux sacrés,
Bacchus et Dionysos, Mercure et le Messager Hermès.

B ou l'Empire qui commence à douter,
L'Ordre ancien que l'on commence à contester,
Les valeurs du passé que certains veulent rejeter.
B, c'est la vie actuelle, dans laquelle il faut toujours négocier.
L'avènement de la société de consommation, société de la tentation.

L'excès de B, c'est transgresser maintenant ce qui était interdit ;
C'est le masque qui l'emporte sur l'être, le rejet de toutes les hiérarchies ;
C'est la fleur qui choisit de sacrifier le fruit ;

C'est la contraception, l'avortement,
Le plaisir qui l'emporte sur l'enfantement.

B, c'est la subtilité d'un raisonnement, d'une fleur, d'un parfum ;
C'est la vivacité, l'intelligence, les Sophistes, les arguties ;
C'est l'Hypophyse, l'Hypothalamus, les huiles essentielles,
Les phospholipides du cerveau ; c'est la latéralité ;
C'est le gras des moutons d'Abel ; c'est la méiose et le mésoderme ;
C'est la conscience de l'Homme ; c'est l'émotionnel du végétal et de l'animal,
Leurs parfums, leurs moyens de défense, leurs poisons, leurs venins ;
B c'est le mimétisme de la mode, de la plante, du caméléon,
Qui s'adaptent, qui se maquillent pour ne pas se faire tuer.

C'est l'adaptation au stress ; c'est l'âme, la sensibilité ;
Ce sont les glandes surrénales, celles contre la prédation ;
C'est la responsabilité, la conscience, les remords, la culpabilité,
L'œil d'Abel, l'œil de Dieu qui, dans la tombe, regardaient Caïn.

B, c'est l'Aigle, la colombe au rameau d'olivier,
Altaïr l'étoile, El Taïr l'oiseau.
Mais c'est aussi la Foudre, le Dragon, le Drakkar,
Les Envahisseurs de l'Ordre Rural, des terres Sédentaires, des royaumes,
Les frontières franchies, les murailles violées, les défenseurs submergés.

B ou l'Aigle enserrant le Serpent,
Saint Michel terrassant le dragon ;
Caïn tuant Abel ;
Dieu chassant Lucifer.

C'est l'éternel Serpent de la responsabilité et de la transgression.
Qui débouche sur le Sida, l'avortement et la contraception.
Le nomadisme affectif et sexuel, qui ne crée rien dans la durée.
La subversion des idées qui met l'équilibre du monde sédentaire en danger.

B, les échanges, les bons comme les mauvais :
Le choix du Nomade entre l'aigle et le serpent ;
La transfusion sanguine, le cœur, la lymphe et le sang ;
La diffusion des idées nouvelles, la peste, les plaies d'Egypte.

L'Aigle, c'est l'Avion qui se dirige vers les étoiles ;
Le Serpent, l'argent occulte qui rampe dans l'obscurité.
Et le pilote, dans l'Avion, qui est-il ?
Comme le rameau d'olivier, il est AB, il en est le Fruit ;
C'est *Terre des Hommes*, Jean Mermoz, Saint-Exupéry.

Noé est évoqué par la colombe au rameau d'olivier,
Le second Abel, le Nomade des mers, Père de la seconde humanité.
Ce n'est pas l'Abel du serpent et de la transgression,
Mais son opposé : l'oiseau de la rédemption.

« L'oiseau victorieux du Serpent », Apocalypse de Jean : Béatus de Saint Sever, 8e siècle, France.
Le Nomade qui se détache des biens terrestres.

B, c'est la Justice et sa balance;
Il est celui qui connaît le mieux le Bien et le Mal;
Il sait ce qui est juste et ce qui est injuste.
B, c'est Thot, le dieu égyptien du passage; Anubis,
Le chacal du désert qui, comme saint Pierre, détient la clé.
Il pèse le cœur, siège de l'âme et de la responsabilité,
Qui doit être blanc et léger comme la plume de l'Autruche Sacrée.

Livre des Morts Égyptiens.

Qu'ils sont proches l'un de l'autre, B l'artiste et B le révolutionnaire.
La révolution, subversion de l'Art;
L'Art, subversion de la Révolution;
L'Art, sublimation de toutes les révolutions.

B comme « Bei » en chinois, le Nord, le dos tourné au Sud, « Nan », à A.
B, c'est le rejet du passé, les révolutions, la table rase, l'autodafé,
Rendues nécessaires pour l'Empire figé qui doit évoluer.
B, c'est la modernité qui empêche l'Empire de crouler.

C'est aussi la conviction de la voix, le magnétisme du regard,
Le conditionnement, l'hypnose, la manipulation, l'envoûtement,
L'oiseau hypnotisé, le regard de l'aigle, les yeux du serpent,
Charmant, flattant, subjuguant les foules ou les envenimant.

Le triomphe de B sur A: la fin de l'ancien temps, la Révolution.
La mort de B, tué par A: la société victorienne, la dictature des Mollahs.
La disparition de A, tué par B: la pyramide tronquée où tout va s'effondrer.
Le mausolée de Lénine et de tous les Faux-Prophètes,

Le triomphe de l'agit-prop, de la tyrannie et des pires aventuriers,
Les Attila, Tamerlan et Gengis Khan modernes,
Intolérants, usurpateurs, exterminateurs de minorités.

B, c'est l'Aigle qui guide le Nomade de la terre et de la mer;
C'est le serpent de la tentation, d'Œdipe qui débouche sur la transgression,
Serpent et aigle ne font plus qu'un: la sédentarisation du Nomade.
Comme ne font qu'Un, l'Abeille et la Fleur.

Il existe des sociétés qui s'identifient à l'Aigle ou aux Abeilles,
Et d'autres qui invoquent la Fleur ou le Serpent.

« Quetzalcoatl, le "serpent à plumes", ou "l'oiseau-serpent" a été souvent considéré comme le dieu de l'étoile du matin et son jumeau, Xolotl, celui de l'étoile du soir, en fait, la planète Vénus. En tant qu'étoile du matin, Quetzalcoatl était aussi connu sous le titre de Tlahuizcalpantecuhtli, littéralement "le maître de l'étoile de l'aube". Il était aussi considéré comme l'inventeur des livres et du calendrier, comme le donateur du maïs à l'humanité, et quelquefois comme le symbole de la mort et de la résurrection. »

« Aux alentours du Ve siècle après J.-C., les Toltèques l'adoraient comme divinité du sexe et de la fertilité. Vers le IXe siècle, Quetzalcoatl devient Tula, divinité de l'étoile du Matin et de l'étoile du Soir, symbolique de Vénus. Plus tard, entre le XIVe et le XVIe siècle, les Aztèques en font le protecteur des artisans, des marchands et des scribes, ainsi que le dieu du passage vers l'au-delà. »

« Les prêtres du dieu avaient prophétisé que l'errance du peuple aztèque finirait quand il verrait un aigle perché sur un cactus de barbarie dévorant un serpent. C'est le symbole du drapeau et des armes du Mexique d'aujourd'hui. »

Jean Mathiot

Quetzalcóatl, le serpent-oiseau.

La société aztèque est une société où les Nomades, où le Serpent à plumes, ont pris le pouvoir à la place des Sédentaires.

Ce qui peut se résumer par le schéma suivant :

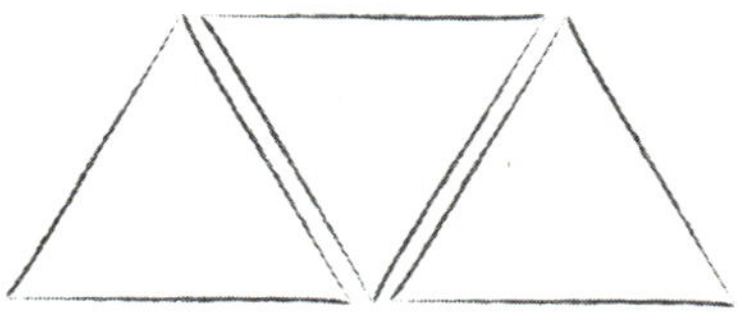

Il est possible de faire alors un parallélisme entre la forme des pyramides de la société aztèque, qui sont tronquées, sans sommet angulaire, et où avaient lieu les sacrifices humains.

B, c'est aussi le début de la maladie, quand la faiblesse de A s'est installée.
Car B procède du Cosmos, de la nuit. Il est chute, destruction,
Procède du désordre, des forces centrifuges, de l'Entropie.
B, c'est la tendance à la Chute, à la dispersion, à l'anarchie.

C'est la cellule O cancéreuse qui se révolte contre l'ordre établi,
Après la mort de A l'ordonnateur des hiérarchies,
Tué par B le subversif, et en l'absence de AB le réunificateur,
La cellule O qui, dans sa chute, retourne à l'anarchie.

A et B : l'éternelle incompatibilité.
L'Ordre Régalien contre la Statue de la Liberté.
Les Libéraux contre la Monarchie.
B, notre civilisation occidentale, le modèle que nous proposons au Monde ;
B, les pétrodollars, le verso du billet de 1 US dollar ;
B, les USA d'aujourd'hui.

L'axe O-A : la bonne verticalité.
L'axe O-AB : l'axe de l'exemplarité.
L'axe A-B : l'éternelle animosité.

Mais l'union du Sédentaire et du Nomade,
Du Masculin et du Féminin,
Du Yin et du Yang ☯ :
C'est la voie prophétique : la naissance de grandes nations.

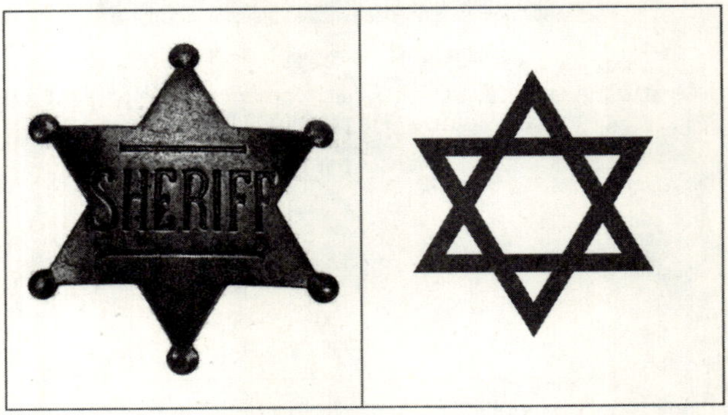

L'axe B-O : la révolte ou la liberté.
L'axe B-AB : le complot ou la résistance pour une grande idée.

B le Nomade se prend pour Dieu.
Dieu et Lucifer seraient-ils d'essence Nomade ?
L'Aigle, le rapace et le Serpent ? Symboles universels et intemporels ?

•

L'ARCHÉTYPE UNIVERSEL AB : LA RÉGÉNÉRATION, LA RÉCONCILIATION, LE RENOUVEAU – L'AVATAR AB

Du Sanscrit « Avatar a », la descente sur la terre d'une divinité.

AB, le Prophète, est celui, qui, depuis longtemps, était attendu.
Il naît pour le Noël, à la Saint-Jean d'Hiver, sans être reconnu.
Quand les divisions font s'écrouler l'Empire ;
Quand la pyramide est en train de se fissurer ;
Quand les statues des anciens dieux ont été renversées ;

Quand les garnisons sont anéanties et les murailles violées ;
Quand A est dominé par B parce qu'il s'est affaibli ;
Quand le règne animal détruit le règne végétal ;
Quand Caïn n'est plus assez fort pour modérer Abel !

Il est le Sauveur qui donne la Solution,

Indique le Chemin quand tout s'est délité.
Il vient à la fin, il vient de l'Occident.
Il vient après O, après Adam, après le règne du monocellulaire.
Et de la mitose cellulaire, de l'embryonnaire, de l'Est et du printemps.

Il vient après A, après le Sud et l'été, après Caïn le végétal,
Après l'anabolisme, la différenciation, le multicellulaire.
Il vient après B, après Abel l'animal et la fleur parfumée,
Après la méiose, la coordination des organes, après les hormones,
Après le Nord, l'étoile polaire et après l'automne.
AB, Seth-Henoch, à l'Ouest, c'est la fin de l'année.

Il apparaît en hiver, quand la braise couve dans la cheminée.
AB, l'élément Feu des Alchimistes.
AB, c'est Prométhée, qui le premier,
Donna le Feu à l'Humanité.

AB : la graine de l'arbre, le fruit mûr. AB est le Fils de l'Homme.
Il est le Prophète, celui qu'attendent tous les Testaments.
Car il est le sauveur : il doit guérir et il est le Guérisseur
Des corps, des âmes et de la société.
AB, c'est la confession, le pardon, la réconciliation.

AB s'impose, nécessaire, est attendu, désiré ;
Quand l'Empire et la pyramide sont en train de s'effondrer :
L'Égypte de Ptolémée, la Rome de la décadence et des grandes invasions,
Le Royaume de France avant la Révolution.

Quand les anciens dieux ont été oubliés.
Quand les vieux principes ont été renversés.
Quand la cellule retourne à l'état embryonnaire,
Se dédifférencie, se multiplie, retourne à l'anarchie,
Et que la tumeur cancéreuse évolue sans bruit.

Tout cela, c'est le temps du Processus Universel Prophétique AB.
AB, le Tout qui renaît après les divisions,
Le minéral, le végétal et l'animal en l'Homme.
Le fruit de l'arbre quand il est mûr,
Destiné à relancer un nouveau cycle.

Le Prophète AB, symbolise l'Enseignant, l'Initiateur, le Maître,
Le Guide Spirituel, le Visionnaire, l'homme d'Etat charismatique.

AB, c'est Jésus dans la crèche, annoncé par une étoile,
Entouré dans l'étable de A, ses parents,
Chauffé du souffle de O, l'âne et le bœuf,
Honoré par l'or, l'encens et la myrrhe des Rois Mages B.

AB, c'est l'homme de Lascaux et d'Altamira
Qui, dans l'obscurité, procède à la naissance de l'Art :
Il préfigure toutes les abstractions,
Annonçant les grandes Initiations.

AB, c'est le Nouvel An chinois,
A, à mi-chemin du solstice et de l'équinoxe,
Signe solaire du sédentaire ;
B, à la nouvelle lune, signe lunaire du nomade.

AB, ce sont les traces du sang retrouvées sur le Suaire de Turin.

AB, c'est le Vide que l'on ressent dans les lieux inspirés.
C'est l'Absent qui manque quand il est mort ou s'en est allé.

Et quand le Prophète AB s'est retiré, a disparu, n'existe plus,
Il n'y a plus d'unité, de groupe, mais seulement des individus,
Isolés, orphelins, sans but, déboussolés, tribus, clans, communautés,
Sans âme dans le corps, dans le groupe, dans le pays.

Dans l'époque, il n'y a plus d'Idéal, de Références et d'Absolu,
Du communautarisme, du désordre, la perte des valeurs, l'unité disparue,
La confusion des idées, la guerre civile, le cancer, le paradis perdu.

AB le Prophète relève le Sédentaire de sa chute,
Modère le Nomade dans toutes ses outrances,
Apaise la révolte du Primordial.

Dans l'Univers matérialisé,
À l'intérieur de l'Homme et dans la société,
Où règnent subversion, mensonge et anarchie.
Le Prophète AB indique le pardon, le chemin vers une nouvelle vie.
Le parcours vers lequel tout homme doit s'initier,
Le Primordial, le Sédentaire et le Nomade, à l'écoute du Prophète.

AB au cours de la Vie, symbolise la responsabilité.
La Lumière qui doit tous nous illuminer.

Le Prophète AB est le fruit de l'arbre, l'enfant qui fait évoluer les parents,
C'est le chef-d'œuvre de l'artisan,
L'œuvre d'art qui survit à l'artiste,
La parabole du Maître, les Livres Sacrés.

AB, le Prophète indique le chemin de la Vérité,
La synthèse,
Unique, simple, indiscutable,
Pas compliqué et multiple comme les erreurs,
Celle qui s'impose d'elle-même,
Par son évidence, par sa simplicité.

La Vérité, correspond aux Idées Premières et Essentielles,
Non négociables, non interchangeables,
Qui ramènent les effets à une seule cause originelle,
Sur laquelle il n'est plus besoin de polémiquer.

A, l'élément masculin ; B, l'élément féminin ;
Le Yang et le Yin,
Le dextrogyre et le lévogyre,
Le Tao,
La double hélice,
Le pain et le vin.

Le Prophète annonce le Surhomme, l'Être de lumière, le Messie,
le Bouddha, le Christ.
Le Thaumaturge,
L'oint du Saint Chrême, c'est lui.
AB, ce sont le Sédentaire et le Nomade réconciliés, transmutés,
transsubstantiés.
C'est A, le Pain Azyme, et B, le Vin, du Partage et de l'Eucharistie,
« Faites Ceci en Mémoire de Moi. »

Lecteur, à la fin de ce chapitre,
Tu es AB,
Le Prophète,
Le Roi-Médecin,
Le Thaumaturge.
Tu chemines vers le Messie,
Vers l'élément Christique,
Vers le Saint Graal.
Ce livre a été un pèlerinage.
Il t'a initié,

Tu es éveillé.

Témoigne à présent de la Vérité.
Sur O, A, B et AB,

Par l'Eucharistie,
Par la communion du Primordial, du Sédentaire et du Nomade.
Chemine vers le Cinquième Élément,
Vers l'Élément Christique.
Va, tu es attendu.

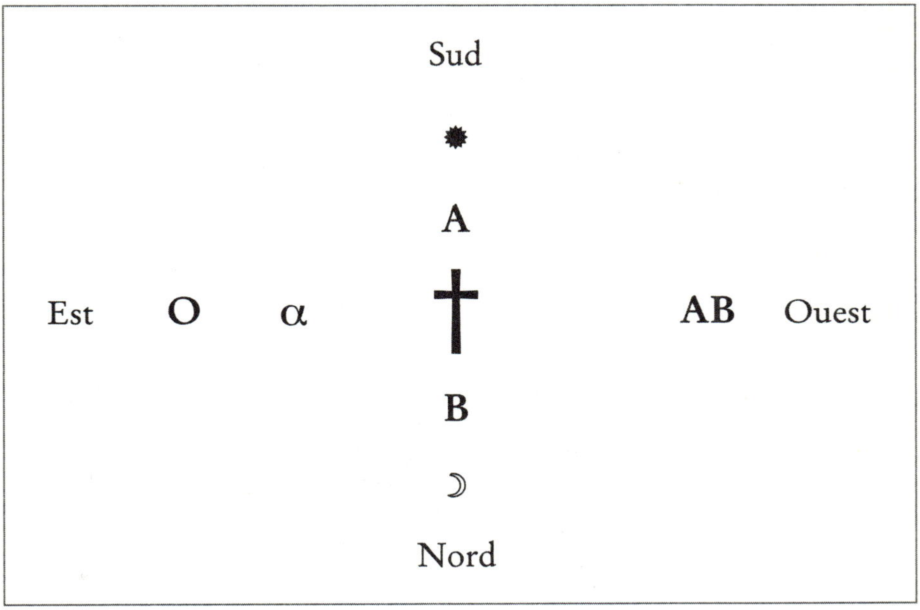

Lecteur, à présent que tu es éveillé, tu comprends
Qu'aux yeux de la Transcendance, la maladie comme le péché,
C'est, en toute conscience,
La transgression de l'Archétype.

Chapitre ◦◦◦ 6

GUÉRIR : CHEMINER VERS LE CINQUIÈME ÉLÉMENT

La Vie est un pèlerinage.
Le pèlerinage est un retour à la Source,
Un cheminement vers le Sacré.
La Vie est une des manifestations du Sacré.

« L'essentiel est invisible pour les yeux. »

Antoine de Saint-Exupéry

•

« Ce qui différencie l'Homme de l'Animal, c'est le Culte des Morts. »[1]

Mircea Eliade

Depuis des temps très anciens, l'Homme a honoré ses morts et s'est comporté comme un homme religieux : l'Homo Sapiens Sapiens est, selon l'expression de Mircea Eliade, un « Homo Religiosus ». Ce n'est qu'à partir de la Renaissance et du siècle des Lumières que les Européens, et eux seuls, ont progressivement cessé d'être des « Homo Religiosus » pour devenir des « Homo Materialistus ».

Quatre ou cinq cents ans dans l'histoire de l'humanité qui s'étale sur dix mille siècles, cela fait peu et cela devrait faire réfléchir les orgueilleux. D'autant plus que cette courte parenthèse risque de se refermer bientôt. Il suffit

1. ELIADE Mircea, *Le Sacré et le Profane,* Gallimard, « Folio », 1991.

d'ouvrir les yeux et de regarder plus loin que dans nos différents microcosmes philosophiques avancés ou chez nos idéologues du Progrès. Ailleurs, le monde n'a jamais oublié le chaman, l'angélus, le clocher, le stupa, la synagogue, le muezzin et la mosquée. Avec l'augmentation de la population mondiale qui ne se fait pas en faveur du monde européen, le déséquilibre va s'accentuer en faveur des Croyants et des Prophètes et au détriment des Athées que nous sommes.

Le bon sens devrait donc nous inciter à reprendre en marche le train de l'histoire de l'Homme, là où la Renaissance et le siècle des Lumières nous l'ont fait quitter, et réintégrer le chemin du Sacré que nous avons oublié et mis de côté. Au nom de quoi, cet abandon ? Au nom d'un matérialisme qui nous entraîne à la catastrophe : à la destruction, non pas de la planète, mais des conditions planétaires favorables à l'épanouissement de l'humanité. La course au matérialisme débouche sur le suicide de l'humanité et de l'Homme, à l'image du kamikaze qui se fait exploser.

Alors que faire ? Faire marche arrière, revenir sur nos pas, opérer un retour aux sources, redevenir pèlerin. Le pèlerinage, c'est la sublimation d'Abel. En effet, le pèlerin est un Nomade qui a tout abandonné derrière lui, écœuré par la vie dans l'oasis et par les amollissements capiteux du bazar. Il en a assez de sa sédentarité monotone et médiocre. Il repart vers le large, pour retrouver le chemin de sa liberté d'antan, son authenticité de Nomade.

Le pèlerinage, c'est le chemin opposé à celui que prend habituellement B le Nomade ; c'est ce qui sauve Abel de la transgression et de la mort ; c'est le Nomade, une fois fixé, qui accepte les lois du Primordial et du Sédentaire. Aigle, il refuse en conscience la Transgression du Serpent, et, dans sa démarche spirituelle, il entraîne et sublime avec lui O et A, le Primordial et le Sédentaire. Le pèlerinage réconcilie les deux frères ennemis. Car en reprenant son bâton de migrateur, B le nomade, B le conquérant, B l'envahisseur, B le reître sublime son destin. Il emmène avec lui Caïn le pacifique Sédentaire et Adam le Primordial. Tous se mettent en marche vers les lieux et les temps forts, les Temps Messianiques. L'amour les réunit ; la guerre civile est finie.

Tous les trois marchent vers la même étoile, vers la rédemption, vers le dépassement, vers le Surhomme. Ils sont à la recherche du Saint Graal, du Sang Royal, du Référentiel Christique, du Cinquième Élément. Le Saint Graal, c'est le Sacré au cœur de l'Homme, le sens donné à sa Vie. Comme les trois rois mages, guidés par leur étoile, sont en quête du Messie.

Car l'Homme possède en lui une lumière intérieure qui éclaire sa vie et qu'il irradie autour de lui. La maladie, c'est la diminution de cette lumière, de cette énergie. La mort, c'est sa disparition. La guérison passe par la restauration de cette énergie défaillante, et par conséquent par l'illumination intérieure.

Soigner un homme, ce n'est pas seulement réparer ou remplacer un organe, modifier l'alimentation, administrer une potion. Soigner, c'est aussi raviver la flamme défaillante au sein d'un corps affaibli. Soigner, c'est transmuter le corps en rehaussant son niveau de conscience. Soigner, c'est faire quitter O, A, B et AB de leur quotidien matériel pour les élever à des niveaux qui les transcendent. Soigner, c'est rapprocher le souffrant de la Transcendance.

Les médecins, dans les hôpitaux, savent discerner les malades qui ont des chances de guérir, de ceux qui se laissent lentement mourir ; ils parviennent à repérer le dolent qui décide volontairement de mourir, se sachant au bout du chemin, ou de s'en sortir, de celui qui s'avance passivement vers le Passage.

Transmuter O le Primordial, c'est le sortir de sa caverne morale où il s'est réfugié ou le faire redescendre de la canopée de la forêt où il s'est isolé. C'est l'aider à s'épanouir, tout en gardant ses caractéristiques génétiques et ses qualités de Primordial, d'Adam, d'Homme qui donne, qui aime et qui comprend.

Transmuter A le Sédentaire, c'est l'aider à ne pas rester au bas de l'échelle, ou, à l'opposé, à le sortir de sa forteresse-prison, de son bunker moral, de sa tour d'ivoire où il est seul, où il prend sans donner, où il se gonfle de sa supériorité. Pour l'aider à aller vers les autres, à aimer sans compter. Transmuter un A, c'est d'abord le sortir de sa passivité, le faire évoluer vers le sourire, l'action, le plaisir, et surtout vers les autres dont il se méfie par peur de ne pouvoir les diriger. C'est faire bouger Caïn, en faire un nomade-pèlerin qui sort de son égocentrisme et qui marche vers des horizons plus larges et plus évolués.

Transmuter B le Nomade, c'est l'orienter vers la disponibilité, l'aider à respecter les autres, ceux qu'il séduit par son intelligence et sa finesse d'esprit. C'est l'amener à ne plus se torturer entre la tentation et la transgression, source de tous ses malheurs ; à ne pas tomber dans le piège de ses mirages ; à ne pas ramper comme le Serpent, séduire comme la Fleur. Mais, au contraire, à s'envoler, comme l'Aigle, et à s'élever vers le ciel.

Transmuter AB le Guide, le Premier des Religieux, le Prophète, lui qui est si proche du but, c'est le sortir de son anonymat et l'aider à trouver, grâce à ses disciples, son chemin vers l'exceptionnel, vers l'Art, les oracles, les missions universelles et les vocations.

Soigner un peuple, une époque, une civilisation, c'est lui faire redécouvrir son Messie, son nouveau Prométhée. Pour que tous, derrière lui, se dirigent vers la Lumière.

Pellerin, que tu sois Primordial, Sédentaire ou Nomade, ravive ta flamme.

Revêts ton manteau. Prends le bourdon. Va vers l'océan

Chercher la coquille, là où finit la terre, à l'extrême occident.

Par Estella, vers le Champ des Étoiles, soigne-toi en marchant.

L'important n'est pas le But, mais bien le Cheminement

Vers un autre Homme. Par le Pèlerinage, illumine ton âme.

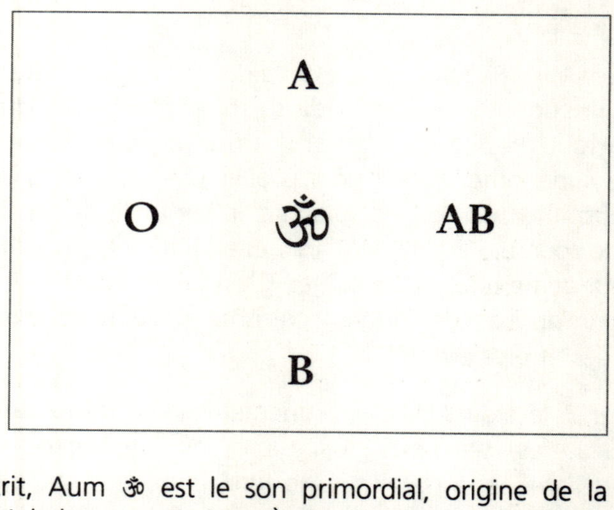

En sanskrit, Aum ॐ est le son primordial, origine de la création, la semence d'où le langage est issu. À chaque lettre correspond un niveau de conscience. « A » : l'état de veille ; « U » : l'état de rêve ; « M » : l'état de sommeil profond. Tous les sons qui existent proviennent du son Aum. Le « Aum » ou « Om » est le symbole le plus élevé de la connaissance hindoue. « La présence de l'Absolu dans le monde. »

> *« Au milieu du trône et autour du trône il y a quatre êtres vivants remplis d'yeux devant et derrière. Le premier être vivant est semblable à un lion, le second être vivant est semblable à un veau, le troisième être vivant est semblable à un aigle qui vole et le quatrième être vivant à la face d'un homme. »*
>
> *Jean, Apocalypse, IV, V, 6.*

Les Quatre Archétypes Humains et le Référentiel christique : La voie du Graal, ou la recherche du Sacré en chacun de nous.

Conclusion

GROUPES SANGUINS : BONHEUR, MODE D'EMPLOI

Ce livre touche à sa fin. Nous arrivons au terme de notre démonstration empreinte parfois de dialectique. À la question « Existe-t-il un déterminisme lié à notre groupe sanguin ? » posée en préambule, la réponse est incontestablement : oui !

Cet ouvrage décrit une méthode simple pour mieux se connaître. Une méthode qui découle directement du mode de pensée inspiré des lois de la Nature et de la Vie et qui se base sur un raisonnement universel nous faisant remonter à l'Universalité. Une méthode qui permet de savoir ce que la Transcendance a prévu pour nous et qui nous donne à comprendre comment nous devons nous comporter pour être heureux, atteindre notre épanouissement personnel, fusionner avec les équilibres du Ciel et de la Terre, ou tout simplement, comme le disait déjà le Grec Zénon, « *vivre conformément à la nature* ».

Il nous faut ensuite appliquer cette méthode à ceux qui nous entourent : à nos proches pour mieux les connaître, à l'enfant que nous voulons guider, au collaborateur à employer dans la bonne fonction, au supérieur à qui donner satisfaction. Et deviner alors s'ils sont sur la bonne voie, s'ils ont le comportement que le Grand Généticien a prévu pour eux dès leur conception.

Est-on obligé de se soumettre au « politiquement correct » ou reste-t-il encore une liberté dans la diversité des opinions ? Pensée unique ou pensée quadruple ? « *Travail, famille, patrie* », dirait le Primordial. « *Dehors les Nomades !* », dirait le Sédentaire. « *Nomades de tous les pays, unissez-vous !* », dit le Nomade qui s'indigne et s'insurge sans cesse contre l'intolérance et l'injustice. « *Paix sur la Terre aux hommes de bonne volonté* », a dit le Prophète. Toute pensée réductrice est donc un appauvrissement de l'esprit. L'épanouissement vient de la diversité.

Comment procéder en pratique ? D'abord, il faut connaître son groupe sanguin. Rien n'est plus facile : n'importe quel laboratoire d'analyses médicales pourra le déterminer (une prescription médicale n'est même pas nécessaire). Attention, quelque que soit votre groupe sanguin — O, A, B, AB —, le facteur Rhésus n'intervient qu'à peine et ne doit donc pas directement être pris en compte. Par contre, pour optimiser votre démarche, il serait intéressant que vous sachiez également celui de vos parents. Cela vous permettrait en effet de mieux vous comprendre, en particulier si l'un de vos parents est O, car il vous influencera dans votre profil génétique, alimentaire et psychologique. En effet, dans ce cas est O et si vous avez le groupe A, vous serez alors A(ao); si vous êtes B, vous êtes en réalité B(bo). Dans ces conditions, vous aurez un profil qui tient, selon le cas, à la fois de O, et de A ou de B. Si vous êtes AB, vous ne pouvez descendre que de parents A, B ou AB, mais pas de O.

Vous savez à présent qu'il existe quatre Archétypes dans l'Univers, quatre Référentiels, quatre dynamiques de la Transcendance, quatre manières différentes de réagir. Le nombre 4 est merveilleux et il symbolise l'Univers et la Totalité de ce qui est créé :

- Quatre points cardinaux : le nord, le sud, l'est et l'ouest.
- Quatre saisons : Le printemps, l'été, l'automne et l'hiver.
- Quatre vertus cardinales : la Prudence, la Force, la Justice et la Tempérance.
- Quatre Évangiles, quatre Évangélistes, quatre Cavaliers de l'Apocalypse porteurs de quatre grands fléaux (Apocalypse 6,2-8).
- En Inde, comme dans la Grèce antique, il est le chiffre de l'équilibre parfait : quatre castes dans la société traditionnelle, et quatre âges composant un cycle cosmique : l'Âge d'Or, l'Âge d'Argent, l'Âge d'Airain et l'Âge de Fer.
- Quatre éléments des Alchimistes : l'Eau, la Matière, l'Air, et le Feu, symbolisés par la Croix.
- Quatre anges destructeurs aux quatre coins de la Terre (Apocalypse 7,1).
- Quatre fleuves du Paradis (Genèse 2, 10-14 ; Coran 157,15).
- Quatre types d'humanité : le Primitif, le Sédentaire, le Nomade et le Prophétique.
- Quatre animaux mythiques : le lion pour l'archétype O (le léopard des Amérindiens, le tigre des Chinois) ; le bœuf pour l'archétype A ; l'aigle et le serpent pour l'archétype B ; l'homme pour l'archétype AB.

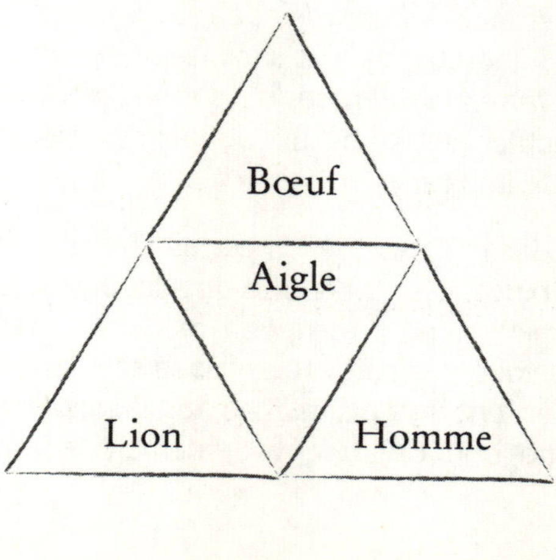

- Quatre dynamiques de l'énergie : la Génération, la Néguentropie, l'Entropie et la Régénération.
- Quatre niveaux énergétiques des êtres vivants : le physique, le psychique, le mental et le spirituel.
- Quatre façons de réagir face à la Vie et face à la Maladie : la Vulnérabilité, la Domination, la Médiation et l'Élévation.
- Quatre façons de manifester la Souffrance : celle de O, le Primitif sur-actif : se retirer dans la caverne obscure ou s'isoler en haut de la canopée ; celle de A le Sédentaire constructeur des grandes civilisations humaines : rester en bas de l'échelle ou se murer dans sa tour d'ivoire ; celle de B, le Nomade conquérant et le plus intelligent : transgresser l'Interdit, au risque de se couper de la branche et de la feuille au bout desquelles la fleur est suspendue ; et celle de AB, le Prophétique : demeurer toute sa vie dans l'anonymat et l'inutilité.
- Quatre façons d'évoluer : celle de O : s'épanouir dans son archétype, puis évoluer vers la Dominance ; celle de A : quitter son immobilité et évoluer vers les échanges ; celle de B : choisir entre l'Aigle et le Serpent dans les actions qui le transcendent ; et celle de AB : annoncer les voies du Messianisme.
- Quatre Archétypes, comme les quatre Évangélistes et le Tétramorphe Roman : saint Marc, symbolisé par le Lion (l'animalité sauvage), comme le Primitif ; saint Luc, symbolisé par le Taureau, comme le Sédentaire ; saint Jean, symbolisé par l'Aigle, comme le Nomade ; et saint Matthieu, symbolisé par l'Homme, comme le Prophète.

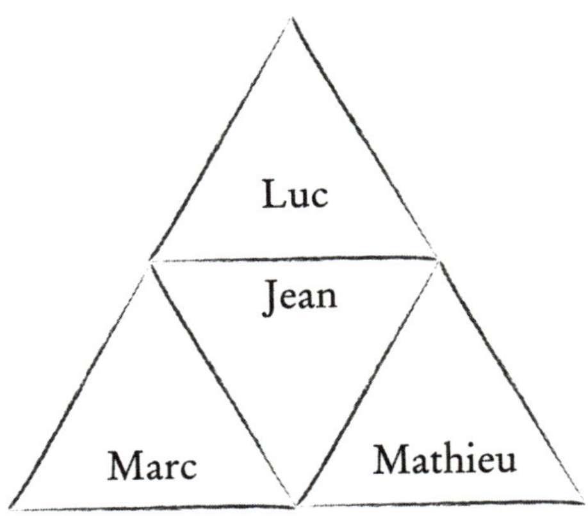

- Quatre terrains homéopathiques : la sycose, la psore, la luèze et le tuberculinisme.
- Quatre diathèses : l'anergique, l'allergique, le dystonique et l'hyposthénique.

- Quatre dynamiques de l'Énergie : la Génération, l'Anabolisme, le Catabolisme et la Régénération.
- Quatre éléments pour faire un tout : la Racine, la Feuille, la Fleur et le Fruit.

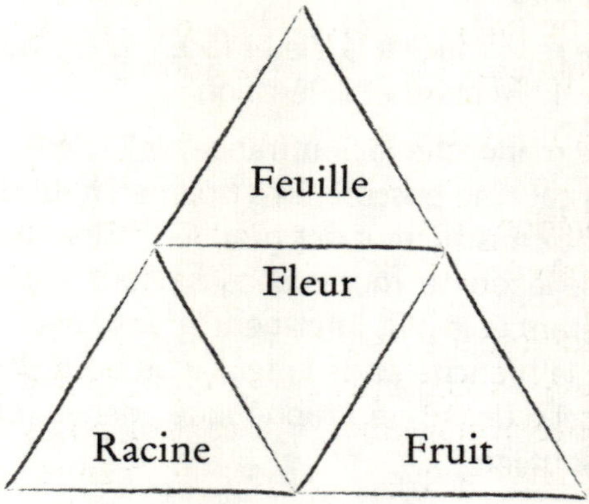

- Quatre bases chimiques pour constituer l'ADN : l'adénosine, la thymine, la cytosine et la guanine.
- Quatre groupes sanguins : O, A, B et AB.
- Quatre états de la Matière : solide, liquide, gazeux et igné.
- Quatre particules stables : l'électron, le proton, le neutron et le photon.
- Quatre éléments minéraux constitutifs de la matière vivante : l'hydrogène, l'oxygène, l'azote et le carbone.
- Quatre éléments minéraux de l'énergétique intracellulaire : le potassium, le sodium, le magnésium et le calcium.

Il est donc concevable d'envisager quatre attitudes dans la vie, quatre façons différentes de réagir, quatre besoins alimentaires, quatre façons de penser, ainsi que quatre manières d'appréhender l'Homme.

Si vous êtes du groupe sanguin O, vous avez de grandes prédispositions pour rendre service aux autres. Toujours disponible, simple et facile à vivre, vous possédez un naturel qui vous porte à rester mince, net, strict dans votre mise. Doté d'une excellente forme physique, vous aimez les sports prolongés et intenses.

Vous excellerez dans des activités qui mettront en valeur votre esprit pratique, votre sens inné du rangement et de l'organisation. À la maison comme au travail, votre sérieux vous distinguera, à condition que vous ne soyez pas dévalorisé dans des responsabilités en-dessous de votre valeur réelle.

Votre métabolisme cellulaire est celui qui fonctionne le plus des quatre groupes, c'est la raison pour laquelle vous jouissez d'une excellente santé. Sauf en cas de surmenage lié à votre trop grande forme qui accentue votre excessive disponibilité envers les autres : cela risque de vous entraîner dans une dépression qui ne prendra pas fin avec des antidépresseurs, mais bien avec un repos physique où l'on s'occupera enfin de vous.

Si votre enfant a un groupe sanguin O, il sera plus tard probablement mieux épanoui dans un métier où la part du concret et du réel, de la logique et de l'analyse est prédominante. Il sera un excellent juriste, un parfait informaticien, un minutieux expert comptable jonglant avec les chiffres, etc.

La connaissance du groupe de votre conjoint vous permettra de mieux le comprendre. En outre, vous envisagerez d'une autre façon ses besoins alimentaires qui peuvent être différents, voire opposés aux vôtres. S'il est également O, il est normal que vous ayez les mêmes attirances dans vos loisirs ou dans la vie courante. S'il est A, vous vous compléterez, chacun apportant à l'autre ce qui lui manque. Cependant, vous resterez tous deux dans la même logique du devoir accompli, d'une vie simple et droite sans trop de complications. S'il est B, il vous apportera la séduction de son caractère intelligent et délicat, mais la vie avec lui risque d'être moins simple qu'avec A ou O, car B est compliqué dans sa subtilité. Il vous fera découvrir le plaisir de vivre, la part du rêve et de la jouissance qu'apporte une vie hors de l'ordinaire. Soyez patient avec votre conjoint ou votre fils AB : ils ont besoin, pour être heureux, de vivre en dehors de la norme et, bien plus que les autres, de se sentir vibrer dans l'exception.

Si vous êtes du groupe sanguin A, le profil se complique, car, si l'un de vos parents est O, il va vous influencer dans vos besoins alimentaires et dans votre mental. Une part de vos réactions s'explique par O, l'autre par votre groupe A.

A est un dominant qui use du Pouvoir pour régner, diriger, guider, protéger, mener les hommes, mais aussi se faire servir. Tout s'explique par cela. Si votre conjoint est A, c'est lui qui aimera prendre les grandes décisions, qui essaiera de commander son entourage, dans la vie comme dans son métier. Si c'est un enfant, il voudra diriger les autres, mais son manque de force physique l'amènera parfois à se faire rejeter par le groupe.

Un sujet A(aa) risque de prendre du poids plus rapidement que les autres. Une femme A(aa) a tendance à très vite perdre sa féminité, ce qui renforcera sûrement son penchant pour l'autorité, sauf si elle est Rhésus-, car dans ce cas les symptômes seront un peu atténués. Dans le même ordre d'idée, n'orientez pas votre enfant A dans un métier où toute sa vie il sera obligé d'obéir, surtout s'il se trouve dans des structures professionnelles où la dilution des responsabilités l'empêchera de révéler sa vraie nature : qu'il ait toujours la possibilité de montrer aux autres et à lui-même l'estime qu'il a de sa propre personne.

Si A est marié avec A, l'un des deux devra faire des concessions, surtout s'ils sont A(aa) tous les deux. Il en va de la bonne entente du couple. Si votre chef est A, il voudra toujours avoir raison et il risque de vous le faire comprendre sans diplomatie. Ménagez-le : son point faible, c'est sa fierté un peu naïve de coq dans la basse-cour. Apprenez à le flatter. Il est magnanime : il suffit de lui faire comprendre qu'il restera le chef incontesté.

Si vous êtes B, sachez que vous avez la personnalité la plus intéressante de tous les groupes. Vous êtes le plus subtil, probablement le plus intelligent, le plus apte à vous adapter au monde actuel, car il vous ressemble.

Vous êtes prédisposé à toutes les activités de notre époque de communication, d'échanges, de tentations, de commerce et de négociations. Profitez de vos aptitudes liées à votre groupe pour réussir vos vies professionnelle et affective, qui ne peuvent être que riches et brillantes.

Mais, attention, B : le destin vous a beaucoup donné, et il vous en sera beaucoup réclamé. Votre responsabilité sera grande si vous utilisez vos capacités à de mauvaises fins, votre intelligence vous permettant de vous adapter à toutes les situations, même les moins avouables. Cependant, dans la vie de tous les jours, contraignante et routinière, beaucoup de B ignorent leurs grandes facultés d'adaptation au monde actuel. Que ce livre leur permette de découvrir leurs potentialités insoupçonnées !

Si vous êtes AB, vous ne faites partie que des 3 % de la population qui ont votre groupe, vous êtes la minorité des minorités. Mais ce qui est rare est souvent précieux. Vous devez vous épanouir dans l'exceptionnel, en étant le guide de votre entourage. Ne choisissez pas un métier courant et monotone, vous risqueriez de le trouver fade et trop loin de vos ambitions qui vous portent à vous hisser au-dessus de la norme.

Ne vous inquiétez pas de passer pour un incompris : ce sont les autres qui ne vous comprennent pas. Montrez l'exemple par votre tempérance. Ayez la patience de leur expliquer que vous êtes différent, mais que vous serez toujours là quand le danger ou des situations exceptionnelles se présenteront.

Mais, qui que vous soyez — O, A, B ou AB ; Primordial, Sédentaire, Nomade ou Prophète —, la complexité de la vie actuelle, la crise économique, le chômage, toutes les contraintes de la modernité nous obligent à nous « accommoder », c'est-à-dire à ne pas pouvoir être ce que nous devrions devenir au cours de la vie. Nous devons tous porter le masque de l'adaptation, et ce masque nous asphyxie au fur et à mesure que nous en prenons conscience. C'est alors la crise, la souffrance de ne plus savoir ce que nous sommes réellement, quelle direction prendre sur le chemin de la guérison.

Quand le masque finit, à force d'étouffer, par tuer l'être, c'est alors la maladie, la vraie, celle qui fait souffrir, qui déforme le corps, qui détruit l'esprit et qui éteint la lumière intérieure. C'est la maladie qui tue, parce que l'âme n'anime plus le corps et que, sans âme, toute forme retourne à la matière et à l'inerte.

Alors que faire ? Premièrement, ne pas se replier sur soi : que O le Primordial ne se réfugie pas dans sa caverne ; que A le Sédentaire ne reste pas figé dans sa tour d'ivoire ; que B le Nomade ne se fasse pas prendre à ses mirages, et que AB le Prophète ne se fonde pas dans l'anonymat. Deuxièmement, retrouver sa vraie nature : revenir à l'honnêteté et la prudence de O, celles d'Adam ; à la droiture et la force de A, celles de Caïn ; à l'équité et la justice de B, celles d'Abel ; et à l'exemple et la tempérance de AB, ceux d'Hénoch, fils de Seth, le Premier des Initiés.

Replions-nous vers l'état primordial de O en cas de grave maladie, vers nos forces de génération, comme le fait l'animal blessé qui se réfugie dans sa tanière, ou la plante qui, en cas de grand danger sacrifie d'abord le fruit, puis les fleurs, puis enfin les feuilles, pour survivre et ensuite pouvoir renaître de ses racines.

À l'opposé, si le Destin nous est favorable ou si nous nous sentons appelés au surpassement, qui que nous soyons, Primordial, Sédentaire, Nomade ou Prophète, épanouissons-nous et partons en pèlerinage à la recherche du Saint Graal, de la Cinquième Dimension de l'Homme, de son Élément Christique qui sublime et transcende la condition humaine. Celui que nous révèle l'Homme transfiguré et lumineux du Suaire de Turin. Comme celui qu'évoquent tous les textes sacrés. Dirigeons-nous vers le Messianisme, comme au temps de Jésus et de ses douze apôtres, comme au temps du roi Arthur et des douze chevaliers de la Table Ronde, mais également comme au temps de tous ces Envoyés du Destin qui se sont sacrifiés et qui sont morts martyrs pour le bien des hommes.

Œuvrons en conscience pour un monde et une humanité sublimés. En ces temps de grands changements où les découvertes ressemblent à des manipulations (génétiques et climatiques) d'apprentis sorciers sur l'Arbre de la Connaissance, sommes-nous encore capables de retrouver le chemin de la Sagesse, sans mettre en danger la survie du genre humain ; sans être, comme Adam et Ève, à nouveau chassés du Jardin d'Éden ? Sommes-nous encore capables de retrouver cette sagesse qui a permis l'épanouissement de l'humanité à travers les âges ? Sommes-nous encore capables de tout quitter, de faire marche arrière, de renoncer à ce qui a fait notre civilisation du « progrès », de remettre de la conscience dans nos sciences, et de repartir à la recherche initiatique du Graal ? Partir en pèlerinage aux sources de la Vérité en observant, à la manière des Anciens, les lois de la Nature et de la Vie ? Repartir à la recherche de la permanence de l'Homme, de son élément Christique ? Découvrir les raisons cachées de la présence humaine sur la Terre et de son rôle dans la Création ? Ne s'agirait-il que d'un rêve ?

Dans l'Ordre de l'Univers, le destin de l'Homme serait-il intrinsèquement lié à la transgression ? Doit-il toujours enfreindre les lois de la Nature et de la Vie au prix de sa destruction ? La Création, Gaïa, la Terre-mère, pour évoluer, auraient-elles besoin des transgressions humaines ? Existerait-t-il un Destin supra-humain, une intelligence supérieure en train de prévoir la prochaine disparition de l'espèce humaine ? Le réchauffement planétaire et les manipulations du génome des êtres vivants, ainsi que le clonage de la Vie en seraient-ils les instruments ?

Par des messages codés, comme celui de nos quatre groupes sanguins, quelles que soient les époques, les premiers chapitres de la Genèse et le Mythe d'Adam et Ève rappelleraient-ils sans cesse aux quatre humanités, la Primordiale, la Sédentaire, la Nomade et la Prophétique, la voie qu'elles doivent emprunter ? Les générations du 19e et du 20e siècle, au nom des mythes du Progrès et du Matérialisme, auraient-elles complètement oublié la Sagesse et les enseignements du Passé ?

Plus modestement, tout en gardant un regard critique sur notre époque, nous pouvons rejoindre la vision des philosophes anglais du 18e siècle, comme John Locke, qui affirmait : « *Notre affaire en ce monde n'est pas de connaître toutes choses, mais celles qui regardent la conduite de notre vie* », comme le permet la connaissance empirique de notre archétype. Ou au contraire, pour accéder au bonheur et éviter de grandes catastrophes, devons-nous croire en un monde meilleur, dans la réincarnation, comme le pensent les hindouistes ? Devons-nous attendre et ne rien faire pour un destin ailleurs ?

Plus modestement encore, à l'image de la sagesse de nos ancêtres directs, les Grecs, esprits pragmatiques et positifs, devons-nous céder au scepticisme, en restant toujours dans le doute, comme Arcesilas d'Athènes, pour qui « *la prudence est le meilleur critère dont nous disposions pour juger, et de nos devoirs, et de notre possible accès au bonheur* » ?

Protagoras d'Abdère, agnostique, affirmait que « *l'Homme est la mesure de toute chose* ». Il disait également : « *Et sur les dieux, je ne puis rien dire, qu'ils soient ou qu'ils ne soient pas, bien des choses m'empêchant de le savoir, d'abord l'obscurité de la question, et ensuite la brièveté de la vie humaine.* » Au contraire, Socrate, fidéiste, croyait en l'existence d'un « premier moteur » et avançait que « *c'est Dieu qui est la mesure de toute chose* », et non l'homme.

Faut-il donc conformer nos désirs à l'ordre rationnel de la nature, en sachant distinguer ce qui dépend de nous et de ce qui n'en dépend pas ? Est-il nécessaire, plutôt, de remonter au « premier moteur » dont nous savons aujourd'hui qu'une des manifestations est le code génétique ? Ou bien devons-nous accepter le destin, mais sans résignation, comme les Stoïciens ? Mais le fait que le destin gouverne le monde ne nous empêche pas de chercher le bonheur dans la liberté (sans confondre bonheur et confort matériel, liberté et permissivité), à condition de collaborer avec cette instance suprême, comme Sénèque, pour qui le destin « *guide celui qui l'accepte, et traîne celui qui lui résiste.* »

Pour terminer, nous sommes libres de vivre comme bon nous semble, libres de tenir notre rôle dans le monde complexe et dangereux qui nous entoure, ce monde qui, au nom du progrès, a perdu les repères du passé, s'est déraciné. Menons notre vie avec élégance, « *vivons à propos* », en quelque sorte, comme le disait Montaigne, en parfaite concordance avec les lois de la nature et du destin, en fonction de notre archétype, déterminé par notre groupe sanguin.

> *« Ne te laisse pas vaincre par le mal, mais surmonte le mal par le bien. »*
>
> *Romains 12-21*

« Quête du Saint Graal » Ahun. France, XVe siècle.

Bibliographie

ACCOCE Pierre et Dr RENTCHNICK, *Ces malades qui nous gouvernent*, Stock, 1976.

ADAMO (d') Peter J., *4 groupes sanguins, 4 régimes*, Robert Laffont, 2001. (Le Dr Peter J. d'Adamo sera, à jamais, l'Adam, le O de la méthode des groupes sanguins adaptés à l'alimentation.)

ANDERSEN Christopher, *Jackie après John : une héroïne américaine*, Paris, Jean-claude Lattès, 1998.

BERGAMINI David, *La conspiration de Hiro-Hito*, Fayard, 1973.

CLERC Christine, *Tigres et tigresses*, Librairie Plon, 2006.

CONTE Arthur, *Lénine, Staline,* Librairie Perrin, 1970.

CARRÈRE D'ENCAUSSE Hélène, *Lénine*, Fayard, 2005.

DECAUX Alain, *Morts pour Vichy*, Librairie Perrin, 2000.

DESFORGES Denis, *L'affaire du linceul de Turin*, Albin Michel, 2005.

ELIADE Mircea, *Le Sacré et le Profane*, Gallimard, « Folio », 1991.

GAULLE (de) Philippe, *De Gaulle, mon père*, Librairie Plon, 2003.

GROHMANN Gerbert, *La plante*, Triades, 1992.

GUBLER Claude, *Le grand secret*, Librairie Plon, 1996.

GUÉNON René, *La crise du monde moderne*, Gallimard, « Folio », 1994. *Le règne de la quantité et les signes des temps*, Livre de Poche, 1997.

HALLIER Jean-Edern, *L'honneur perdu de François Mitterrand*, Éditons du Rocher, 1996.

HEYMANN David, *Jackie, un mythe américain*, Robert Laffont, 1989.

Dr LI Zhisui, *La vie privée de Mao racontée par son médecin*, Librairie Plon, 1994.

MANCHESTER William, *MacArthur un César américain*, Robert Laffont, 1981.

MILZA Pierre, *Mussolini,* Fayard, 2004.

NAY Catherine, *Les sept Mitterrand*, Grasset, 1988.

RAUSCHNING Hermann, *Hitler m'a dit*, Coopération Paris, 1939.

SAINT-EXUPÉRY (de) Antoine, *Terre des Hommes*, Gallimard, « Folio », 1991.

SCHMIDT Paul, *Sur la scène internationale*, Librairie Plon, 1950.

SPEER Albert, *Au cœur du Troisième Reich*, Fayard, 1969.

YVA Yvon, *L'Homme en cage*, Julliard, 1976.

ANNEXES SCIENTIFIQUES

LA MESURE D'EXCITABILITÉ MUSCULAIRE

D'après les travaux de P. L. Delons et Laborit, l'excitabilité est la première caractéristique de la vie, telle qu'elle se présente à nous : un organisme vivant réagit aux stimuli extérieurs. Et il réagit plus ou moins selon son état physiologique. L'intensité minima qui provoque une réaction est le seuil d'excitabilité. Cette intensité est mesurable grâce à un appareil, le Rhéotome, et peut nous renseigner sur le potentiel de réactivité d'un organisme à un moment précis.

La mesure de cette excitabilité est simple à réaliser. Le patient doit toujours être examiné dans des conditions comparables, de préférence le matin, au repos. Il est assis. On excite au moyen d'une électrode punctiforme un point moteur du muscle jambier antérieur, puis du nerf sciatique poplité externe. Cette stimulation est effectuée avec des courants de durée prédéterminée, pour lesquelles on recherche l'intensité minimale produisant une contraction musculaire.

On peut ensuite tracer les courbes intensité-durée du muscle et du nerf, en plaçant les intensités mesurées en ordonnée, et les temps en abscisse, sur échelles logarithmiques. Les courbes ainsi obtenues permettent d'avoir une vision globale d'un patient, la manière dont réagissent le nerf et le muscle étant une indication de leur bon ou de leur mauvais fonctionnement.

Il est alors possible de parler de courbes hautes, moyennes ou basses, en fonction de leur positionnement sur le graphique. Une courbe « basse » est le reflet d'une alcalose intracellulaire et d'un excès de fonction ; une courbe « haute », l'indice d'une acidose et du ralentissement du métabolisme ; une courbe moyenne est en équilibre entre le haut et le bas et traduit le bon dosage entre l'alcalose et l'acidose. D'autres signes peuvent être interprétés sur ces graphiques, mais là n'est plus notre propos.

Chacune prend une signification particulière que le médecin entraîné saura interpréter en fonction de son expérience et du type de médecine qu'il exerce. Chaque mesure reflète le patient dans sa globalité.

En ce qui concerne les recherches personnelles de l'auteur, les courbes d'excitabilité neuromusculaire ont l'énorme intérêt de situer le patient au moment où est pratiqué le test par rapport à sa référence de bonne santé, qui est celle de son archétype sanguin. Ainsi, un patient de groupe sanguin O est en bonne santé si ses courbes sont légèrement basses. À l'opposé, un patient du groupe sanguin A est normal si ses courbes sont moyennement

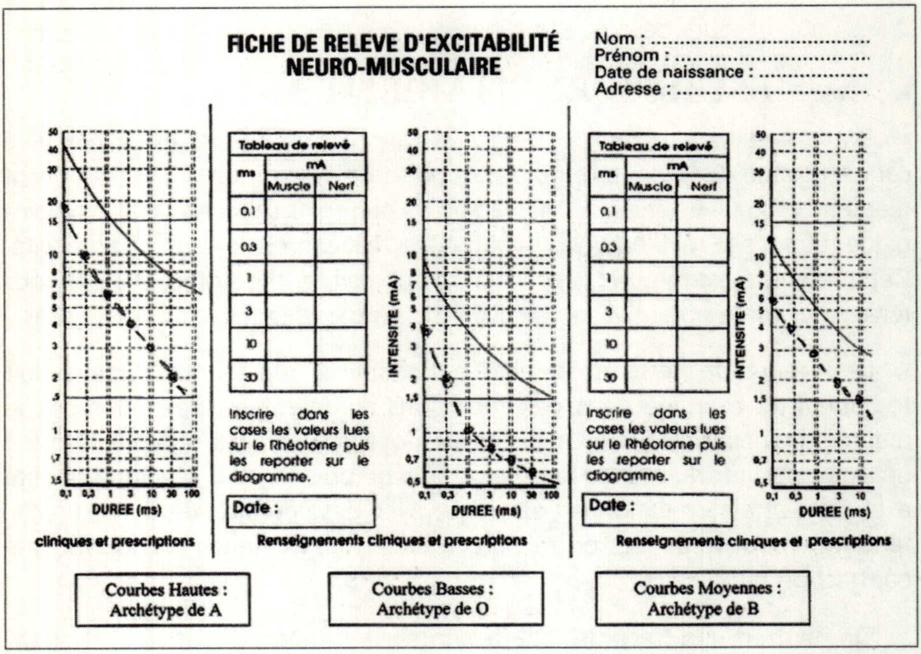

Acidose	Alcalose	Tampon
Insuffisance de O_2	Insuffisance de CO_2	Équilibre
Excès de CO_2	Excès de O_2	Normalité
Excès de Sodium	Insuffisance de Sodium	Équilibre
Dynamisé par Potassium	Aggravé par potassium	Équilibre
Besoin de Magnésium	Calmé par calcium	Équilibre
Insuffisance de Bicarbonates	Insuffisance de H+	Équilibre
Sur minéralisation cellulaire	Déminéralisation	Équilibre
Manque de dynamisme	Trop de dynamisme	Maîtrise de soi
Immobilité	Agitation	Modération
Manque d'ordre	Obsédé par la propreté	Soigneux
Contemplation	Action	Réflexion
Commande	Exécute	Négocie
Analogique	Analytique	Pragmatique
Abstrait	Figuratif	Concret

hautes, et il sera malade si ses courbes baissent ou si elles montent trop. Un patient du groupe sanguin B, en bonne santé, a des courbes moyennes, ni trop hautes ni trop basses. La courbe musculaire de AB est haute, sa courbe nerveuse est moyenne. La maladie, ou du moins, la perturbation métabolique, se décèlent quand les courbes d'excitabilité ne sont pas, pour un patient donné, à la place où elles devraient être.

Ces courbes reflètent l'état métabolique du patient; elles traduisent la manière dont fonctionnent ses soixante millions de milliards de cellules et quels en sont leurs besoins nutritionnels. Ces courbes renforcent et confirment également la théorie diététique de Peter J. D'Adamo sur les quatre types de régimes adaptés chacun aux quatre groupes sanguins.

•

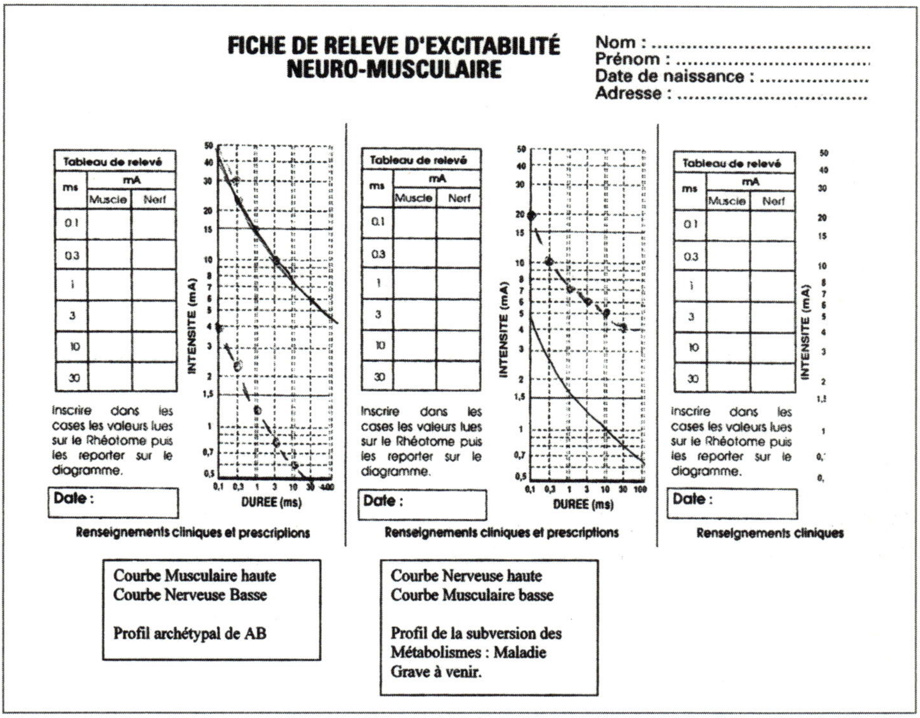

La contemplation de A
La pondération de B
Acidose musculaire
Excès de H+
Excès de Na
Insuffisance en K+
Les équilibres de B

O n'a pas d'agglutinogène, il a des agglutinines anti A et anti B.

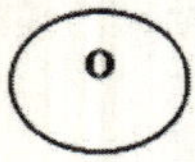

Agglutinines anti-A et anti-B

Donneur universel

Se donne aux autres groupes

N'accepte que lui

Agglutinogènes A fixés sur la membrane du GR

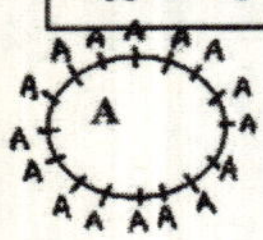

Agglutinines Anti-B

Refuse le sang de B et de AB

accepte le sang de O et de A

Agglutinogènes B fixés sur la membrane du GR

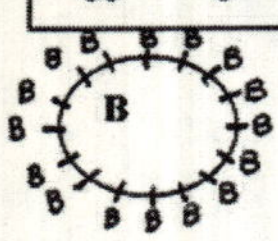

Agglutinines anti-A

accepte le sang de O et deB
Refuse le sang de A et AB

Agglutinogènes A et B sur la surface de globule rouge

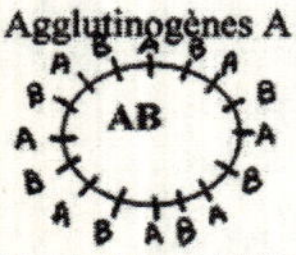

Pas d'agglutinines dans le plasma

Receveur Universel : reçoit le sang de O, A et B, mais les autres le rejettent.

TABLE DES MATIÈRES

Achevé d'imprimer par

CPI

Imprimerie France Quercy - 46090 Mercuès
N° d'impression : 70862/ - Dépôt légal : avril 2007
Imprimé en France